山东省中等职业教育课程改革教材

SHANGPIN
ZHISHI

主 编 张福利

副主编 姜月红 王婷婷 韩 磊 刘 萌

山东出版传媒股份有限公司

山东人民出版社·济南

国家一级出版社 全国百佳图书出版单位

图书在版编目（CIP）数据

　　商品知识/张福利主编.－－济南：山东人民出版社，
2018.8（2020.10重印）
　　ISBN 978-7-209-11465-3

　　Ⅰ．①商… Ⅱ．①张… Ⅲ．①商品学－中等专业
学校－教材 Ⅳ．①F76

中国版本图书馆CIP数据核字(2018)第187318号

商品知识

张福利　主编

主管单位　山东出版传媒股份有限公司
出版发行　山东人民出版社
出 版 人　胡长青
社　　址　济南市英雄山路165号
邮　　编　250002
电　　话　总编室（0531）82098914
　　　　　市场部（0531）82098965
网　　址　http://www.sd-book.com.cn
印　　装　日照报业印刷有限公司
经　　销　新华书店

规　　格　16开（184mm×260mm）
印　　张　15.75
字　　数　280千字
版　　次　2018年8月第1版
印　　次　2020年10月第3次
ISBN 978-7-209-11465-3
定　　价　30.00元
　　　　　如有印装质量问题，请与出版社总编室联系调换。

《商品知识》编委会

前 言 | PREFACE

现阶段，我国商品经济的快速发展对中职商贸专业教育、教学提出了更高要求，为有效满足广大职业院校师生的需求，我们根据《山东省中等职业学校市场营销专业教学指导方案（试行）》（以下简称《指导方案》）规定的课程标准编写了这本《商品知识》教材，该教材同时还有效覆盖了《2018年山东省普通高等学校招生考试（春季）考试说明》最新的考点内容。

教材围绕《指导方案》中《商品知识》的课程标准确定教学目标，注重有关商品基础知识的传授和基本技能的训练，以帮助学生掌握从事商品销售工作所必需的知识和技能。教材注重实用性和适用性，依据中职学生的认知特点，采用项目式教学法，且为每个项目都配备了翔实的案例。图文并茂的文字编排增强了教材的实用性和趣味性，体现了中等职业教育的鲜明特性。教材编写具有以下几个突出特点：

1.体现职教特色，注重讲练结合。教材运用项目式教学法，设置了学习目标、项目导入、项目知识、课堂提升训练、同步测试、项目实战等教学活动单元，让学生在做中学，在学中做，充分体现了职业特点。

2.教材内容新颖，信息化资源齐全。在编写过程中，我们充分吸收商品学领域研究的新成果，根据市场新变化来选取前沿且具有代表性的案例，并将最新的教学科研成果编入教材。同时，本书还配有电子课件等资源，供老师教学和学生学习使用。

3.内容通俗易懂，排版活泼新颖。本书在编写过程中运用了大量的案例、图片、表格等，将晦涩的专业知识用通俗易懂的文字表述出来，可满足中职生的学习需求，激发学生的学习兴趣。

本教材由张福利担任主编，姜月红、王婷婷、韩磊、刘萌担任副主编，韩小梅、刘方玉、唐铸钧、王莎莎、代朋朋、宋雪晴、韩金国、高保香、李金营等参与编写。其中，项目一由张福利、王婷婷编写，项目二由宋雪晴编写，项目三由代朋朋编写，项目四由姜月红编写，项目五由刘方玉编写，项目六由韩磊编写，项目七由刘萌、高保香编写，项目八由韩金国编写，项目九由唐铸钧编写，项目十由韩小梅编写，项目

十一由王莎莎、李金营编写，最后由张福利进行统稿和审稿。在编写过程中，我们阅读和参考了有关资料和书籍，同时得到了参编老师所在学校的大力支持，在此一并表示衷心的感谢！

由于时间仓促，加之编写水平有限，书中疏漏和不妥之处在所难免，敬请读者批评指正。

编　者
2018年7月

目 录 | CONTENTS

项目一
商品概述

学习目标 >>>

1. 了解商品的产生与发展过程；
2. 熟悉商品的概念；
3. 掌握商品整体概念的三个层次；
4. 培养学生对商品知识的兴趣。

项目导入
XIANG MU DAO RU >>>

爆米花产品的起源与发展趋势

爆米花是很多人无法拒绝的零食，只要空气中飘出爆米花那特有的香甜味，人们与此有关的记忆就会打开。如今，爆米花已经是许多人看电影时必备的零食。

一、爆米花的起源

在欧洲移民迁入"新大陆"前，居住在这块大陆上的印第安人便盛行吃球形爆玉米花了。哥伦布返回欧洲后，曾向人们描绘"新大陆"上印第安儿童用爆玉米花穿成项链在街上兜售的生动情景。

图1-1 印第安人的玉米情缘

一名历史学家还在美国新墨西哥州的洞穴里

1

发现了5000年前古代印第安人食用的爆玉米花，只是当时"工艺"有限，爆玉米花在口感上远远不如现在的松脆。

爆米花在中国起源于宋代。诗人范成大在《石湖集》中曾提到上元节吴中各地爆谷的风俗，并解释说："炒糯谷以卜，谷名孛娄，北人号糯米花。"爆米花折射出中国饮食的丰富多彩，但它的发明还有更深的含义，那就是开创了一种新的食物加工方式——膨化。

二、爆米花产品的发展趋势

综合当前爆米花市场的情况，爆米花产品目前存在以下几个发展趋势：

球形化。球形产品相对于蝶形产品来说，具有形状、口感、调味等多方面的优势，所以球形产品逐步取代传统蝶形产品已是必然。

图1-2　中国老式爆米花

复杂化和简单化。在爆米花多样化发展的过程中，有两种不同的趋势。一种是将爆米花产品复杂化。比如，有的将火腿放入爆米花，还有的为了使其看上去呈漂亮的金黄色，将胡萝卜素加入爆米花。还有一种，就是坚持简单产品简单做，只用纯天然的、最基本的原材料生产。从对消费者健康有利的角度看，简单、天然、健康应是爆米花产品的未来发展趋势。

图1-3　不同口味的爆米花

批量化和定制化。随着爆米花市场规模的日渐扩大，许多厂商都引入各种类型的机械化工艺进行批量化生产，从而以较低的成本向超市等供货，爆米花生产因此走上了机械化大工业的发展道路；但在爆米花中添加食品添加剂也成为无法回避的问题。另外，还有一类商家采用的是定制化生产方式，即充分利用互联网，按客户需要进行订单式生产，然后将产品迅速快递到消费者手中，以更好地满足消费需要。

思考：人们的生活越来越离不开琳琅满目的商品，如何选择自己需要的商品仿佛成为一道难题，那么商品的概念是如何发展而来的呢？商品的发展又经历了哪些阶段呢？

[知识一] 商品的产生与发展

一、商品的产生

人类的需求是多种多样、无穷无尽的，并且会随着社会的发展不断提升和改变。个体无法依靠自己的劳动满足自身的所有需要，必须借助于他人的劳动和产品，才能满足自己多样化的需求，这样便有了分工。

最早最原始的分工是自然分工，即按照人们的年龄和性别，基于生理条件产生的劳动分工。早在原始社会，氏族部落内部就出现了按照氏族成员年龄和性别进行的分工。同时由于地域资源存在差异，自然产品也出现了差异，不同氏族部落之间就出现了自然地域分工。随着生产力的发展，自然分工逐渐确定下来，比如成年男子从事打猎、捕鱼等劳动，妇女专门负责采集果实、饲养家畜等，老人和孩子则进行辅助劳动。各个氏族部落间由于所处地域不同，劳动对象、劳动资料和劳动产品也不相同。

因为这种最简单最原始分工形式的出现，劳动生产率得以提高，但是仍具有很大的局限性。由于客观上存在不同部落之间的自然地域分工，因此当社会发展到一定阶段，不同地域的氏族部落开始相互接触，他们相互交换各自所需要的产品，而这种交换活动就使产品成为商品。

二、商品的发展

从原始社会末期到奴隶社会、封建社会，虽然以商品交换为主要特征的商品经济有了某些发展，但仍处于从属的地位，与自然分工相适应的自然经济仍处于主导地位。

在原始社会时期，因为自然环境恶劣、生产力低下，个体无法生存，因此必须联合起来形成一个整体。所有的成员都要参加劳动，生产资料和劳动成果归集体所有，集体劳动的成果由所有成员平均分配，劳动成果互换也是在氏族内部直接进行的。不同群体之间因为有地理差异，形成了自然地域分工。产品的交换、商品的形成仅仅是偶然的事情。造成这种局面的原因主要有两个：一是大部分产品都是从自然界直接获取的；二是生产力水平低下，人们从事劳动就是为了满足生存需要。

到了奴隶社会，奴隶在奴隶主的压迫下进行集体劳动，劳动产品除维持奴隶最低限度的生存外，其余全部归奴隶主所有。奴隶生产的产品不是用来交换的，而是用来满足奴隶主奢侈的生活需求的，只有一些自己无法生产或多余的奢侈品才会通过市场进行交易。因此，奴隶社会生产的产品用途同原始社会时的用途相似，主要是供自己使用。

进入封建社会后，社会分工与商品生产有了进一步的发展，封建地主阶级依靠其所占有的绝大部分土地向农民征收地租，以满足自己的需要，其中地租有实物地租和劳务地租两种形式。到了封建社会末期，随着自然经济的解体，实物地租逐渐为货币地租所取代，人们开始用货币交换所需要的产品，这就促进了商品的交换和进一步发展，加速了自然经济的解体。

在自然经济中，人们生产的产品绝大部分是为了满足自己的基本生活需要，而不是为了出售或者交换。劳动产品从生产者转移到使用者，主要并不是通过交换实现的，而是通过直接转让或者索取。这些产品因为都不满足商品形成的条件，所以无法称为商品。

随着生产力的发展，社会中出现了畜牧业和农业相分离的第一次社会大分工，使得劳动生产率有所提高，进而带来了更多的劳动产品。这些劳动产品在满足本部落的需求外出现了剩余。随着相互接触的日益频繁，部落之间开始用剩余产品进行交换，以在更大程度上满足部落内部的生活需要。随着金属冶炼技术的发展，以农业和手工业相分离为标志的第二次社会大分工出现，这次社会大分工使得可供交换的剩余产品大大增加。随着人们经济活动范围的扩大，社会对产品种类和数量的需求大幅度增加，这就出现了以交换为目的的商品生产。由于交换的日益频繁和地区的不断扩大，为了解决商品交易中出现的困难，以商人阶层的出现及其与农业和手工业者的分离为特征的第三次社会大分工出现了，这就进一步解决了商品在流通和发展过程中的问题，加速了商品的发展和流通，促进了社会的发展和进步。

从商品的产生和发展历程来看，商品作为人类社会生产发展的产物，并不是从来就有的，它是原始社会末期生产力发展到一定程度后，伴随着一定的经济条件而出现的。原始社会末期出现了偶然的交换，产品开始逐渐向商品发展，但过程非常缓慢，直到出现了以市场交换为目的的商品生产，商品流通才得以迅速发展。

········○ 课堂提升训练 ○········

以小组为单位，就服装的起源与发展展开研究，看看服装是怎样出现的？又是怎样一步一步发展的？将自己收集的有关服装的信息与大家分享。

[知识二] 商品的概念与构成

一、商品的概念

商品是人类社会生产力发展到一定历史阶段的产物，是用于交换的劳动产品。马克思主义政治经济学认为：人类劳动是最可贵的，它可以创造价值。这就是马克思主义在经济学里最著名的一个理论——劳动价值论。该理论指出："商品是指用来交换的劳动产品。"恩格斯对此也进行了科学的总结：商品"首先是私人产品。但是，只有这些私人产品不是为自己消费，而是为他人的消费，即为社会的消费而生产时，它们才成为商品"；它们通过交换进入社会的消费领域。

另外，目前学界对于商品主要有以下三种不同的定义：

（1）商品是为交换而产生（或用于交换）的对他人或社会有用的劳动产品。

（2）商品是满足人们某种需要的，用来交换的劳动产品。

（3）商品是经过交换且非进入使用过程的劳动产品。

我们对商品的定义是："商品是指用来交换、能满足人们某种需要的劳动产品。"

从概念中可以看出，一个物品要成为商品必须满足两个条件：第一，它必须是劳动产品。换句话说，如果不是劳动产品，就不能成为商品。比如自然界中的空气、阳光等，虽然是人类生存所必需的，但这些都不是劳动产品，所以它们不能叫作商品。第二，它必须是用于交换的。也就是说，如果不是用来交换，即使是劳动产品，也不能叫商品。比如在古代，传统的男耕女织式的家庭生产，种出来的粮食和织出来的布尽管都是劳动产品，但只是供家庭成员自己使用，并不用来与他人交换，因而也不是商品。这是商品区别于一般物品的两个基本特征。

商品具有价值和使用价值两个基本属性。使用价值是指商品的有用性，是商品能满足人们某种需要的属性，同时也是商品的自然属性。例如丹霞山的自然属性（主要是地形和地貌方面）满足了人们观赏的需要，所以它就具有使用价值。而拿工人生产出来的次品来说，虽然这个产品也是人类劳动的结果，里面也凝结了人类劳动，但是满足不了人们的需要，所以也不能说它具有使用价值。价值是凝结在商品中无差别的人类劳动，体现着商品生产者之间交换劳动的社会生产关系，是商品的社会属性。具有不同使用价值的商品之所以能按一定的比例交换，是因为它们之间存在着某种共同的可以比较的东西，这种共同的可以比较的东西就是凝结在商品中无差别的人类劳动。价值看不见摸不着，需要有一种物化的表现形式，这就是商品的交换价值。交换价值是在商品交换过程中表现出来的，例如1只羊＝2袋米，2袋米是1只羊的等价交换物。可见，交换价值是价值的表现形式，价值是交换价值的基础。

二、商品的构成

现代经济学家认为商品的概念是广义的、整体的。它不仅指一种物品，也指一种服务，还包括购买商品所得到的直接的、间接的，有形的、无形的利益和满足感。概括来说，商品是人类有目的的劳动产品，是人和社会需要的物化体现，可以包括实物、知识、服务、利益等。实物商品的整体概念应包含三个层次的内容：

（一）核心产品

核心产品也叫实质产品，是商品所具有的满足某种用途的功能。比如，人们购买化妆品是为了满足对美的需求，购买空调是为了创造舒适的生活环境。因此，核心产品是商品整体概念中最基本和最主要的部分。

（二）有形产品

有形产品是指实物商品体本身。商品体是由商品的成分、结构、外观、质量、品种、商标、包装等多种因素构成的有机整体。有形产品是商品的外在形式。

（三）附加产品

附加产品又叫扩展产品，是指人们购买商品时所获得的附加利益和服务，例如提供的送货上门服务、售后技术服务、免费安装调试、质量保证措施、信息咨询和某种附加利益等。善于开发和利用适当的附加产品，一方面可以获得竞争优势，另一方面可以最大限度地满足消费者需求。

········○ 课 堂 提 升 训 练 ○········

根据所学知识，判断下列哪些是商品，哪些不是商品？

照相机　　　阳光　　　篮球　　　空气　　　眼镜　　　森林

同步测试
TONG BU CE SHI

一、单项选择题

1.商品能够满足人们某种需要的属性是（　　）。

　A.使用价值　　　　　B.价值　　　　　C.交换价值　　　　　D.价格

2.凝结在商品中的无差别的人类劳动是商品的（　　）。

　A.使用价值　　　　　B.价值　　　　　C.交换价值　　　　　D.价格

3.（　　）是在商品交换中，表现另一种商品价值的商品。

　A.使用价值　　　　　B.价值　　　　　C.交换价值　　　　　D.价格

4.（　　）是交换价值的基础。

　A.使用价值　　　　　B.价值　　　　　C.劳动　　　　　D.价格

5.下列选项中属于商品的是（　　）。

　A.奥运会为游客无偿提供的导游地图

　B.卫生部门销毁的疫苗

　C.旅行社购买的景点门票

　D.卫生部门免费给学生注射的流感疫苗

二、简答题

1.什么是商品？它与一般物品相比有什么不同特征？

2.商品的基本属性是什么？

3.商品的整体概念由哪几部分构成？

项目实战
XIANG MU SHI ZHAN

实战目的

了解商品概念在现实中的应用。

实战要求

1.调查现实生活中你最熟悉一种家用电器的价格。

2.以其他产品为例，进一步分析商品的概念及构成。

3.形成书面报告。

项目二
商品分类与编码

学习目标 >>>

1. 理解商品分类的基本概念；
2. 掌握商品分类的原则与方法；
3. 掌握商品分类的标志；
4. 熟悉商品目录的基本知识；
5. 掌握商品代码的基本知识。

项目导入
XIANG MU DAO RU >>>

"啤酒＋尿布"的传说

在一个夏季，一家沃尔玛超市的管理者发现，在那段时间里，婴儿尿布和啤酒的销量同时迅猛增长。在一般的商店，这种现象也许会被忽略过去，但这位沃尔玛超市的管理者没有轻易放过这个现象。他们立即对这个现象进行了分析和讨论，并且派出专门的队伍在卖场内进行全天候的守候观察。最后，谜底终于揭开了。

原来，购买这两种商品的顾客一般都是年龄在25～35岁的青年男子。在美国有婴儿的家

8

庭中，一般是母亲在家中照看婴儿，年轻的父亲前去超市购买尿布。这些年轻的父亲在购买尿布的同时，往往会顺便为自己购买些啤酒，这样就出现了啤酒与尿布这两种看上去不相干的商品经常出现在同一个购物篮的现象。如果这些年轻的父亲在卖场只能买到两种商品中的一种，那他们很有可能会放弃购物而到另一家商店，直到可以同时买到啤酒和尿布为止。

沃尔玛的管理者立即针对此现象采取了行动：将卖场内原来相隔很远的妇婴用品区与酒类饮料区的空间距离拉近，减少顾客的行走时间。根据本地区新婚新育家庭消费能力的调查结果，对这两种商品的价格进行调整，使价格更具有吸引力，并推出赠送婴儿奶嘴及其他小礼品的促销活动。

沃尔玛的这种销售方法不但大大提升了原有顾客的满意度，而且还吸引了商圈内其他竞争对手的顾客。该沃尔玛超市的啤酒和婴儿尿布都取得了相当不错的销售业绩。

思考：将"啤酒"和"尿布"两个看上去没有关系的商品摆放在一起销售，结果却获得了很好的销售业绩，这是什么原因呢？啤酒和尿布是同一类商品吗？商品应如何进行分类呢？

项目知识
XIANG MU ZHI SHI >>>

［知识一］ 商品分类的概念、原则与方法

一、商品分类的概念

商品分类是指根据一定的目的，选择适当的分类标志或特征，将商品集合总体科学、系统地逐次划分为不同类别（如大类、中类、小类、品类、种类、品种、细目）的过程。（如表2-1所示）

表2-1   商品分类类别举例

门类	大类	中类	小类	品类	种类	品种	细目
消费品	食品	食粮	乳与乳制品	奶	牛奶	饮用牛奶	全脂饮用牛奶
消费品	日用工业品	家用化学品	肥皂、洗涤剂	肥皂	浴皂、洗衣皂	香皂	力士香皂

商品分类的目的不同，选择的分类标志或特征不同，商品分类的结果也不一样。因此，商品分类的划分具有多样性。

二、商品分类的原则

商品分类的原则是形成商品分类体系的重要依据。因此，商品分类应遵循以下原则：

1.必须明确要分类的商品所包括的范围；

2.商品分类要从有利于商品生产、销售和经营的角度出发，最大限度地方便消费者，并保证商品在分类上的科学性；

3.以商品的基本特征为基础，选择适当的分类依据，从本质上显示出各类商品之间的区别，保证分类清楚；

4.在某一商品类别中，不能同时采用两种或多种分类标准进行分类，商品分类结构要合理。

三、商品分类的方法

商品在分类时通常采用线分类法和面分类法两种方法。

（一）线分类法

线分类法又称层级分类法，它是将拟分类的商品集合总体，以选定的属性或特征作为划分标准或分类标志，逐次地分成相应的若干个层次类目，并编排成一个有层次的、逐级展开的分类体系。它的一般表现形式有大类、中类、小类、细目等，可以将分类对象一层一层地进行划分、逐级展开。在这个体系中，各个类目彼此之间构成并列或隶属的关系，各层类目上下之间存在从属关系，同一层次类目之间存在并列关系。（如图2-1所示）

线分类法的优点是层次清楚，逻辑性强，符合传统应用的习惯，既适合于手工操作，又便于计算机处理。其主要缺点是分类结构弹性差，分类体系一旦建立，其结构便不能更改。

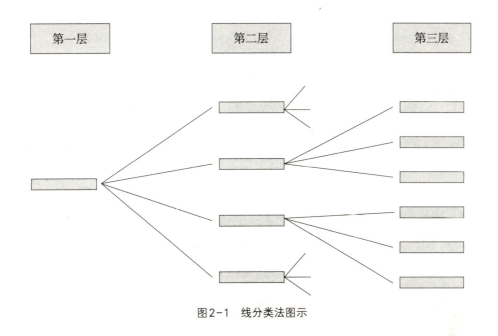

图2-1　线分类法图示

举例：日用工业品的分类。（如图2-2所示）

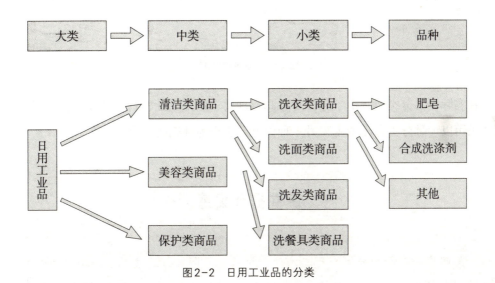

图2-2　日用工业品的分类

（二）面分类法

面分类法也称平行分类法，它是把拟分类的商品集合总体，根据其本身固有的属性或特征，分成相互之间没有隶属关系的独立类目，由此构成一个"面"，再将各个"面"平行排列，从而形成面分类体系。（如图2-3所示）

面分类法的优点是灵活方便、结构弹性好，便于用计算机管理；其缺点是组配结构太复杂，不便于手工处理。

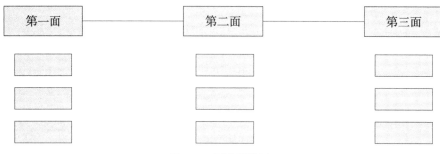

图2-3　面分类法图示

举例：服装的分类。（如图2-4所示）

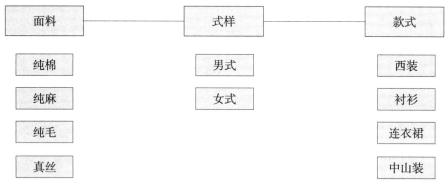

图2-4　服装的分类

在实际商品分类时，由于分类对象和管理要求的复杂性，管理者往往会根据实际情况，采用以一种分类方法为主，另一种分类方法作为补充的混合分类法。

········○ **课堂提升训练** ○········

　　某超市将商品划分为畜产、水产、果菜、日配、加工食品、一般食品、日用杂货、家用电器等大类；在"一般食品"这个大类下，进一步细分为"饮料"等中类；在"饮料"这个中类下，进一步细分出"听装饮料""瓶装饮料""盒装饮料"等小类；在"瓶装饮料"小类下，进一步细分为"2升瓶装"等品种。在这个体系中，各层类目上下之间存在从属关系，同一层次类目之间存在并列关系。请问，商品分类的方法有哪些？该超市商品采用的是什么分类方法？

[知识二] 商品分类标志

一、选择商品分类标志的原则

选择商品分类的标志是商品分类的基础，对商品进行分类，可供选择的分类标志有很多，但是很难找到一种能贯穿商品分类体系，对所有商品类目直至品种、细目都适用的分类标志。因此，在选择商品分类标志时，应遵循以下原则：

1.目的性原则。商品分类标志的选择必须满足商品分类的目的和要求。

2.区分性原则。商品分类标志的选择必须能从本质上把不同类别的商品明显地区分开来，并保证分类清楚。

3.包容性原则。商品分类标志的选择必须能划分规定范围内的所有商品，并为不断补充新的商品留有余地。

4.唯一性原则。在同一层级分类范围内只能采用一种分类标志，不能同时采用两种或多种分类标志，要保证每个商品只能出现在一个类别中，不能重复出现。

5.逻辑性原则。商品分类标志的选择必须保证各商品类目具有清晰的从属关系。

二、常见的商品分类标志

在商品分类中，商品的用途、原材料、生产加工方法、主要成分、使用状态等这些商品最本质的属性和特征，是最常采用的商品分类标志。

（一）以商品的用途为商品分类的标志

商品的用途是体现商品使用价值的重要标志，以商品的用途作为分类标志，不仅适合于对商品大类的划分，也适合于对商品类别、品种等类目的进一步详细划分。采用商品的用途作为分类标志，优点是便于分析和比较同一用途商品的质量和性能，从而有利于生产企业提高商品质量，也便于经营者和消费者按需要对口经营和选购；缺点是对多用途的商品，一般不宜采用此分类标志，否则会导致分类体系混乱。

例如，煤炭按用途的不同可分为炼焦煤、动力煤、化工用煤和生活用煤，钢铁按用途的不同可分为结构钢、工具钢和特殊用途钢等。

商品按用途的不同可分为生活资料商品和生产资料商品；生活资料商品按用途的不同可分为日用品、衣着用品、食品等；日用品按用途的不同又可分为玩具类商品、化妆

品、洗涤用品等。（如图2-5所示）

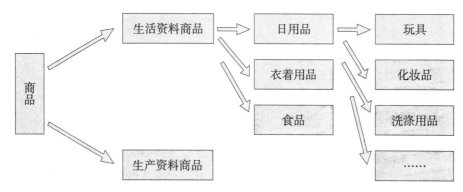

图2-5 不同用途的商品分类

（二）以商品的原材料为商品分类的标志

选择以商品的原材料为分类标志的分类方法是商品的重要分类方法之一。以商品的原材料作为商品分类标志，优点是分类清楚，能从本质上反映出每类商品的性能和质量特点、品种特征及其使用保管要求的差异；缺点是对于多种材料构成的商品不宜采用这种标志进行分类，如自行车、电视机、钟表等。

例如，纺织品按所用原材料的不同，可划分为棉织品、毛织品、麻织品、丝织品、化纤织品、矿物性纤维织品、金属性原料织品等。

鞋类商品按所用原材料的不同，可分为皮鞋、胶鞋、布鞋、塑料鞋等类别。其中，皮鞋根据所用原材料的不同，可分为牛皮鞋、猪皮鞋、羊皮鞋、其他皮鞋等。（如图2-6所示）

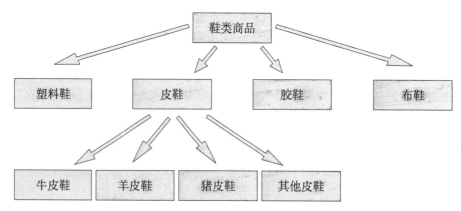

图2-6 不同原材料的鞋类商品分类

（三）以商品的加工方法为商品分类的标志

商品的生产方法和加工工艺不同，所形成的商品的质量水平、性能、特征等都会有明显差异。因此，对相同原材料可选用多种加工方法生产的商品，适宜以商品的生产加工方法作为商品分类的标志。以商品的加工方法作为商品分类标志，优点是能够直接反映商品品种特征及风格；缺点是对于生产加工方法不会引起商品质量变化或不使其特征产生实质性变化的商品，则不宜采用此分类标志。

例如，茶叶按照商品加工方法的不同，可分成全发酵茶（红茶）、半发酵茶（乌龙茶）、后发酵茶（黑茶）和不发酵茶（绿茶）等（如图2-7所示）；纺织品按照商品加工方法的不同，可分为机织品、针织品和无纺布等。

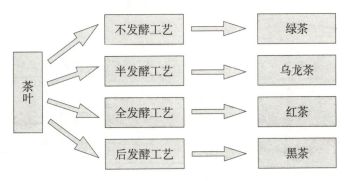

图2-7　使用不同加工方法的茶叶分类

（四）以商品的主要成分为商品分类的标志

商品的许多性能往往由商品的主要成分（一般为化学成分）决定。在很多情况下，商品的主要成分决定了商品的性能和质量。因此，对这些商品进行分类时，可以以**商品的主要成分**作为商品分类的标志。以商品的主要成分作为商品分类的标志，优点是有利于深入研究商品的性能和质量、储运条件以及使用方法；缺点是对于化学成分**复杂**或成分区别不明显的商品，则不宜采用此分类标志。

例如，化肥以商品的主要成分作为商品分类的标志，可分为氮肥、磷肥、钾肥、复合肥等。钢材以商品的主要成分作为商品分类的标志，可分为碳素钢和合金钢等。玻璃以商品的主要成分作为商品分类的标志，可分为耐腐蚀的石英玻璃、耐高温的钾玻璃、防辐射的铅玻璃等。（如图2-8所示）

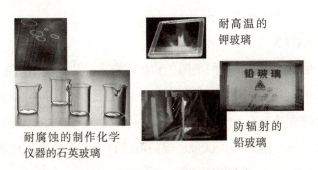

图2-8　不同成分、不同用途的玻璃

（五）其他分类标志

商品的分类标志还有很多，例如商品的外观形状、结构、颜色、特性、重量、产地等均可作为商品分类标志。

以钢材为例，根据形状的不同可分为型钢、钢板、钢管、钢丝等。

·······○ **课堂提升训练** ○·······

某超市的进货商品有日用百货、食品、畜产品、水果蔬菜等大类。在食品大类中的饮料中类下，进一步细分出"听装饮料""盒装饮料""瓶装饮料"等小类商品；在日用百货大类中的鞋类中类下，进一步细分出"皮鞋""人造革鞋""塑料鞋""布鞋"等小类商品。请问，该超市采用的商品分类标志有哪几种？

［知识三］ 商品目录与代码（条码）

一、商品目录概述

（一）商品目录的概念

商品目录是指在商品分类和编码的基础上，用表格、文字、数字或字母等全面记录商品分类体系和编排顺序的文件形式。具体来说，商品目录就是由国际组织或国家、行业或企业依据商品编码的要求，对所管理的商品种类用一定的书面形式，并经过一定程序固定下来的商品总明细表。

商品目录一般包括商品名称及计量单位、商品代码（或编号）和商品分类体系三部分，所以商品目录又叫商品分类目录。

（二）商品目录的种类

商品目录由于编制的目的和作用不同，种类有很多。如按商品用途的不同，编制的目录有食品商品目录、纺织品商品目录、交电商品目录、化工原料商品目录等；按编制对象的不同，编制的目录有工业产品目录、农业商品目录等；按适用范围的不同，编制的目录有国际商品目录、国家商品目录、部门商品目录、企业商品目录等。一般来说，按适用范围大小划分的商品目录使用较多。

1.国际商品目录

国际商品目录是指由国际组织或地区性国际集团编制的商品目录。例如，由联合国编制的《国际贸易标准分类目录》，由国际关税合作委员会编制的《商品、关税率分类目录》，由海关合作理事会编制的《海关合作理事会商品分类目录》和《商品名称及编码协调制度》等。

2.国家商品目录

国家商品目录是指由国家和指定专门机构编制的商品目录，它是国民经济各部门进行计划、统计、财务、税收、物价等工作时必须遵循的。例如，由国务院批准、国家标准化管理委员会发布的《全国工农业产品（商品、物资）分类与代码》，是我国国民经济各部门、各地区从事经济管理工作时必须一致遵守的全国性统一商品目录。

3.部门商品目录

部门商品目录是指由本行业主管部门编制的商品目录，它是该行业所有企业应该共同遵循的。例如，我国海关总署发布的《中华人民共和国海关统计商品目录》等，是全国各省、市、自治区外贸单位编制计划、统计、财会报表时必须统一执行的。

4.企业商品目录

企业商品目录是指本企业或单位在兼顾国家和部门商品目录分类原则的基础上，为充分满足本企业工作需要，而对本企业生产或经营的商品所编制的商品目录，如营业柜组经营商品目录、仓库保管商品经营目录等。

二、商品代码概述

（一）商品代码的概念和作用

1.商品代码的概念

商品代码又称商品编码、商品代号、货号，是指在商品分类基础上，赋予某种或某类商品的代表符号。商品代码可以区别不同产地、不同原料、不同色泽、不同型号等的商品品种，也能够更方便地录入电脑系统。

2.商品代码的作用

使用商品代码，对国家和企业都有非常重要和积极的作用。一般来说，商品代码有以下作用：

（1）方便商品识记和辨别。商品代码的编制都有相应的规律，容易掌握和记忆。

（2）可以简化录入手续，提高工作效率。商品代码书写简便，并且容易录入计算机系统，可以有效提高工作效率，节省时间。

（3）有利于建立统一的商品分类代码体系。商品代码的使用有利于全国的现代化商品进行科学的分类和管理，为国家经济发展提供便利条件。

（二）商品代码的种类

商品代码按其使用的符号类型的不同，可分为数字型代码、字母型代码、数字—字母混合型代码和条码四类。我国普遍采用数字型代码和条码。

1.数字型代码

数字型代码是用一个或若干个阿拉伯数字表示分类对象的商品代码。其特点是结构简单，使用方便，易于推广，便于利用计算机进行处理，是目前大多数国家采用的一种代码。

2.字母型代码

字母型代码是用一个或若干个字母表示分类对象的商品代码。按字母顺序对商品进行分类编码时，一般用大写字母表示商品大类，用小写字母表示其他类目。其优点是便于记忆，比同样位数的数字型代码的容量大，可提供便于人们识别的信息，但不利于计算机的识别与处理，并且不适用于分类对象数目较多的情况。

3.数字—字母混合型代码

数字—字母混合型代码是由数字和字母混合组成的商品代码。它兼有数字型代码和字母型代码的优点，结构严密，具有良好的直观性和表达性，但是由于组成形式复杂，会给计算机输入带来不便，录入效率低，错码率高。

三、商品条码

（一）商品条码的概念和特点

1.商品条码的概念

商品条形码简称条形码或条码，是将表示一定信息的字符代码转换成用一组黑白（或彩色）相间的平行线条，并按一定的规则排列组合而成的特殊图形符号。为了便于人们识别条形码符号所代表的字符，通常条形码符号下部会印刷商品所代表的数字、字母或专用符号。

2.商品条码的特点

（1）准确度高。键盘输入数据出错率为三百分之一，而采用条形码技术的输入错码率低于百万分之一。

（2）输入速度快。与键盘输入相比，条形码输入的速度是键盘输入速度的5倍，并且能实现"即时"数据输入。

（3）采集信息量大。利用传统的一维条形码（普通条码）一次可采集几十位字符的信息，二维条形码（二维码）可以携带数千个字符的信息，并有一定的自动纠错能力。

（4）设备经济实用。条码识别装置结构简单，准确率高，易于操作，价格合理。

（二）商品条码的种类和结构

1.商品条码的种类

商品条码根据编码主体的不同，可分为厂商条码和店内码两大类。厂商条码是指厂家在生产过程中直接印刷到商品包装上的条码，主要有EAN、UPC、ITF等条形码。店内码是指商店为了便于扫描，对没有正规厂商条码或生产厂家不能统一编制和印刷条码的商品自制的简易条码。

2.常见条码的结构

一般来说，国际通用的常用条形码有：国际物品条形码，简称EAN条形码；通用产品条形码，简称UPC条形码；交叉二五条码，简称ITF条形码；三九条形码；库德巴条形码。其中，前三种最常见。

（1）EAN条码

EAN条形码是国际通用商品代码，有13位标准条形码（EAN-13条码）和8位缩短条形码（EAN-8条码）两种版本，如图2-9所示。

EAN-13条码符号　　　　EAN-8条码符号

图2-9　EAN条码符号

①EAN-13条码。该条码由13位数字的字符代码组成，也称EAN标准版条码。（如图2-10、2-11所示）其结构如下：

前缀码——用于表示商品来源的国家或地区，国际物品编码协会分配给中国的前缀码为"690～695"。

厂商代码——由该国或地区物品编码管理机构分配。

商品代码（商品项目代码）——由制造厂商自行分配。

校验码（验证码）——用于计算机自动校验整个代码录入是否正确，它是通过一定的计算得出的。

图2-10　EAN-13条码符号构成

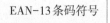

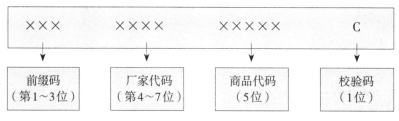

图2-11　EAN-13条码符号构成

②EAN-8条码。只用于商品销售包装。当商品包装上没有足够的面积印刷EAN-13标准条码时，可将商品代码编成8位数字代码。这种条码也称为EAN缩短版条码。（如图2-12所示）其结构如下：

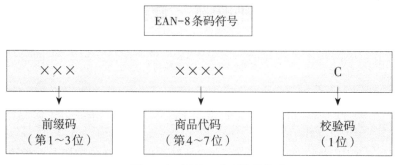

图2-12　EAN-8条码符号构成

（2）UPC条码

UPC条形码即通用产品条形码，是美国统一代码委员会制定的一种商品用条码，主要应用于美国和加拿大。UPC条形码分为标准码UPC-A和缩短码UPC-E两种，只有当商品印刷面积很小，很难完整印刷标准码UPC-A时，UPC-E条码才允许使用。（如图2-13所示）

图2-13 UPC条码符号构成

（3）ITF条码

ITF条码又称交叉二五条码，主要用于运输包装。当商品表面印刷条件较差，不允许印刷EAN-13和UPC-A条码时，常常选用这种条码。该条码常用于我国的超市配送中心。（如图2-14所示）

（4）店内码

店内码是针对没有正规厂商条码或生产厂家不能统一编制和印刷条码的商品，商店为方便管理而自行编制的临时性代码及条码标识。该条码主要用于散装商品的编码。

图2-15中的店内码结构：29为前缀码；00018为黄瓜的代码符号；00160为价格码，表示1.60元；1为校验码。

图2-14 ITF条码符号　　　　图2-15 店内码条码符号

（5）其他几种常用条码

①图书条码。ENA系统图书条码由13位数字组成。前3位前缀码是"978"，是由EAN和ISBN（国际标准书号体系）协议规定的，代表图书这一类商品。第4位为国家、语言或区位代码，中国大陆代码为"7"。第5～7（或8）位数字为厂商代码，代表出版社；第8（或9）～12位数字为商品代码，代表该印刷图书；最后一位是校验码。（如图2-16所示）

②期刊条码。按照EAN的规定，期刊可以有两种不同的编码方式：一种是将期刊作为普通商品进行编码，编码方式按照标准的EAN-13代码的编码方式进行；另一种是按照国际标准期刊号体系（ISSN）进行编码，将EAN前缀码"977"分配给国际标准期刊系统，作为期刊标识专用。（如图2-17所示）

图2-16 图书条码

图2-17 期刊条码

········○ 课堂提升训练 ○········

根据所学知识,说一说以下条形码分别属于哪种类型?

① 6 901234 567892>

② 0 896000 7

③ 0 89600 12456 9

④ 16901234000044 包装指示符

⑤ 6901 2341

⑥ ISBN 978-7-209-10715-0 9 787209 107150>

⑦ 品名: 沙田柚子 单价(元) 2.76 净含量 1.588 金额(元) 4.40 世纪联华

⑧ ISSN 0583-0214 1.1> 9 770583 021020

同步测试
TONG BU CE SHI

一、单项选择题

1.商品分类的方法有线分类法和（　　　）。

　　A.科学分类法　　　　　　　　B.特殊分类法

　　C.面分类法　　　　　　　　　D.整体分类法

2.常见的商品分类标志有很多,除了常用的分类标志如商品的用途、商品的原材料、商品的加工方法等分类标志外,还可以选择商品的（　　　）作为分类标志。

　　A.使用方式　　　　　　　　　B.主要成分或特殊成分

　　C.营销模式　　　　　　　　　D.价格层次

3.在选择商品分类标志时，应遵循以下原则：目的性、区分性、（　　　）、唯一性、逻辑性。

    A.实用性   B.适应性

    C.有序性   D.包容性

4.按适用范围不同，编制的商品目录有国际商品目录、国家商品目录、（　　　）和企业商品目录等。

    A.贸易部门商品目录   B.政府部门商品目录

    C.部门商品目录   D.单位商品目录

5.商品条码的特点主要有准确度高、输入速度快、（　　　）、设备经济实用等。

    A.采集信息量大   B.输入速度慢

    C.美观   D.方便购物

6.商品代码因其使用的符号类型不同，可分为数字型代码、字母型代码、（　　　）和条码四类。

    A.汉字型代码   B.数字—字母混合型代码

    C.汉字—数字混合型代码   D.汉字—字母混合型代码

7.国际上常用的条形码有：EAN条形码、UPC条形码、（　　　）、三九条形码、库德巴条形码。

    A.ITF条码   B.二九码

    C.8位缩短码   D.7位缩短码

8.按照EAN和ISBN协议规定，将（　　　）作为图书商品的专用前缀码。

    A.690   B.2X

    C.978   D.977

9.国际物品编码协会分配给中国的前缀码为（　　　）。

    A.690～692   B.00～13

    C.690～696   D.690～695

二、简答题

1.列举选择商品分类标志的原则。

2.常用的商品分类标志有哪些？

3.什么是商品代码？商品代码有哪几种类型？

项目实战
XIANG MU SHI ZHAN >>>

实战目的

掌握商品分类和商品条码在实践中的应用。

实战要求

1.寻找一家你较熟悉的商店或超市，分析其店内商品选择的分类标志。

2.在这家商店或超市中选择一件商品，找到其商品条码，并分析其特点。

3.分析该商品条码的种类及构成。

项目三
商品质量与质量管理

学习目标 >>>

1. 掌握商品质量的含义；
2. 理解商品质量的基本要求；
3. 掌握影响商品质量的因素；
4. 理解产品质量认证相关规定和强制性产品认证制度；
5. 了解伪劣商品的概念、范围和表现形式。

项目导入
XIANG MU DAO RU >>>

"中国质量奖"制造领域第一名是如何炼成的？

2016年3月29日，中国质量领域最高政府性荣誉"中国质量奖"颁奖，华为获得了该奖项制造领域第一名。

华为在创业早期就有严苛的质量要求，在还未建立现代质量管理制度的年代，任正非已将产品质量视为企业底线。2000年9月，华为研发系统在深圳市体育馆举办了一场"呆死料大会"。通过一个"隆重"的仪式，任正非把工作不认真、测试不严格、盲目创新造成的大量废料，以及研发、工程技术人员奔赴现场"救火"的往返机票，成箱成盒地包装成特殊的奖品，发给相关产品的负责人。正是从这场标志性的"呆死料大会"开始，华为更加全面地加强整个质量体系的建设。

2015年，在华为荣耀手机的一次运输中，运输车辆发生了极为罕见的轮胎起火事故，导致集装箱内部分手机受到影响。按生产检验标准，这批手机不良率仅有1.4%，良品率达到98.6%。但即使是这1.4%的手机，也仍然是可以正常使用的手机，只是有可能在使用一两年后出现问题。华为最终选择了将价值2000万元的1万多部手机全部销毁，手机屏幕及机身等均成废料，元器件等都无法再使用。看到手机被销毁，不少人既感叹又心疼。

同样是在2015年，华为技术人员在高湿环境下进行一款手机的可靠性测试时发现，该款手机上的环境光传感器在使用一年后，可能会有接近1/1000的概率失效，问题发现后，公司直接叫停了整个产品生产线。

每个产品都涉及数百个供应商，华为是如何让"朋友圈"成员也与自身一样坚持高质量标准的呢？华为一直在同整个产业链合作，不断提升供应链中各个环节的产品质量。华为主张优质优价，拒绝低质低价，如果供应商的产品质量好，华为愿意用更高的价格购买它的器件。此外，华为非常重视消费者体验，认为这是构成产品质量的重要组成部分。"要把产品、零售、渠道、服务，每一个消费者能体验和感知的要素都做好。"

华为视质量为企业的自尊和生命，一直努力提升产品质量和服务质量。正是这种对质量的不懈追求，最终使华为赢得了客户的信任，也造就了华为今天的成功。

思考：华为视质量为生命，从而获得了空前的发展，那么什么是质量？商品质量包括哪些内容，对企业有着怎样的意义？哪些因素会影响商品质量？

项目知识
XIANG MU ZHI SHI >>>

［知识一］ 商品质量的内涵

商品质量是企业长久发展的基础，也是商品学研究的中心内容。随着生产力的发展和人们生活水平的提高，商品质量这一概念的内涵也变得日益丰富和完善。

一、商品质量的含义

我国商品学界一般认为，商品质量有广义和狭义之分。

狭义的商品质量即商品的自然质量，又称产品质量、商品品质，是指产品与其规定标准技术条件的符合程度。它是反映商品的自然有用性和社会适应性的尺度。狭义的商品质量以国家或国际有关法规、商品标准或订购合同中的有关规定作为最低技术条件，是商品质量的最低要求和合格的依据。

广义的商品质量即商品的市场质量，是指商品满足其用途所需的各种特性及其消费者需要的程度。它不仅要求商品的特性能够满足需要，而且包括价格实惠、交货及时、服务周到等内容。商品质量包括如下含义：

第一，商品质量的主体是商品，即进入流通领域的产品。它既可以是有形产品，也可以是服务等无形产品，还可以是两者的结合。

第二，商品质量的内容和基础是商品固有的特性和特征。固有的特性是指在某事或某物中本来就有的，尤其是那种永久的特性。特性是指商品所特有的性能。特征则是指用来区分同类商品不同品种的特别显著的标志。

第三，商品质量的基本要求是商品的特性和特征能够满足其明确和隐含的需要。明确的需要是指明示的、有明确规定的要求，如标准、规范、图样、技术要求和合同规定等。隐含的需要是指人和社会对商品公认、不言而喻的人为期望，如安全性、美观性、耐久性、流行性等。

二、商品质量的综合体现

商品质量是一个综合性的概念，它受商品本身及商品流通过程中诸因素的影响。从现代市场观念来看，商品质量是内在质量、外观质量、社会质量和经济质量等方面内容的综合体现。

（一）商品的内在质量

商品的内在质量是指商品在生产过程中形成的商品体本身固有的特性，包括商品实用性能、可靠性、寿命、安全与卫生性等。它是由商品本身的自然属性决定的，构成商品的实际物质效用，是最基本的质量要素。

（二）商品的外观质量

商品的外观质量主要指商品的外表形态，包括外观构造、质地、色彩、气味、手感、表面疵点和包装等，它已成为人们选择商品的重要依据。

（三）商品的社会质量

商品的社会质量是指商品满足全社会利益需要的程度，如是否违反社会道德，对环境造成污染，浪费有限资源和能源等。一种商品不管其技术如何进步，只要有碍于社会利益，就难以生存和发展。

（四）商品的经济质量

商品的经济质量，即商品物美价廉的统一程度。一般来说，人们按其真实的需要，希望以尽可能低的价格获得性能优良的商品，并且在消费或使用中付出尽可能低的使用和维护成本。

与商品的内在质量不同，商品的外观质量、社会质量和经济质量是由商品的社会效应决定的，会受到诸多社会因素的影响。

三、商品质量的性质

（一）商品质量具有针对性

商品的质量是针对一定使用条件和一定用途而言的。各种商品均需在一定使用条件和范围内按设计要求或食用要求合理使用。若超出使用条件和范围，即使是优质品也很难反映出它的实际功能，甚至会完全丧失其使用价值。

（二）商品质量具有相对性

商品质量相对于同类商品（使用目的相同）的不同个体而言，是一个比较的范畴。对一般商品来说，其质量可以通过简单的比较和识别来观察，而对某些商品则要有严格的质量指标规定。

（三）商品质量具有可变性

商品的特性会随着科技的进步而发展，而且人们消费水平的提高和社会因素的变化，也会对商品质量提出新的要求；即使是同一时期，地点、地域、消费对象不同，对商品的要求也不一样；消费者的职业、年龄、性别、经济条件、宗教信仰、文化修养、心理爱好等不同，对质量的要求也不同。

○ 课堂提升训练 ○

小组讨论，伞是如何从4000年前的"盖"发展而来的？在伞发展变化的过程中，人们对伞的质量提出了哪些新的要求？这说明了商品质量的哪些性质？

［知识二］ 商品质量的基本要求

商品质量的基本要求是根据其用途、使用方法、使用目的以及消费者需要和社会需求提出来的。现代市场中商品种类繁多，性能各异，又有着不同的用途、特点和使用方法，因此，对不同商品质量的基本要求也不相同。

一、食品质量的基本要求

食品是指各种供人食用或饮用的成品或原料，以及按照传统既是食品又是药品的物品，但不包括以治疗为目的的物品。食品为人体提供热量、营养，调节人体生理活动，形成人体各组织所需的物质，是人体生长发育、保证健康不可缺少的生活资料。因此，对食品质量的基本要求是：具有营养价值；具有良好的色、香、味、形；无毒无害，符合卫生要求。

（一）食品的营养价值

食品的营养价值是指食品能给人体提供营养物质，这是一切食品的基本特征。其功能是提供人体维持生命活动所需的能源，保证健康，调节代谢以及延续生命。营养价值是决定食品质量高低的重要依据，是评定食品质量优劣的关键指标，是评价食品商品质量的基本条件。

食品的营养价值包括营养成分、可消化率和发热量三项指标。

1.营养成分

营养成分是指食品中所含的糖类、蛋白质、脂肪、碳水化合物、维生素、矿物质及水分等。不同的食品中所含的营养成分不同，不同的营养成分对维持人的肌体生长又起着不同作用，因此，人们需要从各种不同的食品中获得各种营养成分。我国自2013年1月1日起全面推行食品营养标签制度，要求食品包装上必须标注蛋白质、脂肪、碳水化

每1包装(平均43克)含有		营养成分表		
		项目	每100克(g)	NRV%
能量	脂肪	能量	2301千焦(kJ)	27%
989kJ	14.9g	蛋白质	6.7克(g)	11%
		脂肪	34.7克(g)	58%
12%	25%	-饱和脂肪	21.8克(g)	109%
		碳水化合物	55.7克(g)	19%
% 营养素参考值		钠	83毫克(mg)	4%

图3-1　德芙巧克力包装上的营养标签

合物、钠四种核心营养素和能量的含量值及其占营养素参考值的百分比。

2.可消化率

可消化率是指食品在食用后，能够被人体消化吸收的百分率，它反映了食品中营养成分被人体消化吸收的程度。由于食品中的营养成分只有被人体消化吸收才能发挥作用，所以在同等条件下，食品的可消化率越高，其营养价值就越高。

3.发热量

发热量是指食品的营养成分经人体消化吸收后在人体内产生的热量。食品在人体内产生的热量是人体运动的能量源泉，所以发热量是评价食品营养价值最基本的综合性指标。

（二）食品的色、香、味、形

食品的色、香、味、形是指食品的色泽、香气、滋味和外观形状，它是评价食品质量的感官指标。食品的色、香、味、形不仅能反映食品的新鲜度、成熟度、加工精度、品种风味及变质状况，同时可直接影响人们的食欲和购买欲，还能影响人们对食品营养成分的消化和吸收。例如，食品若具有柔和的颜色、诱人的香气、可口的滋味和喜人的外观，那么只要一接触（看到或闻到）它们，人们就会有所反应，人体各

图3-2 马卡龙因繁复多变的颜色、款式以及口味调配，深受食客欢迎

消化器官就会分泌较多的消化液，帮助消化和吸收食品中的营养成分。另外，许多食品的色、香、味、形本身还是重要的质量指标。例如，评价烟、酒、茶等商品的质量时，主要从色泽、香气、滋味等方面进行鉴定。不同的色、香、味、形决定了食品本身的档次和等级。

（三）食品的安全卫生

食品的安全卫生，是指食品中不应含有或含有超过允许限量的有害物质和微生物。食品的安全卫生关系到人们的健康与生命安全，有的还影响子孙后代，所以作为食品，卫生、无毒、无害、无污染是最起码的要求。食品必须符合有关的卫生规定和标准，若超过规定的卫生要求，其他质量要求即随之失去意义。影响食品安全卫生的因素，主要来自以下五个方面：

1.食品自身产生的毒素

如豚鱼、毒蘑菇、苦杏仁、土豆发芽部分产生的氰甙龙葵类毒素，鳝鱼、鳖、河蟹死后体内产生的组胺毒素等。这些毒素，对人体的消化系统、神经系统、血液循环系统都有严重的危害。

2.生物对食品的污染

生物对食品的污染包括：①微生物污染，主要是细菌、细菌毒素、霉菌、霉菌毒素及大肠杆菌等；②寄生虫及虫卵污染，主要是旋毛虫、蛔虫、绦虫、蛲虫、姜片虫、肝吸虫等；③昆虫污染，主要是粮食中的甲虫类、蛾类、螨类以及鼠类活动所造成的污染。

3.加工中混入的毒素

如方便面、罐头、小食品、饮料等，因配料不当或超范围使用防腐剂、色素、香精，放置时间久了引起铅、锌中毒；油炸、烧烤食品时生成甘油醛，造成食品污染，影响人体健康。

4.保管不善产生的毒素

食品因保管不善有可能感染微生物而腐败或霉烂变质，如温度过高，海产品发生变质，容易致癌。花生、小麦、玉米、豆类等发霉后则能产生黄曲霉毒素，使人体致癌。

5.环境、化学品造成的污染

主要包括工业"三废"的不合理排放，化肥农药的过度使用，不合乎卫生要求的食物添加剂使用等。另外，食品在生产、贮存、运输、销售时，也会受到环境、化学品、菌类、重金属等的污染。

二、纺织品质量的基本要求

纺织品是人们日常生活中不可缺少的生活资料。随着社会的发展，纺织品的款式、品种日趋新颖、丰富，其功能已不再是简单的御寒遮体、维持生活。因此，对纺织品质量的最基本要求，既要耐用舒适、卫生安全，又要美观、大方、流行，具有时代性。概括起来，对纺织品质量的基本要求有以下几方面：

（一）卫生安全性

纺织品的卫生安全性是指纺织品保证人体健康和人身安全而应具备的性质，主要包括纺织品的卫生无害性、抗静电性等。卫生无害性，不仅要求纺织品纤维对人体无害，还要求纺织品在加工和染色过程中使用的染料、防缩剂、防皱剂、柔软剂、增白剂等化学物质对人体无害。这些化学物质如残留在纺织品表面，就可能造成对皮肤的刺激。吸湿性差的涤纶、腈纶、氯纶、丙纶等合成纤维容易形成静电，降低静电的方法，一是在纺织品中混入导电纤维，二是将静电剂加入合成纤维内部或固着在纤维表面。

（二）材料选择的适宜性

由于不同种类不同品质的纤维具有不同的性质，所以纺织品所选用的纤维材料，直接决定了其基本性能和外观特征。因此，纺织品用途不同，所选择的纤维的种类和品质

也各不相同。如针织内衣要贴身穿着，需吸湿透气，选择棉质纤维较好；而大衣一般要求柔软轻盈舒适保暖，选择羊毛等纤维较好。

（三）组织结构的合理性

纺织品的组织结构主要包括织物的纱线和织纹组织、织物的重量和厚度、织物的紧度和密度、幅宽和匹长等。纺织品的组织结构影响着织物的外观和机械性能，如纺织品的厚度、紧度等可影响其透气性、保暖性、柔软性等，纱线和织纹组织可直接影响纺织品的花色和品种等。

（四）良好的机械性

纺织品的机械性主要是指各种强度指标，包括纺织品的强度、弹性、耐磨性等。纺织品的机械性直接影响其尺寸稳定性、手感和成品风格，也是衡量纺织品耐用性能的重要指标。

（五）适宜的服用性

纺织品的服用性是指纺织品在穿用过程中应保持舒适、美观、大方。适宜的服用性要求纺织品的缩水率、刚挺性、悬垂性符合规定标准，具有良好的吸湿性、透气性，同时不起毛不起球，花型、色泽、线条图案等大方、有特色。

（六）工艺性

纺织品的工艺性是指纺织品面料必须方便裁剪缝制，易于洗涤、熨烫、定型，染色牢固等。

三、日用工业品质量的基本要求

日用工业品是指服装、百货、文化用品、民用五金、交电、化工商品等人们日常生活中必不可少的消费资料。日用工业品与人们的衣食住行息息相关，对它们质量的基本要求主要包括适用性、耐用性、安全卫生性、外观美观性和结构合理性等。

（一）适用性

适用性是指商品满足其主要用途所必须具备的性能或质量要求，它是构成商品使用价值的基本条件。不同商品的适用性有不同要求，如保温瓶必须保温，洗涤剂必须去污，电冰箱必须制冷等。即使是同一类商品，由于品种不同，用途也各不相同。如同是玻璃制品，茶杯要求耐热性高，镜子要求成像逼真，化学仪器要求耐酸碱性好，高楼玻璃要求强度高不破碎。因此，适用性是对日用工业品质量的最基本的要求。

（二）耐用性

耐用性是指日用工业品的耐用程度，即它在使用过程中抵抗各种外界因素破坏的能力，它反映了日用工业品坚固耐用的程度。对于消耗性的商品，其耐用性指其使用效能，即用量和效果，例如皮革、橡胶制品和某些纸张常用强度和耐磨耗等指标来评定其耐用性。对于非消耗性的商品，其耐用性主要指其使用寿命，如汽车可以行驶的总里程、灯管在220V电压下工作的小时数等。

（三）安全卫生性

安全卫生性是指日用工业品在使用过程中，对保护人体健康和环境所必须具备的既安全又卫生的质量特性。如盛放食物的器皿、化妆品、玩具、太空杯、肥皂、牙膏及包装材料等商品应无毒无害，各种家用电器不漏电、无辐射、安全可靠，在使用过程中不发生危险，玻璃器皿中有毒的重金属元素应在一定的标准范围内。同时，安全卫生性还要求日用工业品在使用中或使用后不污染环境，不引起公害。

（四）外观美观性

日用工业品的外观，主要是指其表面特征。外观美观性主要包括两方面：一方面指商品没有外观疵点，即影响商品外观或影响质量的表面缺陷；另一方面指商品的表面装饰如造型、款式、色彩、花纹、图案等应美观大方，色彩适宜，具有艺术感和时代风格。

（五）结构合理性

日用工业品的结构合理性，主要是指其形状、大小和部件的装配要合理，若结构不合理，不仅影响其外观，而且直接影响其适用性和耐用性。例如，服装、鞋帽结构不当，不仅使人感到不舒服、不美观，而且无法穿戴，丧失了使用价值。对于那些起着美化装饰作用的日用工业品，它们的造型结构更具有特殊的意义。

········○ 课堂提升训练 ○········

想一想，生活中除了食品、纺织品和日用工业品，我们还能接触到哪些产品？人们对这些产品的质量有着怎样的要求？

［知识三］ 影响商品质量的因素

从生产过程、流通领域到最后的消费使用，商品所经历的每一个环节都会影响商品

质量。概括起来，影响商品质量的因素可以分为内部因素和外部因素两类。内部因素即商品本身的因素，主要包括原材料、生产工艺和商品包装，它是影响商品质量最根本的因素。外部因素是指商品本身之外的其他人为或自然因素，主要包括商品运输、商品贮存、销售服务、使用过程、废弃处理等。

一、影响商品质量的内部因素

（一）原材料

原材料是形成商品质量的物质基础，其成分、结构、性质对商品质量起着决定性的作用，原材料质量的优劣直接影响商品的质量等级。例如，用含硅量高的石英砂制成的玻璃制品，透明度和色泽均好；而用含铁量高的石英砂制成的玻璃制品，透明度和色泽均较差。因此，对原材料或零配件进行认真分析研究，不仅可以明确商品的质量特征和对商品质量的基本要求，加强商品的质量管理，还可以确定商品的包装储存方法和使用方法，从而有效提高商品质量。

在确保商品质量的前提下，应倡导节约原则，力求合理利用原材料，并提高原材料的利用率。此外，在选用原材料时，还应考虑商品的回收利用和废弃物处理问题，尽量选择可以循环使用、回收利用或者对环境无污染的原材料。

（二）生产工艺

生产工艺是指对原材料进行加工、制作使之成为具有使用价值的商品的总体流程和方法，包括在加工制造过程中使用的工艺配方、工艺参数、加工方法、操作规程、设备条件和生产技术水平等。它是形成商品质量的关键，对商品质量起着决定性作用。同样的原材料在不同的生产工艺下会形成不同的商品质量。例如，生产过程中不进行杀菌处理的鲜啤酒（生啤），营养丰富，口味鲜美，但不耐贮存，一般保质期为3～7天；而经过巴氏杀菌工序的熟啤酒，色、味、营养稍差，但较耐贮存，保质期在2～5个月。

科学技术的发展可以提高商品质量，甚至使商品质量发生质的飞跃，这一般是通过生产工艺的改进来实现的。科学技术发展可以提高生产设备的先进性，使工艺配方或工艺参数更加合理，明显改进商品的生产技术水平，从而改进并提高商品质量。

（三）商品包装

商品包装是指为在流通过程中保护商品、方便储运、促进销售，按一定技术方法而采用的容器、材料及辅助物等的总体名称，和在这一过程中施加一定技术等的操作方法。现代商品包装已成为商品不可缺少的组成部分，商品包装对商品质量起着维护和美化的重要作用。科学合理的包装不仅能够装饰美化商品，还能够减少和防止外界因素对商品内在质量的影响，便于商品的运输、储存、销售和使用，并有助于保证商品的质量。

二、影响商品质量的外部因素

（一）商品运输

商品运输是指商品在流通过程中从生产地运往消费地的活动和过程。商品运输是商品流通的必要条件，没有运输，商品不会自己到达消费者手中。在运输过程中，商品质量会受到运输工具、运输条件、运输路线、运输方式、装卸工具等因素的影响，同时还会受到温度、湿度、风吹、日晒、雨淋等气候条件的影响。商品在装卸和运输过程中还可能发生碰撞、跌落、破碎、散失等，这也会降低商品质量。

（二）商品储存

商品储存是指商品在一定时间按一定方式处于流通过程的相对静止状态的存在形式，它是商品流通过程的必要环节。在商品储存过程中，商品质量除与商品自身的耐储存性相关外，还会受到储存时间、仓储环境、养护技术等因素的影响。如乌龙茶需要防潮、避光、密封、冷藏，储存不当会加速茶叶内所含成分的变化，加速茶叶陈化甚至发生霉变。

（三）销售服务

销售服务是指企业在产品销售活动过程中为顾客提供的各种劳务的总称，包括验收陈列、提货搬运、上柜检验、送货服务、技术咨询、装配调试、维修保养、退换货接待等内容。销售服务的质量将成为最终影响消费者所购商品质量的因素。例如空调、洗衣机等，未进行正确安装调试会直接影响商品效能的发挥；陈列环境或陈列方式不当可能会引起酒类商品质量变化等。在现代市场中，商品良好的售前、售中、售后服务质量已逐渐被消费者视为商品质量的重要组成部分。

（四）使用过程

商品的使用过程也会直接影响商品质量。使用过程对商品质量的影响主要体现在两个方面：一方面是商品使用范围和使用条件的限制。任何商品都有一定的使用范围和使用条件，消费者只有在合理范围和正确条件下使用商品，商品的正常功能才能得到发挥，否则商品不但不能正常使用，还可能发生损坏甚至造成事故。另一方面是商品的使用方法和维护保养方法要恰当。消费者只有掌握正确的使用方法，并进行必要的日常维护和保养，商品质量才能得到保证，商品的使用寿命也才能延长。

（五）废弃处理

使用过的商品及其包装物作为废弃物被丢弃，有些废弃物可回收利用，有些废弃

物则不能或不值得回收利用，也不易被自然因素或微生物破坏分解，还有些废弃物会对自然环境造成污染，甚至破坏生态平衡。由于世界各国越来越关注和忧虑环境问题，不少国际组织积极建议，把对环境的影响纳入商品质量指标体系。因此，商品及其包装物的废弃物是否容易处理以及是否对环境有害，将成为决定商品质量的又一重要因素。

········○ 课堂提升训练 ○········

> 2017年9月，江西南昌的消费者魏先生发现刚买回来没几天的海天酱油生蛆，经新闻媒体报道后，消费者与厂家各执一词，催生了"海天酱油罗生门"事件。请从影响商品质量的因素方面考虑，此酱油的质量问题可能出现在哪些环节，可能由哪些原因造成？

［知识四］ 商品质量管理

一、商品质量管理的含义

质量管理是指确定质量方针、目标和职责，并通过质量体系中的质量策划、控制、保证和改进来使其实现的全部活动。简单来讲，质量管理是"在质量方面指挥和控制组织协调的活动"。

商品质量管理，即围绕商品和商品流通的质量管理，它是指以保证商品应有的质量为中心内容，运用现代管理思想和方法，对商品生产活动和经营活动过程中影响商品质量的因素加以控制而进行的一系列管理活动。

一般而言，商品质量管理是指企业对内部商品生产和流通过程的质量管理。但从广义上讲，商品质量管理可以分为微观管理和宏观管理两部分。其中，微观管理是企业角度，指企业全体职工及相关部门同心协力对商品质量的全过程和全范围进行的管理，宏观管理是国家角度，指国家为保证商品质量所实施的宏观调控，如商品质量监督、生产许可、产品质量认证等。

商品质量管理自20世纪初产生发展至今，经历了检验质量管理、统计质量管理和全面质量管理三个阶段。检验质量管理阶段从20世纪初到30年代，它主要是按既定质量标准要求对产品进行检验，是一种消极的防范型管理；统计质量管理阶段从20世纪40年代到50年代末，主要是按照上牌标准运用数理统计在从设计到制造的生产工序间进行质量控制，是一种预防型管理；全面质量管理自20世纪60年代推行至今，它是以质量为中心，以全员参与为基础，目的在于通过让顾客满意而实现长期发展的管理方式。

二、商品质量监督

（一）商品质量监督的含义

商品质量监督是根据国家的质量法规和商品质量标准，由国家指定的商品质量监督机构对生产和流通领域的商品质量和质量保证体系进行监督的活动。

商品质量监督实质上是一种质量分析和评价活动。商品质量监督的主体是履行商品质量监督的职能部门，它是由国家授权的第三方法定机构。商品质量监督的依据是国家的质量法规和商品的质量标准。商品质量监督的对象不仅包括商品质量实体，还包括商品的质量保证体系。质量保证体系（QAS）是指企业以提高和保证产品质量为目标，运用系统方法，依靠必要的组织结构，把组织内各部门、各环节的质量管理活动严密组织起来，将产品研制、设计制造、销售服务和情报反馈的整个过程中影响产品质量的一切因素统统控制起来，形成的一个有明确任务、职责、权限，相互协调、相互促进的质量管理的有机整体。商品质量监督的范围包括商品生产流通的整个过程，包括加工生产、包装、运输、储存、销售等各个环节。商品质量监督的目的是防止不合格品流入市场，维护国家和消费者利益。

（二）商品质量监督的意义和分类

商品质量监督是国家商品质量管理体系和标准化工作的重要组成部分，是保证国家各级标准得以实施的有效措施，对促进企业贯彻执行管理标准和产品技术标准，提高商品质量和企业经济效益、社会效益，促进我国对外经济贸易的发展起着重要作用。

我国的商品质量监督可以分为国家的质量监督（由国家授权设置的专门机构进行监督检查）、社会的质量监督（社会团体、组织和新闻机构根据消费者反映对相关商品进行监督）和用户的质量监督（内外贸部门和使用单位对所购商品进行监督）三类。

（三）商品质量监督的形式

商品质量监督的形式可以归纳为以下三种：

1.抽查型质量监督

抽查型质量监督是指国家质量监督机构通过对从市场或企业抽取的商品样品进行监

督检验，判定其质量，从而采取强制措施责成企业改进质量，直至达到商品标准要求的一种监督活动。抽查型质量监督形式，一般只抽检商品的实物质量，不检查企业的质量保证体系。抽查的主要对象是涉及人体健康和人身、财产安全的商品，影响国计民生的重要工业产品，重要的生产资料商品和消费者反映有质量问题的商品。

2.评价型质量监督

评价型质量监督是指国家质量监督机构通过对企业的产品质量和质量保证体系进行检验和检查，待考核合格后，以颁发产品质量证书、标志等方法确认和证明产品已经达到某一质量水平，并向社会提供质量评价信息，实行必要的事后监督，以检查产品质量和质量保证体系是否保持或提高的一种质量监督活动。评价型质量监督是国家干预产品质量、进行宏观管理的一种重要形式。产品质量认证、企业质量体系认证、环境标志产品认证、评选优质产品、产品统一检验制度和生产许可证发放等都属于这种形式。

3.仲裁型质量监督

仲裁型质量监督是指质量监督机构通过对有质量争议的商品进行检验和质量调查，分清质量责任，做出公正处理，维护经济活动正常秩序的一种质量监督活动。仲裁型质量监督具有较强的法制性，这项任务由质量监督管理部门承担，应选择经省级以上人民政府产品质量监督管理部门或其授权的部门审查认可的质量监督检验机构作为仲裁检验机构。

三、产品质量认证

我国参照国际先进的产品标准和技术要求，推行产品质量认证制度。企业根据自愿原则可以向国务院产品质量监督部门认可的或者国务院产品质量监督部门授权的部门认可的认证机构申请产品质量认证。经认证合格的，由认证机构颁发产品质量认证证书，准许企业在产品或者其包装上使用产品质量认证标志。

产品质量认证是对商品符合标准的一种证明活动。它为消费者提供了质量信息，促进了商品质量的提高，同时减少了社会重复检验评价的费用，促进了经济和社会的发展。

（一）产品质量认证的概念

认证，是指由认证机构证明产品、服务、管理体系符合相关技术规范和相关技术规范的强制性要求或者标准的合格评定活动。

产品质量认证，是指由可以充分信任的第三方证实某一经鉴定的产品或服务符合特定标准或其他技术规范的活动。

我国1991年发布的《中华人民共和国产品质量认证管理条例》第二条规定：产品质量认证是依据产品标准和相应技术要求，经认证机构确认并通过颁发认证证书和认证标志来证明某一产品符合相应标准和相应技术要求的活动。

理解产品质量认证的概念，需要注意以下几点：

1.产品质量认证的依据是标准。统一的标准作为共同遵守的准则和评价商品质量高低的依据，是认证的基础和依据。

2.产品质量认证的对象是产品或服务。这里的产品包括有形产品，如电子产品、电工产品、计算机软件等，也包括服务项目，如通信、保险、旅馆、咨询等服务。

3.产品质量认证的批准方式是颁发认证证书或允许使用认证标志。当申请认证的产品或服务项目经过规定的程序证实其符合认证机构规定的要求时，则由认证机构颁发认证证书，许可其在出厂的认证产品上使用认证标志，证明其取得了认证资格。对不同类型的产品或服务项目，视不同的认证类型，可以只颁发认证证书，亦可证书与标志同时使用。

4.产品质量认证是第三方所从事的活动。鉴于质量认证是证明产品或服务项目符合特定标准的活动，这就需要既非供方也非用户的第三方从事质量认证活动，从而保证质量认证的客观性、公正性、科学性和权威性。

（二）产品质量认证的分类

依据不同的分类标准，产品质量认证可以划分为多种不同的类型。

1.按认证的范围分类，可以分为国家认证、区域性认证和国际认证。国家认证是指国家对国内产品施行的认证，如我国的3C认证；区域性认证是指若干国家和地区按照自愿的原则组织起来，按照共同的标准和技术规范进行的认证，如欧洲标准化组织CEN的CE认证；国际认证是指参与国际标准化组织ISO和国际电工委员会IEC等的认证组织按照ISO和IEC标准开展的认证，如ISO 9000质量管理体系认证。

2.按认证的性质分类，可以分为安全认证和合格认证两类。国家为了保障人们的生命与财产安全，对许多产品制定了安全标准。根据安全标准进行认证或只对标准中安全项目进行认证的，称为安全认证。合格认证是依据国家标准或行业标准的要求，对商品的全部性能所进行的质量认证，又称为综合认证或全性能认证。合格认证一般属于自愿性认证。

3.按认证的强制与否分类，可以分为强制性认证和自愿性认证。强制性认证是指按照世贸组织有关协议和国际通行规则，国家依法对涉及人类健康安全、动植物生命安全和健康，以及环境保护和公共安全的产品强制实行的认证。强制性认证一般是政府管理

行为，企业必须进行认证，未取得认证的产品不得销售、进口和使用。自愿性认证是组织根据组织本身或其顾客、相关方的要求自愿申请的认证。我国的质量认证坚持自愿性认证和强制性认证相结合的原则。

（三）产品质量认证的条件和程序

按《中华人民共和国产品质量认证管理条例》的规定，中国企业、外国企业均可提出商品质量认证申请。但企业申请产品质量认证应当具备以下条件：产品符合国家标准或者行业标准要求；产品质量稳定，能正常批量生产；生产企业的质量体系符合国家质量管理和质量保证标准及补充要求。

企业按下列程序办理产品质量认证：

1.中国企业向认证委员会提出书面申请，外国企业或者代销商向国务院标准化行政主管部门或者其指定的认证委员会提出书面申请；

2.认证委员会通知承担认证检验任务的检验机构对产品进行检验；

3.认证委员会对申请认证的生产企业的质量体系进行审查；

4.认证委员会对认证合格的产品颁发认证证书，并准许使用认证标志。

（四）我国的强制性产品认证制度

强制性产品认证制度是各国政府为保护广大消费者人身和动植物生命安全、保护环境、保护国家安全，依照法律法规实施的一种产品合格评定制度，它要求产品必须符合国家标准和技术法规。强制性产品认证制度在推动国家各种技术法规和标准的贯彻、规范市场经济秩序、打击假冒伪劣行为、提高产品的质量管理水平和保护消费者权益等方面，具有其他工作不可替代的作用和优势。认证制度由于其科学性和公正性，已被世界大多数国家广泛采用。实行市场经济制度的国家，政府以强制性产品认证制度作为产品市场准入的手段，正在成为国际通行的做法。

为了完善和规范强制性产品认证工作，切实维护国家、社会和公众利益，我国国家质量技术监督部门和国家认证认可监督管理部门建立了现行的国家强制性产品认证制度。我国现行的国家强制性产品认证制度于2001年12月3日正式对外公布，自2002年5月1日起实施，2003年5月1日起强制执行。

我国的强制性产品认证制度是依据《中华人民共和国产品质量法》《中华人民共和国进出口商品检验法》《中华人民共和国标准化法》《中华人民共和国进出口商品检验法实施条例》《中华人民共和国产品质量认证管理条例》等法律、法规建立的。《强制性产品认证管理规定》是实施强制性产品认证制度的基础性文件。它规定，国家对涉及人类健康和安全、动植物生命和健康，以及环境保护和公共安全的产品实行强制性产品认证。国家对强制性产品认证实行"四个统一"，即公布统一的实施强制性产品认证的产品目录，确定统一适用的国家标准、技术规则和实施程序，制定和发布统一的标志，规定统一的收费标准。凡列入强制性产品认证目录的产品，必须经过国家指定的认证机构认证合格，取得指定的认证证书，并加施认证标志，才能进口、出厂销售和在经营服务场所使用。

　　我国强制性产品认证制度的基本框架有三部分，一是认证制度的建立，二是认证的实施，三是认证实施有效性的行政执法监督。

　　强制性产品认证制度的建立由中央政府负责，国家质量技术监督部门主管全国强制性产品认证工作。国家认证认可监督管理部门负责全国强制性产品认证工作的组织实施、监督管理和综合协调。国家认证认可监督管理部门是国务院授权的负责全国强制性产品认证工作的机构，在强制性产品认证制度建立和实施中的职能主要是：拟定、调整强制性产品认证目录并与国家质量技术监督部门共同对外发布；拟定和发布目录内产品认证实施规则；制定并发布认证标志，确定强制性产品认证证书的要求；指定承担认证任务的认证机构、检测机构和检查机构；指导地方质监机构对强制性产品认证违法行为的查处等。

　　强制性产品认证工作由国家认证认可监督管理部门指定的认证机构负责认证的具体实施，并对认证结果负责；地方各级质量技术监督部门和各地出入境检验检疫机构按照各自职责，依法负责所辖区域内强制性产品认证活动的监督管理和执法查处工作；生产者、销售者和进口商以及经营服务场所的使用者对生产、销售、进口、使用的产品负责；国家认证认可监督管理部门指定的标志发放管理机构负责发放强制性认证标志。对于特殊产品（如消防产品），国务院有关行政主管部门按照授权承担相应的监管职能。

　　强制性产品认证标志的名称为"中国强制认证"，又称CCC认证或3C认证。CCC认证标志由基本图案（如图3-3所示）和认证种类标注（如图3-4所示）两部分组成。CCC标志分为不同种类，在CCC基本图案的右部印制认证种类标注进行区分，认证种类

（a）安全认证　　（b）安全与电磁兼容认证

（c）电磁兼容认证　　（d）消防认证

图3-3　CCC认证基本图案　　　图3-4　四类CCC认证标志

由代表该产品认证种类的英文单词的缩写字母组成。国家认证认可监督管理部门根据强制性产品认证工作的需要，制定有关认证种类标注的具体要求。我国目前实行的强制性产品认证分为四类，其中S代表安全认证，S&E代表安全与电磁兼容认证，EMC代表电磁兼容认证，F代表消防产品认证。

······○ 课堂提升训练 ○······

你认识下列认证标志吗？它们一般出现在什么商品上？商品需要具备什么条件才可以申请使用？

(2004)量认(豫)字(Z0682)号
有效期至2013年12月12日

(2004)豫质监认字(010)号
有效期至2013年8月2日

WOOLMARK

绿色食品
GREENFOOD

［知识五］ 伪劣商品

一、伪劣商品的概念和范围

（一）伪劣商品的概念

伪劣商品是指生产、经销的商品违反了我国现行法律、行政法规的规定，其质量、性能指标达不到我国已发布的国家标准、行业标准及地方标准所规定的要求。此外，无标生产的商品、已经失效变质的商品也属于伪劣商品。

广义的伪劣商品还包括假冒商品，即商品在制造时，逼真地模仿其他同类商品的外部特征，或未经授权，对已受知识产权保护的商品进行复制和销售，借以冒充别人的商品。

（二）伪劣商品的范围

国家质量技术监督部门规定假冒伪劣产品主要有以下几种情况：伪造或者冒用认证标志、名牌产品标志、免检标志等质量标志和许可证标志的；伪造或者使用虚假产地的；伪造或者冒用他人厂名、厂址的；假冒他人注册商标的；掺杂、掺假，以假充真、以次充好的；失效、变质的；存在危及人体健康和人身、财产安全的不合理危险的；所标明的指标与实际不符的；国家有关法律、法规明令禁止生产、销售的。

国家质量技术监督部门还规定，经销下列商品经指出不予改正的，即视为经销伪劣商品：无检验合格证或无有关单位允许销售证明的；内销商品未用中文标明商品名称、生产者和产地（重要工业品未标明厂址）的；限时使用而未标明失效时间的；实施生产（制造）许可证管理而未标明许可证编号和有效期的；按有关规定应用中文标明规格、等级、主要技术指标或成分、含量等而未标明的；高档耐用消费品无中文使用说明的；属处理品（含次品、等外品）而未在商品或包装的显著部位标明"处理品"字样的；属剧毒、易燃、易爆等危险品而未标明有关标识和使用说明的。

二、伪劣商品的表现形式

商品种类繁多，性能千差万别。伪劣商品的表现形式千奇百怪，总体来讲，可以概括为以下几种：

1.假，即假商品，商品名称与商品质地不符。商品名称与商品质地相一致是对商品最低最基本的要求。假商品根据其假的程度，主要有以下两种情况：

①以假充真，指违法者生产经营的商品的全部成分或材质与该商品所标名称不符。这类商品危害极大，如食盐加尿素制成的假味精，甲醇加水兑制而成的假酒等。

②掺杂使假，指违法者采用变更或减少商品的成分、材质等办法，使其未达到应该达到的各项指标，质量严重下降，如仅含10%香油成分的假香油。

2.冒，即冒用，主要特征是擅自使用他人的商标、品牌、企业名称等和国家（国际）有关方面的认证、质量标志等。根据冒用商品信息的不同，具体可分为以下几种：

①假冒商标，即未经注册商标所有人许可，在商品上使用国内外商品的商标标志，冒充国外或国内商品，如加贴LV商标的山寨LV包。

②假冒产地，即未经权利人许可，在商品包装上印刷他人商品的产地、企业名称、地址或代号等。

③假冒包装装潢，即冒用同类或相似商品，一般是知名商品的外包装，使消费者混淆误购，在服饰、化妆品中比较多见。

④假冒认证标志，即在商品上加施该商品并未取得的生产许可证、质量认证、名优认证等认证标志，或使用该商品并未取得的合格证书、质量保证书等质量证明或产品标准标志、国际标准标志、商品条码标志等。

3.伪，即伪造，这类商品往往在其包装、标志或说明上，向消费者提供一些伪造的、不真实的信息，使人误认。具体有以下几种：

①伪造商标，又称仿冒商标。与假冒商标不同，它不在商品上直接采用国内外名牌商品的商标标志，而是伪造与国内外名牌商标标志相近似的商标标志加以使用，消费者在不仔细辨认的情况下容易误认为是名牌商品而购买。如仿冒奥利奥饼干的粤利粤饼干，仿冒旺仔牛奶的旺子牛奶等。

②伪造认证标志，即伪造各类虚构的认证、名优、质量、国标等标志和证书。如在衣服包装上标注"中国十大城市名品"标志，其实这一标志在现实中并不存在。

③伪造其他商品信息，如产地、企业名称、产品配料表、生产日期、使用期限、失效日期等。这类商品的特点是根据制假者的需要随心伪造虚标，如含量只有50%的羊毛大衣标注羊毛含量为100%，5月1日生产的饮料标注为5月7日等。

4.劣，即劣质，这类商品的主要问题是质量不符合有关规定或标准，具体有以下几种：

①商品本身质量低劣，不符合保障人身财产安全的要求。如劣质电扇、劣质热水器等，会对人身安全构成极大威胁。

②以次充好，即以不合格商品冒充合格商品，以低等品冒充高等品。

③失效变质商品。这类商品一般出厂时是合格的，但由于时间、保管、储运等原因，产品在最终销售时已经过期、失效或变质，如过期的饮料、霉变的食品等。

•••••• ○ **课堂提升训练** ○ ••••••

说说你在现实生活中见过哪些伪劣商品，它们分别属于哪种形式的伪劣商品？在日常生活中，我们该如何辨别伪劣商品？

同步测试

TONG BU CE SHI

一、单项选择题

1.下列有关商品质量含义的描述错误的是（　　　　）。

A.商品质量的内容是商品固有的特性

B.商品质量实际是产品质量

C.商品质量的客体是产品

D.商品质量的基本要求是商品固有的特性能够满足需要

2.（　　　）是由商品本身的自然属性决定的。

A.商品的内在质量　　　　　　　　B.商品的外在质量

C.商品的社会质量　　　　　　　　D.商品的经济质量

3.消费者在消费或使用中付出尽可能低的使用和维护成本，这体现了对（　　　　）的
追求。

A.商品的内在质量　　　　　　　　B.商品的外在质量

C.商品的社会质量　　　　　　　　D.商品的经济质量

4.下列不是纺织品质量的基本要求的是（　　　）。

A.材料选择的适宜性　　　　　　　B.工艺性

C.组织结构的合理性　　　　　　　D.外观美观性

5.（　　　）是决定食品质量高低的重要依据，是评定食品质量优劣的关键指标。

A.营养成分　　　　　　　　　　　B.可消化率

C.发热量　　　　　　　　　　　　D.营养价值

6.下列属于日用工业品结构合理性要求的是（　　　）。

A.灯泡的发光耐久性能良好　　　　B.家电应无辐射、无污染

C.穿衣镜要有一定的长度　　　　　D.保温瓶必须保温

7.（　　　）是形成商品质量的物质基础。

A.原材料　　　　　　　　　　　　B.生产工艺

C.使用过程　　　　　　　　　　　D.流通过程

8.（　　　）是形成商品质量的关键，对商品质量起决定性作用。

A.原材料　　　　　　　　　　　　B.生产工艺

C.使用过程　　　　　　　　　　　D.流通过程

9.对有关人身安全、健康和其他法律法规有特殊规定的产品必须实行（　　）。

A.强制性认证

B.自愿认证

C.其他方式认证

D.以上都可以

10.（　　）是依据产品标准和相应技术要求，经认证机构确认并通过颁发认证证书和认证标志来证明某一产品符合相应标准和相应技术要求的活动。

A.商品标准化

B.产品质量认证

C.商品检验

D.商品分类

二、简答题

1.如何理解商品质量的含义？

2.纺织品、食品、日用工业品质量的基本要求分别是什么？

3.简述产品质量认证的含义。

4.国家对强制性产品认证实施的"四个统一"包含哪些内容？

5.简述伪劣商品的概念和特征。

项目实战

XIANG MU SHI ZHAN >>>

实战目的

了解产品质量认证在现实生活中的应用。

实战要求

1.在商场调查各类商品上的认证标志并拍照记录。

2.查阅各类认证标志的含义及其认证条件。

3.小组讨论交流，形成纸质成果，论述各类质量认证标志的含义和意义。

项目四
商品标准和标准化

项目导入 >>>
XIANG MU DAO RU

"粉红女士"因标准问题致使300吨订单不翼而飞

　　"粉红女士"是近年欧洲市场最为走俏的苹果品种之一。几年前，欧洲苹果协会发现，陕西渭北黄土高原是世界第四块"粉红女士"优产区。陕西据此引种了5000亩，2001年开始陆续挂果，总产近400吨。某年初，陕西华圣公司在外需疲软的情况下，得到了欧洲代理商300吨"粉红女士"苹果的预约订单，这是件十分难得

图4-1 "粉红女士"苹果品种

的事。可遗憾的是，到秋冬时节，华圣公司尽管四处奔波，也只收到20吨完全符合约定标准的"粉红女士"，大批国际订单就这样丢掉了。

　　据了解，产品不合格的主要原因是：果农嫌麻烦，该给苹果套袋的没套，造成农药残留量超标；树形修剪不平整，苹果受光不匀，果形不圆，大小不一；等等。按说，这

47

些活对勤劳的果农来说，不算什么。说到底，是果农没有认识到商品的标准化生产的重要性，是传统种植、粗放管理放跑了已经到手的国际订单。

思考：在标准化生产日益发达的今天，我国农产品要在国际竞争中取胜，应该如何提高标准化生产水平？

项目知识
XIANG MU ZHI SHI »»»

[知识一] 商品标准

一、商品标准的概念

商品标准是对商品质量以及与质量有关的各个方面（如商品的品名、规格、性能、用途、使用方法、检验方法、包装、运输、储存等）所做的统一技术规定，是评定、监督和维护商品质量的准则和依据。

商品标准是技术标准的一种，主要是对商品的品质规格及检验方法所做的技术规定。标准明确规定了商品的结构、化学组成、规格、质量、等级、检验、包装、储存、运输、使用以及生产技术等。它是在一定时期和一定范围内具有约束力的产品技术准则，是商品生产、检验、验收、监督、使用、维护和贸易洽谈的技术依据，对于保证和提高商品质量，提高生产和使用的经济效益，具有重要意义。

二、商品标准的分类

（一）按标准发生作用的范围分类

1.国际标准

国际标准是指由国际上权威的专业组织制定，并为世界上多数国家承认和通用的产品质量标准。如国际标准化组织（ISO）、联合国粮农组织（UNFAO）等国际组织颁布的标准。国际标准属于推荐性标准。

2.国家标准

国家标准是由国务院有关行政主管部门提出，由国务院标准化行政主管部门审批和公布，在全国范围内实施的标准。国家标准的代号为"GB"（强制性标准）或"GB/T"（推荐性标准）。由两组数字组成，第一组数字表示标准的顺序编号，第二组数字表示标准批准或重新修订的年代。如GB 1350—2012，表示国家标准1350号2012年发布，为强制性标准。

（二）按标准的表达形式分类

1.文件标准

文件标准是以文字（包括表格、图形等）的形式对商品质量所做的统一规定。绝大多数商品标准都是文件标准。文件标准在其开本、封面、格式、字体、字号等方面都有明确的规定，应符合《标准化工作导则》的有关规定。

2.实物标准

实物标准是指对某些难以用文字准确表达的质量要求（如色泽、气味、手感等），由标准化行政主管机构或其指定部门用实物做成与文件标准规定的质量要求完全或部分相同的标准样品，作为文件标准的补充。实物标准同样是生产、检验等有关方面共同遵守的技术依据。例如粮食、茶叶、羊毛、蚕茧等农副产品，都有分等级的实物标准。实物标准是文件标准的补充，实物标准要经常更新。

（三）按标准的约束程度分类

1.强制性标准

强制性标准又称法规性标准，一经批准发布，在其规定的范围内，有关方面都必须严格贯彻执行。国家对强制性标准的实施情况依法进行有效的监督。

强制性标准主要对有些涉及安全、卫生方面的进出口商品规定了限制性的检验标准，以保障人体健康和人身、财产的安全。凡根据强制性标准检验评定的不合格出口商品，即使符合外贸合同约定的质量条款，或国外受货人有愿购证明，也不准放行出口。根据强制性标准检验评定不合格的进口商品也不准进口，经检验出证后可供有关单位办理退货、索赔。

在我国，进出口商品必须执行强制性标准的，均由国家法律法规明确规定，由各地出入境检验检疫机构严格执行。遇有特殊情况，必须及时报告国家出入境检验检疫主管部门决定。

2.推荐性标准

推荐性标准又称自愿性标准，即国家制定的标准由各企业自愿采用、自愿认证，国家利用经济杠杆鼓励企业采用。实行市场经济的国家大多数实行推荐性标准，例如国际标准及美国、日本等国的大多数标准都属于推荐性标准。推荐性标准不具有强制性，任何单位均有权决定是否采用，违犯这类标准，无须承担经济或法律方面的责任。应当指出的是，推荐性标准一经接受并采用，或各方商定同意纳入经济合同，就成为各方必须

共同遵守的技术依据，具有法律上的约束力。

（四）按标准的成熟程度分类

1.正式标准

2.试行标准

试行标准与正式标准具有同等效用，同样具有法律约束力。试行标准一般在试行二至三年后，经过讨论修订，再作为正式标准发布。现行标准绝大多数为正式标准。

（五）按商品标准的保密程度分类

1.公开标准

2.内部标准

我国的绝大多数标准都是公开标准。少数涉及军事技术或尖端技术机密的标准，只准在国内或有关单位内部发行，这类标准称为内部标准。

另外，商品标准还可以按性质分为产品标准、方法标准、基础标准、安全标准、卫生标准、管理标准、环保标准、其他标准等。

三、我国商品标准的级别与代号

（一）商品标准的级别

根据《中华人民共和国标准化法》规定，我国商品标准分为4级：国家标准、行业标准、地方标准、企业标准。国家标准由国务院标准化行政主管部门负责组织制定和审批；行业标准由国务院有关行政主管部门负责制定和审批，并报国务院标准化行政主管部门备案；地方标准由省级政府标准化行政主管部门负责制定和审批，并报国务院标准化行政主管部门和国务院有关行政主管部门备案；企业标准由企业制定，由企业法人代表或法人代表授权的主管领导批准、发布，由企业法人代表授权的部门统一管理，企业产品标准应向当地标准化行政主管部门和有关行政主管部门备案。

1.国家标准

对需要在全国范围内统一的技术要求，应当制定国家标准。国家标准由国务院标准化行政主管部门编制计划和组织制定，并统一审批、编号、发布。国家标准的代号为"GB"，是"国标"两个字汉语拼音的第一个字母"G"和"B"的组合。

2.行业标准

对没有国家标准又需要在全国某个行业范围内统一的技术要求，可以制定行业标准，作为对国家标准的补充，在相应的国家标准实施后，该行业标准应自行废止。行业标准由行业标准归口部门审批、编号、发布，实施统一管理。行业标准的归口部门及其所管理的行业标准范围，由国务院标准化行政主管部门审定，并公布该行业的行业标准代号。

3.地方标准

对没有国家标准和行业标准而又需要在省、自治区、直辖市范围内统一的下列要求，可以制定地方标准：（1）工业产品的安全、卫生要求；（2）药品、兽药、食品卫生、环境保护、节约能源、种子等法律、法规规定的要求；（3）其他法律、法规规定的要求。地方标准由省、自治区、直辖市标准化行政主管部门统一编制计划、组织制定、审批、编号、发布。

4.企业标准

企业标准是对企业范围内需要协调、统一的技术要求、管理要求和工作要求所制定的标准。企业标准由企业制定，由企业法人代表或法人代表授权的主管领导批准、发布。企业产品标准应在发布后30日内向政府有关部门备案。

（二）商品标准的代号

1.国家标准代号

"GB" ——强制性国家标准代号

"GB/T" ——推荐性国家标准代号

其编号方式为：（国家标准代号）（标准顺序号）—（发布年号）

例如：GB 18168—2000表示2000年发布的第18168号强制性国家标准。

又如：GB/T 12113—2011表示2011年发布的第12113号推荐性国家标准。

其中，发布年号的表示，1996年以后发布的标准用四位数字表示，之前的用两位数字表示。

2.行业标准代号

行业标准代号由国家行业主管部门依据《中华人民共和国标准化法》和《中华人民共和国标准化法实施条例》的有关规定制定，按照国家标准给出的规则起草，由国家质量技术监督部门批准。未经国家质量技术监督部门依法批准公布的标准代号不得使用。

行业标准也分为强制性标准和推荐性标准。推荐性行业标准的代号是在强制性行业标准代号后面加"/T"，例如农业行业的推荐性行业标准代号是"NY/T"。

其编号方式为：（行业标准代号）（标准顺序号）—（发布年号）

例如：NY 1234—94表示1994年发布的第1234号强制性农业行业标准。

又如：JB/T 4192—1996表示1996年发布的第4292号推荐性机械行业标准。

3.地方标准代号

强制性地方标准代号为：DB＋地区代码。

推荐性地方标准代号为：DB＋地区代码/T。

其编号方式为：（地方标准代号）（标准顺序号）—（发布年号）

其中，地区代码为各省、自治区、直辖市行政区划代码的前两位数字，如11表示北京市，12表示天津市，13表示河北省，37表示山东省等。

例如：DB 11/068—2015表示2015年发布的第068号强制性北京市地方标准。

又如：DB 34/T 166—2013表示2013年发布的第166号推荐性安徽省地方标准。

4.企业标准代号

企业标准代号由"Q"和斜线加企业代号组成。企业代号的规定分两种情况：一是凡中央所属企业的企业代号，由国务院有关行政主管部门规定；二是各地方所属企业的企业代号，由所在省、自治区、直辖市政府标准化行政主管部门规定。企业代号可用汉语拼音或阿拉伯数字或两者间用表示。

其编号方式为：（企业标准代号）（标准顺序号）—（发布年号）。

例如：Q/EGF 024—2016表示2016年发布的安徽省某企业的第024号企业标准。

由省、自治区、直辖市发布的标准，还要在其企业标准代号"Q"前加上本省、自治区、直辖市的简称汉字，如"京Q/---""皖Q/---"等。

四、商品标准的基本内容

我国的商品标准包含内容较多，一般由概述、技术内容和补充三部分组成。

（一）概述部分

概述部分概括地说明了标准化的对象和内容、适用范围以及批准、发布、实施的时间等，包括封面、目录、标准名称、引言等内容。

（二）技术内容部分

技术内容部分是整个标准的核心，其对标准化对象的实质性内容作了具体规定。技术内容部分包括名词术语、符号代号、品种规格、技术要求、试验方法、检验规则、标志、包装、运输、储存等内容。

（三）补充部分

补充部分是对标准条文所做的必要补充说明，可以提供使用的参考资料，包括附录和附加说明两项内容。

········○ 课堂提升训练 ○········

以小组为单位，讨论以下商品标准代码的含义。

①GB/T 086—2008　　　　　　　　②NY 1368—1998

③DB 12/068—1997　　　　　　　　④Q/BCT 026—2015

[知识二] 商品标准化

一、标准化和商品标准化

（一）标准化

标准化是指在经济、技术、科学和管理等社会实践中，对重复性的事物和概念，通过制定、发布和实施标准使其达到统一，以获得最佳秩序和社会效益。公司标准化是以获得公司的最佳生产经营秩序和经济效益为目标，对公司生产经营活动范围内的重复性事物和概念，以制定和实施公司标准，以及贯彻实施相关的国家、行业、地方标准等为主要内容的过程。

（二）商品标准化

商品标准化是指在商品生产和流通的各个环节中制定、发布以及实施商品标准的活动。推行商品标准化的最终目的是实现统一，从而获得最佳市场秩序和社会效益。

商品标准化是一项系统管理活动，涉及面广，专业技术要求高，政策性强，因此必须遵循统一管理与分级管理相结合的原则，建立一套完善的标准化机构和管理体系，调动各方面的积极性，搞好分工协作，吸取国外标准化的先进经验，只有这样，才能顺利完成商品标准化的任务。

二、商品标准化的内容和方式

（一）商品标准化的内容

商品标准化的内容包括：名词术语的统一化，商品质量的标准化，商品品种规格的系列化，商品零部件的通用化，商品质量管理与质量保证的标准化，商品检验与评价方法的标准化，商品分类编码的标准化，商品包装、储运、养护的标准化等。其中名词术语的统一化是指商品使用的名词、术语、符号、代号等必须统一、简化、明确，以利提高工作效率，便于相互交流和正确理解；商品质量的标准化要求按照统一的技术标准进行商品生产和检验，并对同类所有商品进行质量评定；商品品种规格的系列化是指将同类商品依据一定的规律、一定的技术要求，按照不同的规格、尺寸等进行合理分档，使之形成系列；商品零部件的通用化是指在相互独立的商品体系中，选择和确定具有功能互换性或尺寸互换性的标准零部件，使得同一类商品或不同商品零件、部件之一部分或大部分可相互通用。

（二）商品标准化的方式

商品标准化的方式是指商品标准化内容的存在方式，或者是标准化活动的表现形态。商品标准化的主要方式有简化、统一化、系列化、通用化和组合化等。

三、商品标准化的作用

商品标准化的水平是衡量一个国家或地区生产技术和管理水平的尺度，是现代化的一个重要标志。现代化水平越高，就越需要商品标准化。商品标准化的作用主要体现在以下几方面：

1.标准化是组织现代化商品生产和发展专业化协作生产的前提条件；

2.标准化是实现现代化科学管理和全面质量管理的基础；

3.标准化是提高商品质量和合理发展商品品种的技术保证；

4.标准化是合理利用国家资源、保护环境和提高社会经济效益的有效手段；

5.标准化是推广应用新技术、促进技术进步的桥梁；

6.标准化是国际经济、技术交流的纽带和国际贸易的调节工具。

········○ **课堂提升训练** ○········

举例说明，哪些领域中的商品需要标准化，是不是所有商品都必须标准化？现实生活中，什么商品的标准化程度较高？

同步测试
TONG BU CE SHI →>>

一、单项选择题

1. 推荐性国家标准的代号是(　　)。

　A. GB/T　　　　　　　　　　　　B. DB

　C. DB/T　　　　　　　　　　　　D. GB

2. 中国商品标准分级中，最高一级标准是(　　)。

　A. 国际标准　　　　　　　　　　B. 国家标准

　C. 行业标准　　　　　　　　　　D. 企业标准

3. (　　)是对商品质量以及与质量有关的各个方面所做的统一技术规定，是评定、监督和维护商品质量的准则和依据。

　A. 商品分类　　　　　　　　　　B. 商品质量认证

　C. 商品标准　　　　　　　　　　D. 商品检验

4. (　　)是国家通过法律的形式，明确对于一些标准所规定的技术内容和要求必须严格执行，不允许以任何理由或方式加以违反、变更。

　A. 文件标准　　　　　　　　　　B. 实物标准

　C. 强制性标准　　　　　　　　　D. 正式标准

5. 根据《中华人民共和国标准化法》中的规定，(　　)统一管理全国标准化工作。

　A. 国务院标准化行政主管部门　　B. 国务院有关行政主管部门

　C. 企业　　　　　　　　　　　　D. 省级政府标准化行政主管部门

6. (　　)在本行政区域内实施，不得与国家标准和行业标准相抵触。

　A. 国家标准　　　　　　　　　　B. 行业标准

　C. 地方标准　　　　　　　　　　D. 企业标准

7. 企业产品标准应在批准发布(　　)内向当地标准化行政主管部门和有关行政主管部门备案。

　A. 15 日　　　　　　　　　　　　B. 30 日

　C. 60 日　　　　　　　　　　　　D. 90 日

8. 推行(　　)的最终目的是达到统一，从而获得最佳市场秩序和社会效益。

　A. 商品分类　　　　　　　　　　B. 商品质量认证

　C. 商品标准　　　　　　　　　　D. 商品标准化

9.（　　）水平是衡量一个国家或地区生产技术和管理水平的尺度，是现代化的一个重要标志。

A.商品分类　　　　　　　　　B.商品质量认证

C.商品标准　　　　　　　　　D.商品标准化

二、简答题

1.什么是商品标准？商品标准怎样分类？

2.我国商品标准的级别有哪些？

3.我国各级商品标准的代号分别怎样表示？

4.什么是商品标准化？商品标准化的内容有哪些？

项目实战 XIANG MU SHI ZHAN ≫

实战目的

了解商品标准在现实生活中的应用。

实战要求

1.从日常生活中采集四级商品代码，每级至少2种。

2.小组讨论交流制定商品标准的重要性，形成纸质成果。

3.小组展示成果，向同学们讲解商品代码的含义。

项目五
商品检验

学习目标 >>>

1.了解商品检验的概念、类别和依据;

2.掌握商品检验的程序和内容;

3.熟悉商品检验的方法;

4.掌握商品抽样的方法;

5.了解商品的品级。

项目导入
XIANG MU DAO RU >>>

国家质检部门关于家用洗衣机等产品质量的监督抽查

2017年4月至7月,国家质检部门组织开展了家用洗衣机等31种产品质量国家监督抽查,涉及电子电器、轻工产品、建筑和装饰装修材料、农业生产资料、机械及安防产品、电工及材料产品等6类产品。

本次共抽查2032家企业生产的2041批次产品(不涉及出口产品)。经检验,1830家企业生产的1839批次产品合格,产品抽样合格率为90.1%;检出202批次产品不合格,不合格产品检出率为9.9%。

按企业生产规模划分,本次抽查的大、中、小型企业数分别占抽查企业总数的13.2%、19.7%、67.1%,不合格产品检出率分别为2.5%、5.4%、12.7%。

在本次抽查的产品中，近5年已连续跟踪抽查2次以上的产品共有27种，占本次抽查产品类别总数的87%；跟踪抽查3次以上的产品有22种，占本次抽查产品类别总数的71%。本次对254家上次抽查不合格的企业进行了跟踪抽查，发现有76家企业由于已不再生产同类产品或已停产停业等原因未抽到样品，实际抽查到2032家企业的产品，其中1830家企业的产品本次抽查合格，有31家企业连续两次产品质量抽查不合格。

思考：国家质检部门每年都会对商品进行检查，商品质量检查有何重要性？检查的依据和内容是什么？采用的是什么方法？

项目知识
XIANG MU ZHI SHI ≫≫

[知识一] 商品检验概述

一、商品检验的概念

商品检验是指商品的生产方、买方或者第三方在一定条件下，按照合同、标准或国际、国家的有关法律、法规、惯例，运用一定的检验方法和技术，对商品的质量、规格、重量、数量、包装、安全及卫生等方面进行检查，综合评定商品质量优势，确定商品品级的活动。

生产企业通过在生产各环节进行商品质量检验来保证产品质量，促进产品质量不断提高；商品流通部门在流通各环节进行商品检验，及时防止假冒伪劣商品进入流通领域，以减小经济损失，维护消费者利益；质量监督部门通过商品检验，实施商品质量监督，向社会传递准确的商品质量信息，促进我国市场经济的发展。所以，商品检验对生产企业、商业部门、质量监督部门以及消费者来说，都是一项十分重要的工作。

二、商品检验的类别

（一）按检验主体和目的的不同，分为生产检验、验收检验和第三方检验

1.生产检验，又称第一方检验、卖方检验，是生产企业为了保证产品质量、维护企业信誉，对所属企业原材料、半成品和产成品进行的自检活动。经检验合格的商品应有"检验合格证"标志。如海尔集团在生产家电时，有专门的商品检验部门对出厂产品进行检验。

2.验收检验，又称第二方检验、买方检验，是商品的买方为了维护自身及其顾客的

利益，保证其所购商品符合合同或标准要求所进行的检验活动。验收检验的目的是及时发现问题，反馈质量信息，促使卖方改进商品质量。

3.第三方检验，又称公正检验、法定检验，是由处于交易利益之外的第三方，根据有关法律、合同或标准，以公正、权威的非当事人身份进行的商品检验活动。第三方检验的目的是维护各方合法权益和国家利益，协调和解决纠纷，促使商品交易活动顺利进行。

（二）按被检验商品数量的不同，分为全数检验、抽样检验和免于检验

1.全数检验，也称百分之百检验，是指对被检批的商品逐个（件）进行检验。其特点是能提供商品完全的检验数据和较为可靠的质量信息，但检验的工作量较大、周期长、费用高，易导致检验人员因疲劳而漏检或错检。全数检验适用于批量小、质量特性少且质量不稳定、较贵重、非破坏性质的商品检验，如精度要求高的商品（手表、照相机）、贵重大件商品（彩电、冰箱）和有关安全的商品（耐压容器、易漏电电器）等。

2.抽样检验是按照标准或合同中规定的抽样方案，从被检批商品中随机抽取合适数量的样品，组成样本进行检验，以判断该批次商品整体质量是否合格的检验。抽样检验的商品数量相对较少，可以节省时间、费用，但是因提供的商品信息量少，可能导致检验结果和实际商品质量出现偏差。抽样检验适用于有破坏性、批量大、价值低、质量较为稳定的商品检验。例如在破坏性试验（如检验产品的寿命）以及散装产品（如矿产品、粮食）和连续产品（如棉布、电线）等检验中，都只能采用抽样检验。

3.免于检验是指对于自身生产技术和检验条件较好，产品质量长期稳定，具有完善的质量保证体系的生产企业的商品，在企业自检合格后，商业和外贸部门可以直接收货，免于检验。国家质量技术监督部门自2000年8月中旬起，开始实施产品质量免于检查工作，获得免检的产品，可按规定自愿在商品或其品牌、包装物、使用说明书、质量合格证上使用免检标志，并在三年内免于各地区、各部门各种形式的质量监督检查。

（三）按检验是否具有破损性，分为破损性检验和非破损性检验

1.破损性检验是指检查后的商品遭到破坏，甚至再无法使用的检验，如电视机的寿命，子弹、炮弹的射程以及食品卫生指标的检验，检验后商品即遭到破坏。

2.非破坏性检验又称无损检验，是指检验后商品不受到破坏，或虽然有损耗但对商品质量没有实质性影响的检验，如机械零件的尺寸、规格检验，使用先进的仪器进行的痕量检验等。

（四）按商品内、外销售情况，分为内销商品检验和进出口商品检验

1.内销商品检验是指商品经营企业、用户、内贸部门的质量管理与检验机构、各级商品质量监督管理与监督检验机构，依据国家法律、法规及有关技术标准或合同，对内

销商品所进行的检验活动。

2.进出口商品检验是指由国家和地方商检行政主管部门指定的商检机构，依照有关法律、法规、合同规定、技术标准、国际贸易惯例与公约等，对进出口商品进行的法定检验、鉴定检验和监督管理检验。

三、商品检验的依据

商品检验是一项科学性、技术性、规范性较强的复杂工作。为使检验结果更具有公正性和权威性，必须依据具有法律效力的质量法规、技术标准及购销合同等开展商品检验工作。

（一）质量法规

质量法规是国家组织、管理、监督和指导商品生产与商品流通、调整经济关系的准绳，是各部门共同行动的准则，也是商品检验活动的重要依据。国家有关商品质量的法律、法令、条例、规定、制度等，规定了国家对商品质量的要求，体现了人民的意志，保障了国家和人民的合法权益，具有足够的权威性、法制性和科学性。质量法规包括商品检验管理法规、产品质量责任制法规、计量管理法规、生产许可证及产品质量认证管理法规等。

（二）技术标准

技术标准是指规定和衡量标准化对象技术特征的标准。它对产品的结构、规格、质量要求、计算方法、实验检验方法、验收规则等均作了统一规定，是生产、检验、验收、洽谈贸易的技术规范，也是商品检验的主要依据，对保证检验结果的科学性和准确性具有重要意义。

（三）购销合同

购销合同是指一方将货物的所有权或经营管理权转移给对方，对方支付价款的协议。供需双方约定的质量要求必须共同遵守，一旦发生质量纠纷，购销合同的质量要求即成为仲裁、检验的法律依据。但是，购销合同必须符合经济合同法的要求。

········○ **课堂提升训练** ○········

以小组为单位，互相分享生活中自己了解的商品检验，并说明它们是属于哪种检验类别。

［知识二］ 商品检验的程序与内容

一、商品检验的程序

（一）商品检验的一般程序

商品质量检验程序一般由定标、抽样、检验、判定、处理五大步骤组成。

定标是指检验前根据标准、合同的规定，确定检验方法和手段，明确技术要求，制订商品检验计划；抽样是按合同或标准规定的抽样方案，抽取一定数量的、能代表本批次商品质量的样品以备检验的过程，同时对样品进行合理的维护；检验是在规定的环境条件下，使用一定的检验设备，利用测量、测试、试验等检验方法，检测样品的质量特性；判定是指将检测的结果与标准、合同规定的指标进行比较，根据判定原则对商品合格与否作出判断；处理是对检验结果出具检验报告，反馈质量信息，并对不合格品及不合格批次做出相应处理。

（二）进出口商品检验的工作流程

我国进出口商品的检验由国家出入境检验检疫部门依法进行管理。目前我国的进出口商品检验工作主要有四个环节：接受报验—抽样—检验—签发证书。

接受报验：对外贸易关系人向商检机构报请检验，商检机构予以接受。抽样：商检机构接受报验之后，及时派员赴货物堆存地点进行现场检验、鉴定。现场检验一般采取国际贸易中普遍使用的抽样法（个别特殊商品除外），抽样时须按规定的抽样方法和一定的比例随机抽样，以保证样品质量能代表整批商品的质量。检验：商检机构接受报验之后，认真研究申报的检验项目，明确检验依据，确定检验标准、方法和检验内容，仔细审核合同（信用证）对品质、规格、包装的规定，并进行检验。签发证书：在出口方面，凡列入种类表的出口商品，经商检机构检验合格后，签发放行单（或在出口货物报关单上加盖放行章，以代替放行单）。凡合同、信用证规定由商检部门检验出证的，或国外要求签发检验证书的，根据规定签发所需封面证书；不向国外提供证书的，只发放行单。种类表以外的出口商品，应由商检机构检验的，经检验合格发给证书或放行单后，方可出运。在进口方面，进口商品经检验后，分别签发检验情况通知单或检验证书，供对外结算或索赔用。凡由收、用货单位自行验收的进口商品，如发现问题，相关检验证书可供对外索赔用；对于验收合格的，收、用货单位应在索赔有效期内把验收报告送商检机构销案。

二、商品检验的内容

商品检验的基本内容包括商品的品质、数量、重量、包装等，此外还要看其是否符合安全、卫生要求等。

（一）品质检验

品质检验亦称质量检验，是根据合同、标准的规定或申请人的要求，运用感官检验、化学检验、物理检验、微生物检验等各种检验手段，对商品的使用价值所表现出来的各种特性进行测试、鉴别，以确定其是否符合贸易合同（包括成交样品）、标准等规定。

品质检验的范围很广，大体上包括外观品质检验与内在品质检验两个方面。外观品质检验主要是对商品外观尺寸、外形、结构、款式、气味、表面色彩、表面精度、软硬度、光泽度、新鲜度、成熟度等的检验。内在品质检验一般指对有效成分的种类、含量，有害物质的限量，商品的化学成分、物理性能、机械性能、工艺质量、使用效果等的检验。

（二）包装检验

包装检验是根据购销合同、标准和其他有关规定，对进出口商品或内销商品的外包装和内包装以及包装标志进行检验。

包装检验首先核对外包装上的商品包装标志（标记、号码等）是否与有关标准的规定或贸易合同相符。对进口商品主要检验外包装是否完好无损，包装材料、包装方式和衬垫物等是否符合合同规定要求。对外包装破损的商品，要另外进行验残，查明货损责任方以及货损程度；对发生残损的商品，要检查其是否由包装不良引起。对出口商品的包装检验，除包装材料和包装方法必须符合外贸合同、标准规定外，还应检验商品内外包装是否牢固、完整、干燥、清洁，是否适于长途运输和满足保护商品质量、数量的习惯要求。

商检机构对进出口商品的包装检验，一般采取抽样当场检验的方式，或与衡器计重同时结合进行。

（三）安全性能检验

安全性能检验是根据国家规定、技术标准、合同对商品安全性能方面的规定进行的检验，如易燃、易爆、易触电、易受毒害、易受伤害等，以保证人们生产使用和生命财产的安全。

（四）卫生检验

我国的卫生检验主要是根据《中华人民共和国食品安全法》《中华人民共和国药品管理法》《化妆品卫生监督条例》等法规，对食品、食品包装材料、药品、化妆品、玩具、纺织品、日用器皿等进行的检验，主要检验其是否符合卫生条件，以保障人民健康和维护国家信誉。

（五）数量和重量检验

数量和重量是贸易双方成交商品的基本计量和计价单位，是贸易结算的依据，直接关系到双方的经济利益，也是贸易中最敏感且容易引起争议的因素之一。商品的数量和重量检验内容包括商品的个数、件数、双数、打数、令数、长度、面积、体积、容积、重量等。

········○ **课堂提升训练** ○········

以小组为单位，互相分享自己眼见或耳闻的商品检验存在问题的商品，并说明它们在商品检验中存在的问题。

［知识三］ 商品检验方法

商品质量检验的方法很多，根据检验的原理、条件和使用器具的不同，通常可分为感官检验、理化检验、生物检验三种方法。

一、感官检验法

感官检验法又称感官检查、感官分析、感官评价，是指借助人的感觉器官如眼、耳、口、鼻、手等作为检验器具，结合实践经验去判定或评价商品的外形结构、外观疵点、色泽、滋味、气味、声音、弹性、硬度、光滑度、包装等的质量情况，并对商品的种类、品种、规格、性能等进行识别的检验方法。

感官检验法的优点是：操作简便，灵活易行；不需要复杂、特殊的仪器设备、试剂和特定场所；成本较低；一般不易损坏商品。但是感官检验法也有局限性：不能检验商品的内在质量，如成分、结构、性质等；检验的结果难以用准确的数字来表示，不精确；易受检验人员自身素质的影响，检验结果带有主观片面性。

感官检验法按使用的人的感觉器官的不同，可分为视觉检验法、听觉检验法、味觉

检验法、嗅觉检验法和触觉检验法。

二、理化检验法

理化检验法是在一定实验室环境下，利用各种仪器、设备和试剂等手段，运用物理、化学原理检测评价商品质量的方法。它主要用来检验商品的成分、结构、物理性质、化学性能、安全性、卫生性以及对环境的污染和破坏性等。

理化检验法的优点：检验结果精确，可用数字定量表示；检验的结果客观，不受检验人员的主观意志影响，使对商品质量的评价具有客观而科学的依据；通过理化检验法能深入地分析商品成分的内部结构和性质，反映商品的内在质量。但理化检验法也有局限性：需要一定的仪器设备和场所，要求条件严格；往往需要破坏一定数量的商品，消耗一定数量的试剂，成本较高；检验时间较长；要求检验人员具备扎实的基础理论知识和熟练的操作技术。

理化检验法根据检测原理的不同，可分为物理检验法和化学检验法。

（一）物理检验法

物理检验法是根据物理学原理，利用各种物理仪器、量具对商品的各种物理性能和指标进行测试检验，以判定商品品质的方法，如皮革抗疲劳强度试验。

物理检验法根据检测内容的不同，可分为度量衡检验法、力学检验法、光学检验法、电学检验法、热学检验法等。

（二）化学检验法

化学检验法是根据化学原理，利用化学试剂和仪器对商品的化学成分及其含量进行测定，以判定商品质量的方法，如燃烧法鉴别纺织纤维。

化学检验法按操作方法的不同，可分为化学分析法和仪器分析法。

三、生物检验法

生物检验法是通过仪器、试剂和动植物来测定食品、药品和一些日用工业品及其包装对危害人体健康安全等性能的检验。

生物检验法包括微生物检验法和生理学检验法。

（一）微生物检验法

微生物检验法是采用微生物技术手段，检测商品中的有害微生物及其数量多少的方法，如食品、化妆品、卫生用品等的检验。

（二）生理学检验法

生理学检验法是以特定的动物或人群为测试对象，检测食品的可消化率、发热量、营养素对机体的作用，以及商品中某些成分的毒性。常用鼠、兔等动物进行试验。

········○ **课堂提升训练** ○········

以小组为单位进行讨论，想一想，你是用什么样的检验方法挑选自己满意的商品的？

［知识四］ 商品抽样

一、商品抽样的概念和原则

（一）商品抽样的概念

商品抽样又称取样、采样或拣样，是指根据合同或标准所确定的抽样检验方案，从被检验的批量商品中随机抽取一定数量的、具有代表性的样品的过程。抽样是商品检验的重要环节，绝大多数商品都采用抽样检验。

商品检验过程中涉及的相关概念主要包括批量、样品、样本和样本量。批量是指商品的一个受检批中所包含的单位商品的总数，通常用N表示。由受检批中抽取用于检验的单位商品称为样品。从受检批中抽取的若干样品是商品检验的对象，其质量必须能够正确代表或反映整批商品的质量，这就要求受检批中每个单位商品被抽取用做样品的机会或概率相等，也就是说每个单位商品都有可能成为样品。样品的全体，被称为样本。样本中所包含的样品数量称为样本量或样本大小，通常用n表示。样本大小的取值取决于所确定的抽样检验方案和受检批的批量大小。

抽样检验又称抽样检查，是按照事先规定的抽样方案，从被检商品批中抽取样品，组成样本，再对样品逐一进行检测，并将测试结果与标准或合同进行对比，最后由样本质量统计情况推断受检商品整体质量合格与否的检验方法。

抽样检验的优点是：检查的商品数量少，省时、省力，比较经济合算；检查人员能集中精力仔细检查，便于发现问题；抽样检验中，搬运损失少；适用于破坏性测试，通

过少数商品的破坏检查，可以正确判断整批商品的质量；生产方或卖方必须保证自己的产品质量，否则会出现整批商品被拒收的情况，从而造成经济损失；可促进商品生产部门和检查部门的组织管理工作，及时发现问题，采取措施加以改进，能起到某种预防检查的作用。

抽样检验的缺点是：由于是抽取样品进行判定，所以会存在误判，有时会将优质批误判为不合格批，或将劣质批误判为合格批，因而存在接受"劣质"批和拒收"优质"批的风险；由于抽样样本较少，所以反映整批产品质量状况的信息一般不如全数检验那样多，有时会存在片面性。

（二）商品抽样的原则

1.代表性原则

代表性原则是指被抽取的一部分商品必须具备整批商品的共同特征，以使鉴定结果能成为决定此大量商品质量的主要依据。

2.典型性原则

典型性原则是指被抽取的样品能反映整批商品在某些（个）方面的重要特征，能发现某种情况对商品质量造成的重大影响，如食品的变质、污染、掺杂、伪造情况鉴别，含有某些毒物的商品的鉴别。

3.适时性原则

适时性原则是指针对质量、成分、含量、性能等会随时间或容易随时间的推移而发生变化的商品，要及时抽样并进行鉴定。例如水果、蔬菜中各类维生素含量的鉴定，农副产品中农药或杀虫剂残留量的鉴定等，都是遵循了商品抽样的适时性原则。

二、商品抽样的要求和方法

（一）商品抽样的要求

商品抽样的结果可能会出现以下两种情况：一是样品的质量高于被检测商品的质量，这样会使被测商品等级高于实际商品等级，损害消费者的利益；二是样品的质量低于被检测商品的质量，这样会使被测商品等级低于实际商品等级，损害生产者的利益。为了使拣出的样品具有代表性，通常对抽样有如下要求：

1.抽样应当依据抽样对象的形态、性状，合理选用抽样工具与样品容器。抽样工具与样品容器必须清洁，不含被鉴定成分，供微生物鉴定的样品应采取无菌操作。

2.外地调入的商品，抽样前应检查有关证件，如商标、运货单、质量鉴定证明等，然后检查外表，包括检查包装以及起运日期、整批数量、产地厂家等。

3.按各类商品的抽样要求抽样,应注意抽样部位分布均匀,使每个抽样部位的抽样数量保持一致。

4.抽样的同时应做好记录,内容包括抽样单位、地址、仓位、车间号、日期、样品名称、样品批号、样品数量、抽样者姓名等。

5.抽取的样品应妥善保存,保持样品原有的品质特点。抽样后应及时鉴定。

（二）商品抽样的方法

抽样检验的目的在于用尽量小的样本所反映的质量状况来统计推断整批次商品的质量,因此用什么方法抽样,对准确判定整批次商品的平均质量就显得十分重要。

为保证样品和样本对整批次商品质量状况的代表性,商品检验普遍采用随机抽样的方法。所谓随机抽样,是指每次抽取样品时受检批次中的每个单位产品被抽到的概率都相等的抽样方法。样品抽取不受任何主观意志的限制,抽样者按照随机的原则、完全偶然的方法抽取样品,因此比较客观,适用于各种商品、各种批量的抽样。常用的抽样方法有简单随机抽样法、系统随机抽样法和分层随机抽样法三种。

1.简单随机抽样法

简单随机抽样法又称单纯随机抽样法,它是对整批同类商品不经过任何分组、划类、排序,直接从中按照随机原则抽取检验样品的抽样方法。简单随机抽样通常用于批量不大的商品,它是将批中各单位商品编号,利用抽签或随机数表抽样。如要从100件产品中抽取10件组成样本进行检验,可以把100件产品用同样大小的纸签代表,从1号一直编到100号,然后用抽签或抓阄的办法,任意抽出10张,如得到58号、3号、9号、25号、16号、32号、77号、43号、66号、92号,就把这10个编号的产品拿出来组成样本检验。从理论上讲,简单随机抽样最符合随机性原则,能排除抽样中的主观因素的干扰,误差少,是最简单的基本抽样方法,也是其他复杂随机抽样方法的基础。但当批量较大时,编号工作困难,故不宜使用这种方法。

2.系统随机抽样法

系统随机抽样法又称等距随机抽样法、规律性随机抽样法,它是按一定的规律从整批次商品中抽取样品的方法。它是先将整批同类商品按顺序编号,并随机决定某一个数为抽样的基准号码,然后按已确定的"距离"机械地抽取样品的方法。如按简单随机抽样法从0~9中确定一个中选号码作为样品的第一个,然后通过公式S＝总商品个数/样品个数,确定抽样距离S。如果中选号码为6,则被选出的样品号码为6,6＋S,6＋2S,6＋3S……6＋nS。系统随机抽样省时省力,样品分布均匀,比简单随机抽样更为精确,适用于较小批量商品的抽样;但当被检批商品质量问题呈周期性变化

时，容易产生较大误差。

3.分层随机抽样法

分层随机抽样法又称分组随机抽样法、分类随机抽样法，它是将整批同类商品按主要标志分成若干个组，然后从每组中随机抽取若干样品，最后将各组抽取的样品放在一起作为整批商品的检验样品的抽样方法。分层随机抽样法适用于批量较大且质量可能波动较大的商品批次。分层随机抽取的样本有很好的代表性，抽样误差比较小，是目前使用最多、最广的一种抽样方法。但抽样手续较为繁杂，尤其要注意分层的合理性，如商品生产的不同时间，产品的质量会有差别。针对这种情况，可以利用分层随机抽样，先按不同班次将商品分层，再在每个班次生产的商品中随机抽取试样。

········○ **课堂提升训练** ○········

以小组为单位，互相讨论就某种商品设计一套抽样方案，明确调查事项与抽样的具体步骤。

［知识五］ 商品品级

一、商品品级的定义

商品品级又称商品质量等级、商品质量分级，它是表示商品质量高低优劣的标志，是对同一品种的商品，按其达到商品质量标准的程度所确定的等级，是商品鉴定的重要内容之一。商品品级是相对的、有条件的，有时会因不同时期、不同地区、不同使用条件及不同个性而产生不同的质量等级和市场需求。一般来说，工业品分三个等级，而食品特别是农副产品、土特产等多为四个等级，最多可达到六七个等级，如茶叶、棉花、卷烟等。

商品品级通常用等或级来表示，其顺序反映商品质量的高低，如一等（级）、二等（级）、三等（级）或甲等（级）、乙等（级）、丙等（级）、丁等（级）。还有用其他方式表示的，如合格品、残次品、正品、副品等，凡不符合最低一级要求的称等外品（次品）。许多商品还同时以特殊的标记来表明自身的质量等级。商品的品级划分，有利于商品生产中的质量管理，有利于商品在流通中的质量监督，也有利于消费者按自己的需要选购商品。

二、商品品级的划分

按照国家《工业产品质量分等导则》有关规定，商品按质量水平可划分为优等品、一等品、合格品和不合格品四个等级。

（一）优等品

优等品是指商品的质量标准必须达到国际先进水平，且实物质量水平与国外同类产品相比达到近五年内的先进水平。

（二）一等品

一等品是指商品的质量标准必须达到国际一般水平，且实物质量水平达到国际同类产品的一般水平。

（三）合格品

合格品指按照我国一般水平标准组织生产，实物质量水平必须达到相应标准的要求。

（四）不合格品

不合格品指按照我国一般水平标准组织生产，实物质量水平未达到相应标准的要求。

三、商品品级的确定方法

商品品级的评定，主要依据商品的标准和实物质量指标的检测结果，由行业归口部门统一负责。

优等品和一等品等级的确认，须有国家级检测中心、行业专职检验机构或受国家、行业委托的检验机构出具的体现实物质量水平的检验证明。合格品由企业检验判定。

四、商品品级的划分方法

商品品级的划分是以商品标准规定的质量指标为准绳，以商品检验的结果为依据，通过对商品外观质量和内在质量指标的检验，确定商品的品级。商品种类不同，分级的质量指标也不同。例如，茶叶按其感官质量指标分级，食糖按其主要成分（蔗糖）含量和杂质含量分级，乳和乳制品按感官指标、理化指标、微生物指标分级，有些工业品按其外观疵点的多少和疵点对商品质量的影响程度分级。

商品品级划分的方法有很多，这里主要介绍百分法和限定法两种。

（一）百分法

百分法是将商品各项质量指标规定为一定的分数，其中重要指标占高分，次要指标占低分。如果各项指标都符合标准要求，或认为无暇可挑，可打满分；若某项指标欠缺，则在该项中相应扣分。满分为100分。百分计分法常用于食品的品级划分与评定。

例如，出口红茶各项质量指标的分值标准为：外形30分、滋味20分、香气30分、叶底20分，总计100分。按分数区分品级的标准为：超级100～91分，特级90～81分，上级80～71分，中上级70～61分，中级60～51分，普通级50～41分。

（二）限定法

限定法是将商品各种疵点规定一定的限量，又可分为限定记分法和限定数量和程度法。

1.限定记分法

限定记分法是将商品疵点规定为一定的分数，由疵点分数的总和确定商品的等级，疵点分数越高，则商品的等级越低。该方法主要在日用工业品中使用。

例如，棉织布的外观质量主要取决于其布面疵点。按照疵点对布面的影响程度可以评为1分、3分、6分、11分、21分、61分。在标准约定的匹长、幅宽范围内，分数总和不大于10分为一等品，不大于20分为二等品，不大于60分为三等品，超过60分为等外品。

2.限定数量和程度法

限定数量和程度法是在标准中规定商品每个等级限定疵点的种类、数量，以及不能出现的疵点和决定为废品的疵点限度等。

例如全胶鞋，可能产生质量缺陷的外观指标有13项。其中，鞋面起皱或有麻点这个缺陷，一级品限定"稍有"，二级品限定"有"；鞋面砂眼这个缺陷，一级品限定"无"，二级品限定其砂眼直径不得超过1.5毫米、深度不得超过鞋面厚度，低筒鞋限两处、高筒鞋限四处，要集中于鞋下部，弯曲处不许有；还有其他缺陷限制。在13项指标中，一级品超过四项不符合要求者，降为二级品，二级品超过六项不符合要求者，则降为不合格品。

······○ **课堂提升训练** ○······

以小组为单位，举例说明生活中见到的优等品、一等品、合格品和不合格品。

同步测试
TONG BU CE SHI

一、单项选择题

1. ( )是对被检验商品逐一进行的检验。

    A.抽样检验   B.第三方检验

    C.全数检验   D.免于检验

2. 下列选项中，不属于商品检验依据的是( )。

    A.商品质量法规   B.技术标准

    C.购销合同   D.行业规则

3. ( )是指对检验结果出具检验报告，反馈质量信息，对不合格商品作出处理。

    A.定标   B.处理

    C.检验   D.判定

4. 对新鲜果蔬中各类维生素含量的鉴定及农副产品中农药或杀虫剂残留量的鉴定，其商品抽样采用( )。

    A.适时性原则   B.典型性原则

    C.代表性原则   D.抽样原则

5. ( )是对整批同类商品不经过任何分组、划类、排序，直接从中按照随机原则抽取检验样品的检验方法。

    A.整群抽样法   B.简单随机抽样法

    C.分层随机抽样法   D.系统随机抽样法

6. 商品的质量标准达到国际一般水平，且实物质量水平达到国际同类产品的一般水平指的是( )。

    A.优等品   B.一等品

    C.特等品   D.合格品

7. 采用百分法对茶叶进行评级时评得四种茶叶的分数，茶叶的等级最高的是( )。

    A.95   B.85

    C.75   D.65

8. 采用限定记分法进行评级时评的四种棉织布的分数如下，由此可见织布等级最高的是( )。

    A.61   B.21

C.11   D.6

9.进行商品检验时，对于批量大且质量也可能波动较大的商品，宜采用的商品抽样方法是（　　）。

A.全检   B.简单随机抽样法

C.分层随机抽样法   D.系统随机抽样法

二、简答题

1.商品检验的类别有哪些？

2.商品检验主要有什么依据？

3.简述商品检验的程序和内容。

4.试述抽样检验的优缺点。

项目实战

XIANG MU SHI ZHAN >>>

实战目的

掌握商品检验的基本知识，能够正确鉴别一般商品。

实战要求

1.以小组为单位，准备检验商品，如食品、药品、纺织品、化妆品等。

2.明确检验内容，熟悉商品检验程序，合理运用商品检验方法。

3.将所学知识应用于生活实践。

项目六

商品包装

学习目标 >>>

1.了解商品包装的概念，熟悉商品包装的要素和功能；

2.掌握商品包装的种类；

3.熟悉商品包装的材料；

4.能够正确识别各种商品包装标志；

5.培养学生对商品包装的兴趣。

项目导入 >>>
XIANG MU DAO RU

高露洁牙膏包装的成功之路

牙膏是我们生活中不可或缺的日用品，市场竞争十分激烈。国际牙膏巨头美国高露洁公司在进入我国牙膏市场以前，曾做过大量的市场调查。高露洁公司发现，我国牙膏市场竞争激烈，但同质化竞争严重，无论是牙膏的包装还是广告诉求都非常平淡。针对这些特点，高露洁采用了创新的复合管塑料内包装，并用中国消费者都非常喜欢的红色作为外包装的主题色彩。结果高露洁公司的新尝试大获成功，在短短的几年时间内，迅速占领了我国1/3的牙膏市场份额。

高露洁的成功，极大地触动了我国牙膏企业的神经。包括"中华""两面针"在内的多个牙膏品牌在外包装设计上也进行了创新，基本都换上了总体感觉清新自然、更具

有时代感和流行特色的新包装。

其实高露洁公司在我国取得成功之前，也曾支付过昂贵的"学费"。高露洁在进入日本市场的时候，由于没有经过详细的市场调研，直接采用了美国本土大块的红色包装设计，而忽视了日本消费者爱好白色的审美习惯，导致高露洁牙膏在进入日本市场时，出乎意料地发生了滞销，市场占有率仅为1%。

思考：高露洁公司在我国取得成功的原因是什么？商品包装有哪些作用？

项目知识

XIANG MU ZHI SHI

[知识一] 商品包装概述

一、商品包装的定义

所谓包装，是指为在流通过程中保护产品、方便运输、促进销售，按一定技术方法而采用的容器、材料及辅助物等的总体名称；也指为了达到上述目的而采用容器、材料和辅助物的过程中施加一定技术方法等的操作活动。总之，包装是包装材料和包装技术的总称。

商品包装是根据商品的特性，采用一定技术方法，使用适宜的包装材料或包装容器，将商品包封或盛装，以达到保护商品、方便储运、促进销售的目的。

商品包装的定义包括两方面的含义：一方面是指盛装商品的容器，通常称作包装物，如箱、袋、筐、桶、瓶等；另一方面是指包装商品的过程，如装箱、打包等。商品包装具有从属性和商品性两种特性：前者说明商品包装是其内装商品的附属品；后者是指商品包装是附属于内装物的特殊商品，具有价值和使用价值，同时又是实现内装商品价值和使用价值的重要手段。

二、商品包装的要素

一般来说，商品包装应该包括外形、设计和材料等要素。

（一）外形要素

外形要素就是商品包装展示面的形态，包括展示面的大小、尺寸和形状等。

包装的外形主要有：圆柱体类、长方体类、圆锥体类和各种形体的组合，以及由于各种加工构成的各种形态。包装外形的新颖性对消费者的视觉引导起着十分重要的作用，奇特的视觉形态能给消费者留下深刻的印象。包装设计者必须熟悉包装外形要素本身的特性，并以此作为表现形式美的素材。

我们在设计包装的外形时，必须从形式美的角度去认识它。例如，按照包装设计的形式美法则，结合产品自身的功能特点，将各种因素有机结合起来，以求得完美统一的包装设计形象。

（二）设计要素

设计将商品包装展示面的图案、色彩和文字等组合在一起，构成一个完整的画面。这三个方面的组合构成了商品包装的整体效果。

1.图案设计

图案在包装中如同广告中的画面，其重要性、不可或缺性不言而喻。

2.色彩设计

色彩设计在包装设计中占据着重要的位置。色彩是美化和突出产品的重要因素，是包装中最具刺激销售作用的构成元素。突出商品特性的色调组合，不仅能够加强品牌特征，而且可以对顾客有强烈的感召力，比如可口可乐的红色、青岛啤酒的绿色等。

图6-1 可口可乐包装的色彩设计

3.文字设计

在包装设计中，文字设计的要点有：文字内容应简明生动、易读易记；字体设计应反映商品的特点、性质和独特性，并具备良好的识别性和审美功能；文字的编排与包装的整体设计风格应和谐统一。

（三）材料要素

材料要素包括基本材料（纸类材料、塑料材料、玻璃材料等）和辅助材料（黏合剂、涂料和油墨等）两大部分，是包装功能得以实现的物质基础。选择材料要素是包装设计的重要内容，直接关系到包装的整体功能和经济成本、生产加工方式及包装废弃物的回收处理等。

三、商品包装的功能

商品包装是商品生产的必要环节，是商品生产工艺流程中的最后一道工序，同时也是商品流通过程中不可缺少的条件。此外，商品包装质量的高低也是评价商品质量高低的重要内容。在商品从生产领域转到流通领域的过程中，商品包装主要有保护功能、便利功能、容纳功能和促销功能等。

（一）保护功能

这是商品包装最基本的功能。商品包装的保护功能具体表现在：保护内装商品不受机械伤害，确保内装商品在流通过程中的安全；防止商品因渗漏、偷盗、损耗、散落、掺杂、收缩和变色等而出现损坏；保护商品的完整和清洁，避免商品受到微生物、病害虫的侵蚀以及人为的损害。

图6-2　红酒包装

因此，必须根据商品在流通过程中的破损原因及程度，考虑商品的不同特性、用途及运输条件，设计制造牢固、适用的包装。

（二）便利功能

商品的制造者、销售商及消费者要把商品从一个地方搬运到另一个地方，期间要经历多次的运输、搬运、贮存等环节，这就要求商品包装必须适应这一过程。所以科学合理的商品包装为商品装卸、运输、统计和合理使用运输工具，提高运输效率，有效利用仓库容积提供了有利条件。商品包装还应便于商品分装

图6-3　酱菜的独立小包装

或混装以及清查盘点，有利于促进经营过程的顺利完成以及消费者的使用。比如，酱菜的独立小包装非常便于消费者采购和使用。

（三）容纳功能

有些散装商品或者没有固定物质形态的商品，只有依靠包装的容纳才能进行运输和销售。比如牛奶，本身没有固定的形态，依靠盒或袋包装才形成了特定的、规则的形态。这不仅有利于商品的流通，也能使商品成组化，商品外形整齐划一，提高运输效率，节省贮存费用。

图6-4　牛奶包装

（四）促销功能

精美的商品包装能够提高商品的竞争力，这主要源于精美的包装。别出心裁的包装设计，尤其是极具艺术表现力的礼盒包装，能大大刺激消费者的感官，促使消费者产生强烈的购买欲望，比如白酒的礼盒包装。

作为一家有着多年历史的酿酒企业，北京红星股份有限公司生产的红星二锅头历来

是北京市民的餐桌酒，一直受到老百姓的喜爱。然而，由于在产品包装上一直是一副"老面孔"，红星二锅头始终处于低端白酒市场，无法获取更高的经济效益。随着红星青花瓷珍品二锅头的推出，红星二锅头第一次走进了中国的高端白酒市场。酒瓶采用仿清乾隆青花瓷官窑贡品瓶型，具有典型的中华文化特色，是非常成功的包装营销案例。

图6-5　红星青花瓷珍品二锅头包装

在国际贸易中，过去我国许多出口商品由于不重视包装，导致出现了一等商品、二等包装、三等价格的情况。采用适宜的包装材料、包装容器、包装方法和装潢设计，有利于扩大出口商品销售，提高商品的售价，增加外汇收入，促进外贸的发展。

········○ **课堂提升训练** ○········

　　以小组为单位，就包装的要素与功能展开讨论，调研商品包装要素与功能之间的关联性，并将调研情况写成调研报告，与大家分享。

［知识二］ 商品包装的种类

在市场上，商品包装的种类繁多，常见的有：按包装材料分类，可分为纸张包装、木材包装、金属包装、塑料包装、玻璃包装、纤维织品包装、复合材料包装等；按包装在流通中的功能分类，可分为运输包装和销售包装；按内装商品分类，可分为食品包装、药品包装、散装货包装、危险品包装等；按包装的技法分类，可分为真空包装、充气包装、防潮包装、收缩包装、贴体包装等。

这里重点介绍两种比较常见的包装种类，即运输包装和销售包装。

一、运输包装

运输包装又称商品的大包装或外包装，是用于盛装一定数量的销售包装商品或散装商品的大型包装，它具有保障商品安全，方便运输、装卸、储存，加速交接与点验的作用。

运输包装的特点是容积大，要求结构坚固、标志清晰、搬运方便。因此，应选择合适的包装材料或容器，采用妥当的包装方法和措施。

我国商品贸易发达，商品运输量大，储存的商品也多，每年因包装不善造成的损失巨大。因此，必须加强运输包装的改进工作，认真研究各类商品的特性，考察运输条件，采用先进适宜的包装方法。

常见的运输包装方式主要有：

（一）箱型包装

箱型包装主要有纸箱和木箱两种。

1.纸箱

纸箱是用瓦楞纸制成的包装箱。

包装纸箱的优点是：

（1）重量轻，易于折叠平放，堆存时可以节省仓位容积，便于装卸运输。

（2）节省材料，降低包装成本。

（3）纸质优良的纸箱洁净牢固，能严密封闭，具有较好的防尘防潮性能。

（4）便于机械化生产，易于实现包装标准化。

（5）组装捆封牢固，开箱较方便。

2.木箱

木箱包装是以木板、胶合板或纤维板为原料制成的木制箱型包装。

木箱的优点是：体积大、载重量大、抗压、抗震，可重复使用。木箱的缺点是：笨重、开启不便，且占用面积较大，成本高。因此，木箱的用量日益减少。

（二）桶型包装

用作运输包装的桶型包装有金属桶、木桶、纸桶、塑料桶及纸板合成桶等。

1.金属桶

常见的金属桶有铁桶、马口铁桶、铁塑桶等。金属桶坚固耐用，具有防渗漏、防腐蚀等功能。

2.木桶

用作运输包装的木桶有胶合板桶、纤维板桶、杉木桶等。

3.塑料桶

塑料桶具有质轻、不易破碎、耐腐蚀等特点，有的塑料桶可以代替金属桶用于盛装化工产品。

（三）袋型包装

用作运输包装的袋型包装有麻袋、布袋、纸袋、塑料袋等。

1.麻袋

麻袋的应用很广，谷物、子仁、砂糖、化工原料、化学肥料等许多商品都可以用麻袋装运。

2.布袋

布袋由棉布制成，常用来盛装粉状、颗粒状或块状商品。

3.纸袋

纸袋是用2~6层厚牛皮纸制成，可盛装粒状商品。纸袋成本低，密封性好，但强度较低。

4.塑料袋

塑料袋有塑料编织袋、塑料薄膜袋和集装袋等。

塑料袋可用于盛装糖果、花生、干果以及化肥、化工原料等。但聚氯乙烯袋因有一定的毒性，不宜盛装食品。

（四）集合包装

集合包装包括集装箱、集装袋、托盘组合包装和组合包装等。

1.集装箱

集装箱是一种大型运输包装，是用钢板、铝板、纤维板、木板、塑料等材料制成的大型金属箱、金属罐或框架。其规格按国际标准化组织规定，长度为40英尺或20英尺，高度为8.55英尺至8.6英尺。其优点是：安全、简便、节约、迅速，便于机械操作和自动化装卸，能长期使用，可提高铁路、海港、车船装卸效率6~50倍。集装箱分为通用和专用两类，常用于铁路、公路和海洋远程运输。

2.集装袋

集装袋是合成纤维或塑料编织成并外加涂层的大口袋，通常为圆柱形，四面有吊带，有的底部有活口，内衬塑料薄膜袋。集装袋可载重1~4吨的货物，能重复使用，使用期可达数年。

3.托盘组合包装

托盘多用木材、塑料、铝合金、钢材等材料制成，是商品储运中颇受欢迎的一种搬运工具，在国内也称垫板或集装盘。托盘的下边设有插口，供铲车的铲叉插入。为了防止货物散落，需将货物包固定在托盘上，组成托盘组合包装。托盘组合包装具有装卸和堆码方便的优点，可有效保护商品、提高效率、简化包装和促进包装标准化。托盘按结

构的不同可分为平面式托盘、箱式托盘、立柱式托盘和滑片托盘。

4.组合包装

组合包装是指针对一些体型较长且大的商品，不使用其他包装容器，而是利用商品的自然体型，把一定数量的商品，经牢固捆扎组成一个大件整体进行运载的包装方法。组合包装方法经常用于钢材储运方面，它具有减少商品破损、扩大销路、提高售价、加快装卸速度、节省劳动力的优点。

集合包装的出现，是对传统包装运输方式的重大改革，在运输包装中占有越来越重要的地位。它之所以受到重视，是因为它有如下与众不同的优点：

①运输迅速，加速车船周转，大大提高了劳动生产率；

②节省包装费用，降低运输成本；

③能有效地保护商品；

④提高利用率；

⑤促进包装标准化。

二、销售包装

销售包装又称小包装或零售包装。是用来直接盛装商品并同商品一起出售给消费者的小型包装。

（一）销售包装的特点

销售包装是随着商品一同出售给消费者的。因此，商品销售包装具有保护商品、美化商品、宣传商品的作用，适合运输和储存，便于商品陈列展销，便于消费者识别、选购、携带和使用。商品销售包装的设计要根据商品的性质、外形、档次、用途，按不同的消费对象、风尚习俗、销售范围和销售方式来进行，也要考虑资源情况、材料和工艺特点、成本费用等因素，以提高商品销售包装效率。

（二）销售包装的种类

销售包装种类繁多，主要有：便于陈列展销的包装，如挂式包装、堆叠式包装、贴体包装；便携式包装，如手提结构包装；便于使用的包装，如喷雾包装、配套包装、食品蒸煮包装、易拉罐、易开瓶等；防护性包装，如速冻包装、真空包装、充气包装、无菌包装、防霉包装、防潮包装、防虫包装、防锈包装等。

下面介绍几种常用的销售包装形式。

1.挂式包装

挂式包装是指一种可以在商店的货架上悬挂展销的包装。这种包装具有独特的结构，如吊钩、吊带、网兜等，能充分利用货架的结构和空间进行展销。采用这种包装形式的通常为中、低档轻工产品和一些日用品、食品、纺织品等。

2.配套包装

配套包装是为满足消费者追求事物完美和配套的愿望而将品种相同、规格不同或品种不同、用途相关的数件产品搭配在一起的包装。如将乒乓球和乒乓球拍放在一起的包装，这种包装便于消费者配套使用。

3.无菌包装

无菌包装是将商品、包装容器和辅助材料在无菌的环境中进行充填和封合的一种包装，能够使商品在一定时期内保鲜。无菌包装有无菌充填包装与半无菌包装两类。前者是把灭菌后的食品在无菌的环境中，充填在灭过菌的容器内加以封合，可在常温条件下流通、保存；后者是将食品加热处理和洗净杀菌，使其接近无菌状态，然后在无菌室内进行包装，需在低温条件下流通，有数周的保质期。

4.保鲜包装

保鲜包装是一种新型的包装技术，它能保持各类食品一定的新鲜度，使产品在储运、销售过程中免受各种生物、微生物及环境因素的影响，在色、香、味等方面保持食品的原味，延长食品的保质期。但各种食品新鲜程度的概念是不一样的，采用的保鲜包装技术也各不相同。保鲜包装主要用于水果、肉类食品包装，能在规定的储存条件下，使食品在一定的时间内保持原有的色、香、味。这类包装目前采用的主要材料是高阻隔性树脂与复合包装材料，其水气通过率仅次于铝箔、铁箔和玻璃。

5.防霉包装

防霉包装是为防止包装物和内装商品霉变、影响商品质量而采取的一种防护性包装。如采用泡罩、真空和充气等严密封闭的包装，既可阻隔外界潮气侵入包装，又可抑制霉菌的生长和繁殖。它主要用于防止机械、电工、仪器仪表、食品等在流通中遭受霉菌侵袭。

•••••••○ **课 堂 提 升 训 练** ○•••••••

以小组为单位，去附近超市调研下列各种销售包装，并将包装的内装商品名称填写在表6-1中。

表6-1

包装种类	内装商品
挂式包装	
配套包装	
无菌包装	
保鲜包装	
防霉包装	

［知识三］ 商品包装材料

包装材料是商品包装的物质基础。包装材料的种类很多，各种包装材料的规格、性能和用途是不相同的。了解和掌握各种包装材料的特性，积极发展包装材料生产，不断提高包装材料的质量，不断挖掘、采用新的包装材料，并合理选材、节约用材，是做好商品包装工作的重要内容。现将市场上常用的几种包装材料分述如下。

一、纸张包装

纸张包装是目前市场上最主要的包装材料。纸张包装的主要优点是卫生、无菌、无污染，轻便，易于黏合印刷，成本低廉，取材容易，并且可回收利用；缺点是强度低，易变形。

纸张品种繁多，按其重量或厚度可分为两大类：每平方米重量不超过200克或厚度不超过0.1毫米的统称为纸；每平方米重量超过200克或厚度超过0.1毫米的称为纸板。有些产品定量虽然每平方米重量在200～250克，但也称为纸，如白卡纸、绘图纸等。包装纸主要有牛皮纸、羊皮纸、半透明纸、薄页纸和邮封纸、玻璃纸、蜡光纸等。纸张包装容器主要有纸板箱、瓦楞纸箱、纸盒、纸袋、纸筒等。

二、金属包装

金属包装的主要优点是机械强度优良，抗压抗震耐碰撞，密封性能好，防潮、防腐蚀。包装用的金属材料很多，大体可分为板材、线材和角铁三种。板材如黑白铁皮、镀锌铁板、镀锡铁板等，主要制造桶、罐、箱等，用于盛装粉状、浆状和液体商品。金属包装容器主要有金属桶、金属盒、金属罐、金属瓶等。

三、木材包装

木材包装具有坚固耐压、易于加工、便于装卸、环保无污染等优点；缺点是来源少，成本较高。木材包装容器主要有木箱和木桶。木箱有胶合板木箱、花格木箱，适宜装易碎、质轻商品，精密仪器和机械零件等；木桶多用于包装专用性商品，如化工商品、出口烟叶等。

四、塑料包装

以塑料为原料制成的包装统称为塑料包装。塑料包装的主要优点是：密度小，具有良好的强度；耐酸，耐碱，耐各类有机溶剂；防水，防潮，密封性好，易加工成型；成本低廉。因此，塑料在包装材料应用方面显得越来越重要。常用的塑料包装材料有：

聚乙烯、高压聚乙烯、中压聚乙烯和低压聚乙烯，常用于制造农用薄膜、食品容器、复合薄膜、绳、带、丝等。

聚丙烯是最轻的通用塑料，无毒，透明性好，耐热性高，防潮性好，机械性能优良。适宜制作薄膜、编织袋、瓶、盒、箱、桶和托盘等。

聚氯乙烯价格低，强度高，耐水性、气密性好，能制成透明、半透明、不透明的容器与薄膜。主要用于日用工业品的包装。

五、玻璃包装

玻璃属无机硅酸盐制品，其优点是：透明、清洁、美观，有一定的机械强度和良好的化学稳定性，易封闭，价格较便宜，可多次周转使用，资源丰富。玻璃包装容器常见的有瓶、罐、缸以及玻璃复合材料等。

六、纤维织物包装

传统的纤维织物主要有麻袋、布包和布袋，其优点是：易清洗，环保耐用，不污染商品，便于回收利用。纤维织物包装适合盛装颗粒状和粉状商品，以及用作畜产品、纺织品、纤维原料的运输包装或销售包装。目前，化纤织物包装材料已被广泛使用。

七、复合材料包装

复合材料包装是两种或两种以上材料，经过一次或多次复合工艺而组合在一起的包装，主要由纸/塑、纸/铝箔/塑、塑/塑、塑/无机氧化物/塑等材料复合制成。其中的塑料和其他组分可以是一层或多层，也可以是相同品种或不同品种。

复合材料具有机械强度高、气密性好、化学性能稳定、防水防油、耐热耐寒、易加工等优点，是现代商品包装材料的发展方向，特别适用于食品的包装。

·······○ **课 堂 提 升 训 练** ○·······

以小组为单位，去附近超市调查不同材料的商品包装的适用情况，并将调查的结果填写在表6-2中。

表6-2

包装材料	适用商品	包装特点
纸张包装		
金属包装		
木材包装		
塑料包装		
玻璃包装		
纤维织物包装		
复合材料包装		

［知识四］ 商品包装标志

商品包装标志是指由特定的文字或图形组成的，在商品包装外印制的特定记号或说明。其主要作用是便于辨认和识别商品，防止错发错运；便于商品装卸和堆码；保证商品的质量安全；加速商品的流转。

一、运输包装标志

运输包装标志根据作用的不同，可分为运输标志、指示标志和危险品标志。

（一）运输标志

运输标志又称唛头，通常是由一个简单的几何图形和一些英文字母、数字及简单的文字组成，其作用是使货物在装卸、运输、保管过程中容易被有关人员识别，以防错发错运。

运输标志一般包括以下内容：

1.发货人、收货人代号。附有作为发货人或收货人代用简字或代号字母的三角形、菱形、方形或圆形等简明几何图形，或附有区别同批货物或几个小批不同品级的记号。

2.件数、批号。批号是指该件货物在本批货物中的编号。

3.重量与体积。该件货物运输包装的毛重、净重和皮重、体积。

4.目的港（地）名称。

5.产地。我国出口产品使用中国制造或中华人民共和国制造，或再附加产品制造城市的名称；内销产品注明生产厂家的全称。

（二）指示标志

指示标志又名包装储运图示标志，是根据盛装商品的特性，对商品的装卸、运输和保管所提出的要求和注意事项，以保证商品安全。《包装储运图示标志》（GB/T 191—2008）规定了17种标志的名称、图形符号、尺寸、颜色及应用方法，适用于不同货物的运输包装，如图6-6所示。

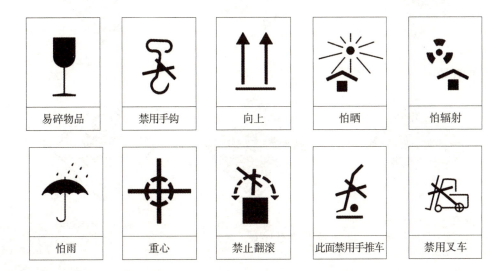

易碎物品	禁用手钩	向上	怕晒	怕辐射
怕雨	重心	禁止翻滚	此面禁用手推车	禁用叉车

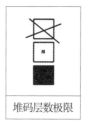

| 由此夹起 | 此处不能卡夹 | 堆码质量极限 | 堆码层数极限 | 禁止堆码 |

| 由此吊起 | 温度极限 |

图6-6　包装储运图示标志

（三）危险品标志

危险品标志又称危险货物包装标志，是指在储运中为引起有关人员的警惕，加强相应防护措施，保证货物和人身安全，根据各类危险货物的性质，在各类危险货物的运输包装上标识的能表明内装物特性的图形和文字标志。我国2009年发布的国家标准《危险货物包装标志》（GB 190—2009）规定了危险货物包装标志的分类图形、尺寸、颜色及使用方法等。标志图形共21种、19个名称，其图形分别标示了9类危险货物的主要特性，如图6-7所示。

标志1　爆炸品
（符号：黑色；底色：橙红色）

标志2　爆炸品
（符号：黑色；底色：橙红色）

标志3　爆炸品
（符号：黑色；底色：橙红色）

标志4　易燃气体
（符号：黑色或白色；
底色：正红色）

标志5　不燃气体
（符号：黑色或白色；底色：绿色）

标志6　有毒气体
（符号：黑色；底色：白色）

标志7　易燃液体
（符号：黑色或白色；
底色：正红色）

标志8　易燃固体
（符号：黑色；
底色：白色红条）

标志9　自燃物品
（符号：黑色；
底色：上白下红）

标志10　遇湿易燃物品
（符号：黑色或白色；
底色：蓝色）

标志11　氧化剂
（符号：黑色；
底色：柠檬黄色）

标志12　有机过氧化物
（符号：黑色；
底色：柠檬黄色）

标志13　剧毒品
（符号：黑色；底色：白色）

标志14　有毒品
（符号：黑色；底色：白色）

标志15　有毒品（远离食品）
（符号：黑色；底色：白色）

标志16　感染性物品
（符号：黑色；
底色：白色）

标志17　一级放射性物品
（符号：黑色；底色：白色，
附一条红竖线）

标志18　二级放射性物品
（符号：黑色；底色：
上黄下白，附二条红竖线）

标志19　三级放射性物品
（符号：黑色；底色：上黄
下白，附三条红竖线）

标志20　腐蚀品
（符号：上黑下白；
底色：上白下黑）

标志21　杂类
（符号：黑色；
底色：白色）

图6-7　危险货物包装标志

二、销售包装标志

（一）销售包装的一般标志

根据《中华人民共和国产品质量法》第27条规定，产品或者其包装上的标识必须真实，并符合下列要求：

1.有产品质量检验合格证明。

2.有中文标明的产品名称、生产厂名和厂址。

3.根据产品的特点和使用要求，需要标明产品规格、等级、所含主要成分的名称和含量的，用中文相应予以标明；需要事先让消费者知晓的，应当在外包装上标明，或者预先向消费者提供有关资料。

4.限期使用的产品，应当在显著位置清晰地标明生产日期、安全使用期或者失效日期。

5.使用不当，容易造成产品本身损坏或者可能危及人身、财产安全的产品，应当有警示标志或者中文警示说明。

裸装的食品和其他根据产品的特点难以附加标识的裸装产品，可以不附加产品标识。

（二）食品包装标志

根据《中华人民共和国食品安全法》第67条规定，预包装食品的包装上应当有标签。标签应当标明下列事项：

1.名称、规格、净含量、生产日期；

2.成分或者配料表；

3.生产者的名称、地址、联系方式；

4.保质期；

5.产品标准代号；

6.贮存条件；

7.所使用的食品添加剂在国家标准中的通用名称；

8.生产许可证编号；

9.法律、法规或者食品安全标准规定应当标明的其他事项。

专供婴幼儿和其他特定人群的主辅食品，其标签还应当标明主要营养成分及其含量。

《中华人民共和国食品安全法》第68条规定：食品经营者销售散装食品，应当在散装食品的容器、外包装上标明食品的名称、生产日期或者生产批号、保质期以及生产经营者的名称、地址、联系方式等内容。

同时，《中华人民共和国食品安全法》第69条对进口食品包装也作出了相关的规定：进口的预包装食品、食品添加剂应当有中文标签；依法应当有说明书的，还应当有中文说明书。标签、说明书应当符合本法以及我国其他有关法律、行政法规的规定和食品安全国家标准的要求，并载明食品的原产地以及境内代理商的名称、地址、联系方式。预包装食品没有中文标签、中文说明书或者标签、说明书不符合本条规定的，不得进口。

○ 课堂提升训练 ○

以小组为单位，去附近超市开展调研，把在下列商品外包装上看到的包装标志填写在表6-3中。

表6-3

商品包装	包装标志
饼干包装箱	
啤酒包装箱	
方便面包装箱	
面粉包装袋	

同步测试
TONG BU CE SHI

一、单项选择题

1.包装是包装材料和（　　）的总称。

　　A.包装标志　　　　　　　　B.包装技术

　　C.包装种类　　　　　　　　D.包装内容

2.下列选项中，不属于商品包装要素的是（　　）。

　　A.外形要素　　　　　　　　B.设计要素

　　C.标志要素　　　　　　　　D.材料要素

3.（　　）是商品包装最基本的功能。

　　A.保护功能　　　　　　　　B.便利功能

C.容纳功能　　　　　　　　　　D.促销功能

4.（　　　　）是目前市场上最主要的包装材料。

A.纸张包装　　　　　　　　　　B.金属包装

C.塑料包装　　　　　　　　　　D.复合材料包装

5.（　　　）是指在储运中为引起有关人员的警惕，加强相应防护措施，保证货物和人身安全，根据各类危险货物的性质，在各类危险货物的运输包装上标识的能表明内装物特性的图形和文字标志。

A.指示标志　　　　　　　　　　B.危险品标志

C.运输标志　　　　　　　　　　D.环境标志

6.下列表示禁用手钩的是（　　　　）。

A. ![wine glass symbol]　　　　　　B. ![hook symbol]

C. ![up arrows symbol]　　　　　　D. ![umbrella symbol]

7.下列说法正确的是（　　　　）。

A. 的意思是此处禁用手推车

B. ![clamp symbol] 的意思是由此夹起

C. ![stacking symbol] 的意思是堆码层数极限

D. ![stacking weight symbol] 的意思是堆码重量极限

8.（　　　　）包装的优点是机械强度优良、抗压抗震耐碰撞、密封性能好、防潮、防腐蚀。

A.塑料　　　　　　　　　　　　B.木材

C.金属　　　　　　　　　　　　D.复合材料

9.（　　　　）是现代商品包装材料的发展方向，特别适合于食品的包装。

A.纸和纸制品　　　　　　　　　B.玻璃

C.金属　　　　　　　　　　　　D.复合材料

二、简答题

1.什么是运输包装？运输包装有什么特点？

2.集合包装有哪些优点？

3.《中华人民共和国食品安全法》对进口食品包装标签有哪些规定？

项目实战
XIANG MU SHI ZHAN

实战目的

准确辨识包装在商品营销中的作用。

实战要求

1.到附近商店选择两种类似的商品，指出它们包装的异同。

2.观察顾客的购买情况，并询问包装对其购物行为的影响。

3.对观察结果进行总结，形成书面报告。

项目七
商品储运与养护

1.了解商品储运期间的质量变化现象及其影响因素；

2.明确储运商品的基本养护方法；

3.掌握常见商品的储藏保管条件及储运商品的质量管理；

4.能够运用所学知识和方法对日常经营商品进行有效养护。

项目导入
XIANG MU DAO RU >>>

小包装大米的失败

MK粮油集团作为中国最大的粮油集团之一，瞄准了小包装大米这一巨大的市场，决心进入。经过充分的调查和论证，MK粮油集团认为，自己已具备足够的实力和优势。他们对中国市场高度熟悉，经销商又有这个需求，而且现实存在着巨大市场空间，这么多的利好因素结合在一起，MK粮油集团认为在小包装大米领域大显身手，再造一个行业王者出来并不是个太艰巨的任务。

小包装大米项目确立后，MK粮油集团成立了小包装大米项目部，但当时公司高层对小包装大米的具体市场运作难度及专业度想得过于简单，他们虽然也曾考虑过让专业的人做专业的事，但出于对已有市场成绩的高度认可，也就是对自己员工能力的高度认可，就没有专门招聘熟悉小包装大米市场运作的专业人士进来。除了总部的两位项目经

92

理外，公司并没有在驻大区机构和省级驻地机构安排专人，而是指派了员工进行兼管。这些兼管的员工中，绝大多数没有操作过小包装大米，总部也没有安排相应的专业培训，所以从总部的项目经理到各基层办事处的项目成员，全是一群门外汉。

图 7-1　小包装大米和散装大米

在实际操作过程中，因为缺乏产品的基本知识，全国各地办事处在大米的仓储和运输管理上频繁出事。华中地区某办事处的员工居然在大米受潮后安排进行暴晒处理，结果所有大米因暴晒而全部报废；华东地区某办事处因不知道储藏大米的仓库需放置防鼠板，导致大批包装被老鼠噬咬破坏。至于各地因为缺乏相关专业知识而导致大米生虫受潮的，更是不计其数。

后期，由于产品是代加工，公司在品控方面做得不够到位，因此大包装错装、漏打条码、产品夹杂异物、包装开线等事故时有发生。另外，按照卖场的商品管理规定，保质期还剩三分之一的产品即应退货。小包装大米本来只有六个月的产品保质期，又因为货运周转和进卖场的问题拖延了近四个月，其在商场内的销售时间已经非常有限，再加上没有采取有力的促销推广措施，所以整个产品销售情况非常糟糕。就这样，原来大家异常看好的项目，最终以失败告终。

思考：MK 粮油集团的小包装大米项目为什么会失败？大米在储运期间易出现哪些质量问题？应采取的储藏保管措施有哪些？

项目知识
XIANG MU ZHI SHI

［知识一］　商品储运

一、商品储运概述

（一）商品储运的概念

商品储运是商品储存和商品运输的总称。商品储存是指商品在流通的各环节中，为实现销售目的而出现的暂时停留和存放。商品运输是指运用适当的工具使商品产生位置

移动。商品运输是短时储存，即将运输工具作为暂时的储存场所。商品储存和商品运输是商品流通中的两个重要环节，是商品收购和商品销售的根本保证。

（二）商品储运的意义

商品储存的目的是克服产品生产与消费在时间上的差异，使商品突破时间限制，以更好地实现其使用价值。如大米一年收获1～2次，必须用仓库进行储存，以保证平时的均衡供给。又如水果、水产品等，在收获季节需要冷藏进行保存，以满足市场的正常需要，并防止价格大幅起落。做好商品储运，可保证商品流通不致中断和社会再生产持续进行。商品从生产到消费，在时间和空间上存在着较大的间隔和距离。有些商品是集中生产，分散消费；有些商品是常年均衡生产，而消费则比较集中；还有些商品是只在某一地区生产，却在全国消费。尤其是农副产品，多数为季节性生产，却需要常年供应。因此，大部分商品均要经过或长或短时间的储存和运输。所以，做好商品储运工作，是保证商品流通正常进行、社会再生产得以持续的根本保证。

（三）商品运输方式及商品储存设施

1.商品运输方式及其特点

常见的商品运输方式有铁路运输、公路运输、水路运输、航空运输、管道运输等，它们之间大多可以互相替代。

（1）铁路运输。铁路运输具有受天气影响小，中长途货运费用较低，运输能力和安全系数较大，网络覆盖面较广等优点，但与公路运输相比，缺乏灵活性和机动性，不适合短距离运输和紧急运输，商品滞留时间长，且装卸地点不能随意变更。铁路运输可分为集装箱运输和车皮运输两种方式。前者可以加快运输周转速度，防止商品在运转中受损，提高装载效率，降低运输成本和节省包装费用等。后者是租用适合商品形状、数量等特点的车皮来运输商品，适合输送大宗商品，但运转效率较低，且需要配备专用的搬运和装卸装置。

（2）公路运输。公路运输主要以卡车为运输工具，包括专用运输车辆，如集装箱、散箱、冷藏、危险品等运输车辆。这些车辆有大型和中小型之分，前者适合长距离的大宗商品运输，后者适合短距离的商品配送。由于公路车辆购置成本低，因此，公路运输可以采用自行运输和委托运输两种方式。公路运输的优点是：不受路线和车站的约束，较灵活、机动；可直接把商品从发货处送到收货处；集散速度较快，适合市内配送；近距离运输费用低；可以简化包装。缺点是：不适合大批量的长途运输，运输能力较小，运转质量和安全性较低。

（3）水路运输。水路运输是一种较为经济的水上运输方式，它依托海洋、河流和湖泊，成本低廉。水路运输主要有远洋、近洋、沿海、内河和湖泊运输等几种形式。它以船舶为运输工具,包括专用船(如矿石专用船、木材专用船、油轮等)、集装箱船、冷藏船、混装船等。其优点是:长距离运转费用低廉,特别适合超大型、超重和大批量的商品运输。缺点是:受天气、航道等自然条件限制,使用范围相对较窄;运输速度慢,航行周期长,运输时间难以保证;港口设施要求高(如集装箱运输需要配备专用集装箱码头);搬运成本高。

(4)航空运输。航空运输主要有客运飞机、客货混载机和专用货物运输机三种运输工具,其中,专用货物运输机具有良好的应用前景,尤其是其单元化的装载系统,有效地缩短了商品装卸时间。航空运输的优点是速度快,适合高附加值、高时效性的小批量商品,如鲜活、生鲜食品的运输。此外,航空运输还具有安全系数大、商品损坏少、不受地理条件的限制等优点。航空运输的缺点是费用高,质量(重量)受限制,物流中心或仓库不能离机场太远。

(5)管道运输。管道运输有地面、地下和架空安装三种方式,主要适合自来水、石油、煤气、煤浆、成品油、天然气等液态、气态商品的运输。近年来,随着技术的发展,管道运输已能够实现粉状商品(如矿石粉)的短距离输送。管道运输的优点是:不占用或较少占用地面,维修成本低,运输效率和设备运转效率高,安全系数大。缺点是:对管道运输技术水平有较高的要求,不适合固态商品的运输。

2.商品储存设施

商品储存是通过仓库实现的。仓库是商品储存的场所,由供应链上游组织来的商品在此汇集,然后直接或做一段时间的停留后流向下游组织。在集散之间,商品的检验、分类、重包装、分拣、配货等业务活动也可以在此进行。

仓库有许多种类型:

(1)按使用目的的不同,仓库可分为流通为主型仓库和存储为主型仓库。

(2)按使用性能的不同,仓库可分为营业型仓库和自用型仓库。

(3)按存储功能的不同,仓库可分为普通仓库、露天仓库、简易仓库、冷藏仓库、恒温仓库和危险品仓库等。

(4)按地理位置的不同,仓库可分为港口仓库、车站仓库、机场仓库、市区仓库、郊区仓库等。

(5)按建筑物形态的不同,仓库可分为平房仓库、多层仓库、地下仓库、水上仓库、立体仓库等。

不同类型的仓库有不同的特点和要求,具有不同的使用方向和使用效率,实践中应根据具体要求灵活选择。如冷藏仓库需要配置具有冷却(一般在10℃以下)功能和隔热

功能的设备，常用于冷藏食品如肉联厂加工的肉食和水果、蔬菜、鲜奶等的储存。

近年来，随着自动化技术的发展，立体仓库得到广泛应用。立体仓库是由高层货架、巷道式堆垛起重机（有轨堆垛机）、出入库输送机系统、自动化控制系统、计算机仓库管理系统及其周边设备组成的，可对集装单元货物实现自动化储存和计算机管理的仓库。它广泛应用于大型生产企业的采购件、成品件仓库，柔性制造系统以及流通领域的大型流通中心、配送中心。

图 7-2　立体化仓库

仓库设施是实现商品储存功能的必要条件。根据不同的需要，仓库设施有多种形式，其中以货架最为重要。货架是由立柱片、横梁和斜撑等构件组成，用于存放货物的结构件。根据货架使用范围的不同，货架及其货架系列大致可分为超市货架系统、图书货架系统、工业货架系统、托盘货架系统、重力货架系统、移动货架系统、贯通货架系统以及轻型货架、阁楼式货架、滑动式货架、悬臂货架等类型。随着物流现代化进程的加快，仓库设施与智能叉车等现代化搬运工具相配合，正朝着自动化、标准化和现代化的方向发展。

二、商品储运期间的质量变化

（一）商品的物理机械变化

物理变化是只改变物质的外表形态，不改变其本质，没有新物质的生成，并且有可能反复进行的质量变化现象。商品的机械变化是指商品在外力作用下发生的形态变化。商品物理机械变化的结果不是出现数量损失，就是出现质量下降，甚至还会失去使用价值。商品常发生的物理机械变化有挥发、溶化、渗漏、串味、沉淀、破碎与变形等。

1.挥发

挥发是指低沸点的液体商品或经液化的气体商品或某些固体商品，在空气中经气化而散发到空气中的现象。商品挥发的速度与气温的高低、空气流动速度的快慢、商品表面接触空气面积的大小成正比关系。液体商品的挥发不仅会减少商品的有效成分，增加商品损耗，降低商品质量，有些燃点很低的商品还可能引起燃烧或爆炸。另外，有些商品挥发的蒸气有毒性或麻醉性，容易造成大气污染，对人体有害。常见易挥发的商品有酒精、香精、花露水、樟脑、碘片、化学试剂中的各种溶剂、医学中的一些试剂、部分化肥农药、杀虫剂、汽油、煤油、乙醚、氨水、液化气体、油漆等。因此，这类商品应加强包装的密封性，控制库房温度，并置于较低的温度下储存。

2.溶化

溶化是指某些具有较强吸湿性和水溶性的固体商品（如食品中的食盐、食糖、糖果等，化工商品中的明矾、氯化镁、氯化钙等，化肥中的氮肥及某些制剂等）吸收潮湿空气中的水分至一定程度而溶解的现象。影响商品溶化的因素，主要是商品的吸湿性和水溶性，此外还有与空气接触的表面积、空气相对湿度和气温等。一般情况下，气温和相对湿度越高，这类商品越容易溶化。商品溶化后，商品本身的性质并没有发生变化，但由于形态改变，会给储存、运输及销售部门带来很大的不便。对易溶化商品，应按商品性能分区分类存放在干燥阴凉的库房内，不适合与含水分较多的商品同储。在堆码时要注意底层商品的防潮和隔潮，垛底要垫得高一些，并采取吸潮和通风相结合的温湿度管理方法来防止商品吸湿溶化。所以这类商品在储运过程中应避免其防潮包装受损，要保持储运环境的干燥凉爽。

3.熔化

熔化是指某些熔点较低的商品在温度较高时，发软变形甚至熔融为液体的现象。熔化与商品本身的熔点、商品中杂质的种类和含量密切相关，此外还受气温的影响。熔点越低，越易熔化；杂质含量越高，越易熔化。常见易熔化的商品有油膏、胶囊、香脂、发蜡、松香、糖衣片、药膏、蜡烛、复写纸、蜡纸等。

商品熔化有的会造成商品流失、粘连包装、玷污其他商品，有的因产生熔解而体积膨胀，使包装破裂；有的因商品软化而使货垛倒塌。预防商品的熔化，应根据商品的熔点高低，选择适宜的运输工具和储存环境，使商品储存在温度较低、无阳光直射和密封的环境中。

4.渗漏

渗漏主要是指液体商品发生跑、冒、滴、漏的现象。商品渗漏主要是由于包装材料不合格、包装容器密封不严、储运温度变化导致。如金属包装焊接不严，受潮锈蚀；有的液体商品因降温结冰，也会发生体积膨胀，引起包装破裂，造成商品损失。因此，对液体商品应加强入库验收、在库商品检查及温湿度控制和管理。

5.串味

串味是指吸附性较强的商品在吸附其他物品的特异气味后,进而改变本来气味的现象。具有吸附性、易串味的商品,主要是因为它的成分中含有胶体物质,以及具有疏松、多孔的组织结构。商品串味的程度,与其表面状况、与异味物质接触面积的大小、接触时间的长短以及环境中异味的浓度有关。

易串味的商品有大米、面粉、木耳、食糖、饼干、茶等食品,易引起其他商品串味的商品有汽油、煤油、油漆、咸鱼、腊肉、樟脑、肥皂、化妆品以及农药等。预防商品串味,应对易串味的商品尽量采取密封包装,在储存运输中不得与有强烈气味的商品同车船并运或同库储存,同时还要注意运输工具和仓储环境的清洁卫生。

6.沉淀

沉淀是指含有胶质和易挥发成分的商品,在低温或高温条件下,部分物质凝固,进而发生下沉或膏体分离的现象。常见易沉淀的商品有墨汁、墨水、牙膏、雪花膏、蜂蜜等。预防商品沉淀,应根据不同商品的特点,防止阳光照射,做好冬季保温和夏季降温工作。

7.玷污

玷污是指商品外表沾有其他脏物、染有其他污秽的现象。商品被玷污,主要是由于生产、储运中卫生条件差及包装不严所致。对一些外观质量要求较高的商品如绸缎呢绒、针织品、服装等,要注意预防玷污,精密仪器、仪表类商品也要特别注意。

8.破碎与变形

破碎与变形是指商品在外力作用下所发生的形态上的改变。脆性较大或易变形的商品如玻璃、陶瓷、搪瓷制品、铝制品等,因包装不良,在搬运过程中易受到碰、撞、挤、压和抛掷而破碎、掉瓷、变形。塑性较大的商品如皮革、塑料、橡胶等制品,由于受到强烈的外力撞击或长期重压,易丧失回弹性能,从而发生形态变化。对易发生破碎与变形的商品,要注意妥善包装,轻拿轻放,堆垛高度不能超过一定的压力限度。

9.干缩裂

干缩裂是指某些商品(如糕点、乐器、木制家具、皮革制品、肥皂等)失去所含正常水分而发生的收缩、脆裂现象。许多商品都有安全水分要求,如通常情况下,棉制品的安全水分为9%~10%,皮革制品为14%~18%。因此,为防止商品干缩裂造成的质量和数量损失,这类商品需要贮存在避免日晒、风吹的场所,并且应控制贮存环境的相对湿度,以使其含水量保持在合理的范围内。

（二）商品的化学变化

商品的化学变化是指不仅改变物质的外表形态，也改变物质的本质，并生成新物质的变化现象。商品发生化学变化，严重时会使商品完全丧失使用价值。常见的化学变化有分解、氧化、锈蚀、风化、曝光、聚合、老化等。

1.分解、水解

分解是指某些化学性质不稳定的商品，在光、热、酸、碱及潮湿空气的影响下，会由一种物质分解成两种或两种以上的物质。分解不仅会使商品的质量降低，而且还会使其完全失效，有时产生的新物质还会有危害性。如漂白粉在温度高、水分大、见光、不密闭的条件下就会分解出氧气，生成次氯酸，降低漂白能力。

水解是指某些商品在一定条件下（如酸性或碱性条件）与水作用而发生水解反应的现象。如棉纤维在酸性溶液特别是强酸溶液中易于水解，使纤维的大分子链断裂，分子量降低，从而大大降低纤维的强度。

2.氧化

氧化是指商品与空气中的氧或其他放出氧的物质接触，发生与氧结合的化学变化。商品储存的空气中，通常会有五分之一的氧存在。商品氧化不仅会降低商品的质量，有的还会使商品在氧化过程中产生热量、发生自燃，甚至引起爆炸。如棉、麻、丝等织物，若长期接触日光，织物中的天然纤维素会被氧化，使织物变色、变脆、强度降低；某些化工原料中的亚硝酸钠、亚硫酸钠、保险粉等都易发生氧化。此外，桐油布、油纸、油布伞等桐油制品，若尚未干透就打包储存，容易发生自燃。所以，对这类商品，在储运中应选择低温避光条件，避免与氧接触，同时还要注意通风散热，如有条件，可在商品或包装内放入脱氧剂。

3.锈蚀

锈蚀是金属制品特有的现象，即金属制品在潮湿空气及酸、碱、盐等的作用下被腐蚀的现象。金属制品所处的环境不同，发生的锈蚀也不同，主要有化学锈蚀和电化学锈蚀两种。金属制品的锈蚀不仅会影响制品外观的质量，还会使商品的机械强度降低，甚至成为废品。

化学锈蚀是指金属制品在干燥的环境中或无电解质存在的条件下，遇到空气中的氧而发生的氧化反应。化学锈蚀的结果是在金属表面形成一层薄薄的氧化膜，使金属表面变暗，失去光泽；有的金属形成的氧化膜对金属还能起到保护作用，使锈蚀减少或停止。

电化学锈蚀是指金属制品在潮湿的环境中，水蒸气在金属表面形成水膜，水膜与空气中的二氧化碳、二氧化硫等形成电解液，从而引起电化学反应，反应中金属以离子

形式不断进入电解液而被溶解。电化学锈蚀的结果是金属制品表面出现凹陷、斑点等现象，锈蚀严重的，还会使商品内部结构松弛，机械强度降低，甚至失去使用价值。电化学锈蚀的速度比化学锈蚀快，它是造成金属商品锈蚀的主要原因。

影响金属锈蚀的因素可分为内因和外因两方面，其中内因包括商品的性质、纯度、结构以及锈蚀产物的性质等，外因包括空气湿度、温度、有害气体及灰尘等。

4.风化

风化是指某些含有结晶水的商品，在一定温度和干燥空气中，失去结晶水而使晶体崩解，变成非结晶状态的无水物质，如玻璃风化后会降低透明度。

5.曝光

曝光是指某些商品见光后，发生变质或变色的现象。如照相胶片未使用时见光，发生光化反应，胶片就成了废品；石碳酸原为白色晶体，见光后会变成红色或淡红色。

6.聚合

聚合是指某些商品组成中的化学键在外界条件影响下发生聚合反应，成为聚合体而变性的现象。例如福尔马林变性、桐油表面结块，都是聚合反应的结果。

7.老化

老化是指高分子材料（如橡胶、塑料、合成纤维等）在储运过程中，受到光、热、氧等的作用，出现发黏、龟裂、变脆、强度降低、失去原有优良性能的变质现象。易老化是高分子材料存在的一个严重缺陷。老化的原因，主要是光、热等因素使高分子材料的大分子链断裂、高聚物分子量下降，或者使分子链相互连接，形成网状或体型结构。前者称为降解反应，使高分子材料变软、发黏，机械强度降低；后者称为交联反应，使高分子材料变硬、变脆，失去弹性。所以，在储运这些商品时，要注意防止日光照射和高温，同时堆码时不能过高，以免低层商品受压变形。

（三）商品的生理生化变化

商品的生理生化变化是指有生命活动的有机体商品在生长发育过程中，为了维持生命所进行的一系列变化，如粮食、水果、蔬菜、鲜蛋等商品的呼吸、发芽、胚胎发育和后熟等。生物引起的变化是指由微生物、仓库害虫以及鼠类等生物造成的商品质量的变化，如工业品商品和食品商品的霉变、腐败、虫蛀和鼠咬等。

1.呼吸作用

呼吸作用是指有机体商品在生命活动过程中，由于氧和酶的作用，体内有机物质被分解，并产生热量的生物氧化过程。呼吸作用可分有氧呼吸和缺氧呼吸两种类型。有氧呼吸是指鲜活食品在储运中，为了满足生命需要，在体内氧和酶的作用下，其体内葡萄糖和其他有机物与吸入的氧发生氧化反应，释放出二氧化碳、水，并放出大量热量的氧化过程。缺氧呼吸是指有机体商品中葡萄糖在无氧或缺氧情况下，利用分子内的氧，在酶的作用下分解成酒精、二氧化碳，并放出大量热量的氧化过程。

不论是有氧呼吸还是缺氧呼吸，都会消耗营养物质，降低食品的质量。有氧呼吸中热的产生和积累，往往会使食品腐败变质。同时，有机体分解出来的水分，又有利于有害微生物的生长繁殖，使商品加速霉变。缺氧呼吸则会产生酒精积累，引起有机体细胞中毒，造成生理病害，缩短储存时间。对于一些鲜活商品，缺氧呼吸往往比有氧呼吸要消耗更多的营养物。

保持正常的呼吸作用，有机体商品本身会具有一定的抗病性和耐储性。因此，鲜活商品的储藏应保证它们正常而最低的呼吸，利用它们的生命活性减少损耗，延长储藏时间。

鲜活食品的呼吸强度与其种类、成熟度、不同器官和组织以及不同的发育时期等生物学特性有关，如蔬菜的呼吸强度以叶菜最高，果菜次之，块根菜和块茎菜最低。果实的呼吸强度以浆果最高，仁果次之，核果再次之，柑橘类最低。影响鲜活食品呼吸强度的外界因素，主要包括温度和空气中的气体。一般而言，环境温度升高，呼吸强度也随之提高；当环境温度低于0℃时，因酶的活性受到抑制，呼吸强度会急剧下降。因此，降低环境温度是储存鲜活食品的重要措施。空气中的氧含量降低和二氧化碳含量升高，也会明显抑制呼吸作用。

2.发芽和抽薹

发芽和抽薹是指有机体商品（如马铃薯、葱、大蒜等）在适宜条件下，冲破"休眠"状态而发生的萌发现象。发芽和抽薹会使有机体商品的营养物质转化为可溶性物质，从而降低有机体商品的质量。有机体商品在发芽和抽薹过程中，通常伴有发热、发霉等情况，不仅会增加损耗，而且会降低质量。因此，对这类商品必须控制它们的水分，并加强温湿度管理，防止发芽现象的发生。

3.胚胎发育

胚胎发育主要指鲜蛋的胚胎发育，在鲜蛋的保管过程中，当温度和供氧条件适宜时，胚胎会发育成血丝蛋、血环蛋。经过胚胎发育的禽蛋，其新鲜度和食用价值大大降低。因此，抑制鲜蛋的胚胎发育，应加强温湿度管理，最好是低温储藏或节制供氧。

4.后熟作用

后熟是指瓜果、蔬菜等类食品脱离母株后继续成熟的现象。瓜果、蔬菜等的后熟作用，能改进色、香、味以及硬脆度等食用性能。例如香蕉、柿子等，只有达到后熟，才

具有良好的食用价值。但如果储运保管不利，食品在后熟作用完成后容易发生腐烂变质，难以继续储藏，甚至失去食用价值。因此，对这类食品，应在其成熟之前采收，并采取控制储藏条件的办法来调节其后熟过程，以达到延长储藏期、均衡上市的目的。

促进食品后熟的因素主要是高温、氧气和某些刺激性气体成分，如乙烯、酒精等。如苹果组织中产生的乙烯，虽然数量极微，却能大大加快苹果的后熟和衰老的过程，所以苹果在储运中，为延长或推迟后熟和衰老的过程，除采用适宜的低温和适量的通风条件外，还可放置活性炭、焦炭分子筛等吸收剂来清除苹果库房中的乙烯成分。有时为了及早上市，对某些菜果如番茄、香蕉、柿子、猕猴桃等，可利用人工催熟的方法加速其后熟过程，以满足市场消费需要。

5.霉变

霉变是指商品在霉菌微生物作用下发生的变质现象。霉菌是一种低等植物，无叶绿素，菌体为丝状，主要靠孢子进行无性繁殖。在生产、储运过程中，霉菌会落在商品表面，一旦外界温度、湿度适合其生长，商品上又有它们生长需要的营养物质，霉菌就会生长。其中一部分伏在商品表面或深入商品内部，有吸取营养物质、排泄代谢产物的功能，成为营养菌丝；另一部分竖立于商品表面，在顶端形成子实体或产生孢子，成为全生菌丝。菌丝集合体的形成过程，就是商品"长毛"或发霉的变质过程。

商品霉变的实质是霉菌在商品上吸取营养物质、排泄代谢产物。在气温高、湿度大的季节，如果仓库的温湿度控制不好，储存的针棉织品、皮革制品、鞋帽、纸张、香烟、中药材、粮食及其制品等许多商品就会生霉"长毛"，对商品危害很大。霉菌有三万多种，对商品危害性较大的除毛霉菌外，还有根霉菌、曲霉菌（特别是黄曲霉菌）、青霉菌等。受霉菌污染的商品会出现变色、发霉、有毒、变糟、发脆或强度降低等现象。

霉菌能在商品体上生长、繁殖，除商品上有它们需要的营养物质外，还与水分、温度、日照、酸碱度有关。多数霉菌是中湿性的，最适生长温度为20℃～30℃，属好氧性微生物，适宜在酸性环境中生长。光对霉菌的影响也很大，霉菌在日光下曝晒数小时，大多会死亡。

6.腐败

腐败是指富含蛋白质的商品（如动物性食品和豆制品等）在腐败细菌的作用下分解变质的现象。腐败使这类商品变色、发黏，产生酸味、臭味和毒素。

7.发酵

发酵是指贮存的商品由于野生酵母菌、细菌等微生物的作用，而发生糖类、蛋白质等成分分解变质的现象。发酵不仅会破坏商品的有益成分，使其失去原有风味，还会产生不良气味，危害人体健康。常见的发酵有酒精发酵、醋酸发酵、乳酸发酵、酪酸发酵等。防止食品在储运中发酵的方法是注意卫生、密封及控制在较低温度。

8.虫蛀、鼠咬

商品在储存期间，常常会遭到仓库害虫的蛀蚀和老鼠的啃咬，使商品体及包装受到损失。经常危害商品的仓库害虫有40多种，主要有甲虫类、蛾类、蟑螂类、螨类等。仓虫与其他动物不同，一般有较强的适应性，在恶劣环境下仍能生存，并且食性杂，繁殖能力强，繁殖期长，对温度、光线、化学药剂等外界环境的刺激有一定的趋向性。鼠类属于啮齿动物，他们繁殖能力强，一年可繁殖5～6次，每次产8～9只，一般寿命1～3年。鼠类食性杂且具有咬啮特性，记忆力强，视觉、嗅觉、听觉都很灵敏，一般在夜间活动。仓库害虫在危害商品的过程中，不仅破坏商品的组织结构，使商品发生破损，而且排泄各种代谢废物污染商品，影响商品的质量和外观，降低商品使用价值，有的商品甚至会完全丧失使用价值。

三、影响商品储运期间质量变化的外界因素

（一）空气

1.氧气

储运商品发生化学或生化变化，绝大多数是与空气中的氧有关。空气中含有约21%的氧气。氧非常活泼，能和许多商品发生作用，对商品质量变化影响很大。氧可以加速金属商品锈蚀；氧是好气性微生物活动的必备条件，易使有机体商品发生霉腐；氧是害虫赖以生存的基础，是仓库害虫发育的必要条件；氧是助燃剂，不利于危险品的安全储存；在油脂的酸败，鲜活商品的分解、变质中，氧都是积极参与者。因此，在养护中，对于受氧气影响比较大的商品，要采取各种方法（如浸泡、密封、充氮等）隔绝氧气。

2.其他有害气体

大气中的有害气体，主要来自煤、石油、天然气、煤气等燃料放出的烟尘和工业生产过程中产生的粉尘、废气。对空气造成污染的，主要是二氧化碳、二氧化硫、硫化氢、氯化氢和氮氧化物等气体。

（1）二氧化碳

二氧化碳主要来源于有机物的燃烧、分解和生物的呼吸。二氧化碳含量增加能够引起全球变暖，加速金属制品的锈蚀及玻璃的风化。

（2）二氧化硫

商品储存在有二氧化硫气体的空气中，其质量会有明显变化。如二氧化硫气体，溶

于水能生成亚硫酸，当它遇到含水量较大的商品时，能强烈地腐蚀商品中的有机物。在金属电化学腐蚀中，二氧化硫是构成腐蚀的重要介质之一，因此金属商品必须远离二氧化硫。二氧化硫的增加会形成酸雨，危害动植物。

（二）日光

日光具有一定的能量，可以蒸发商品中的水分。日光中的紫外线、红外线等，对商品起着正反两方面的作用。一方面，日光能够加速受潮商品的水分蒸发，杀死杀伤微生物和害虫，在一定程度上有利于商品的保护；但是另一方面，某些商品在日光的直接照射下，又会发生质量变化。如日光能使酒类浑浊，油脂加速酸败，橡胶塑料制品迅速老化，纸张发黄变脆，色布褪色，药品变质，照相胶卷感光，等等。因此，要根据不同商品的特性，注意避免或减少日光的照射。

（三）微生物

微生物在生命活动过程中会分泌各种酶，利用它把商品中的蛋白质、糖类、脂肪、有机酸等物质分解为简单的物质加以吸收利用，从而使商品受损、变质，丧失使用价值。同时，微生物在细胞内分解氧化营养物质，产生各种腐败性物质并排出体外，使商品产生腐臭味和色斑霉点，影响商品的外观，加速高分子商品的老化。

常见危害商品的微生物主要是一些腐败性细菌、酵母菌和霉菌。特别是霉菌，它是引起绝大部分日用工业品、纺织品和食品霉变的主要根源，对纤维素、淀粉、蛋白质、脂肪等物质，具有较强的分解能力。

微生物的活动，需要一定的温度和湿度。没有水分，它是无法生存下去的；没有适宜的温度，它也不能生长繁殖。掌握了这些规律，就可以根据商品的含水量情况，采取不同的温湿度调节措施，防止微生物生长，以利商品储存。

（四）仓库害虫

仓虫在仓库里，不仅蛀蚀动植物性商品和包装，有些仓虫还能危害塑料、化纤等化工合成商品。此外，白蚁还会蛀蚀仓库建筑物和纤维质商品。仓虫不仅破坏商品的组织结构，使商品发生破损、外观形态受损，而且吐丝结茧、排泄各种代谢废物玷污商品，影响商品的质量和外观。

商品如受仓虫危害，一般损失都相当严重。仓虫能适应恶劣环境，一般能耐热、耐寒、耐饥，并具有一定的抗药性；繁殖能力强，繁殖期长，产卵量多，有的一年可繁殖几代；食性广而杂，具有杂食性。所以，虫害一旦发生，就会造成极为严重的后果。

（五）空气温度

空气温度是指空气的冷热程度，简称气温。气温在影响商品质量变化的因素中起

104

着重要作用。一般商品在常温或常温以下，都比较稳定；高温能够促进商品的挥发、渗漏、熔化等物理变化及各种化学变化；而低温又容易引起某些商品的冻结、沉淀等变化；温度忽高忽低，会影响商品质量的稳定性。因此，控制和调节储运商品的温度，是商品养护的重要工作内容之一。

测定气温的仪器种类很多，常见的有普通温度表、最高温度表、最低温度表和电子温度计等。

（六）空气湿度

空气的干湿程度称为空气湿度。空气湿度的改变，能引起商品的含水量、化学成分、外形或体态结构等的变化。湿度下降，将使商品因放出水分而降低含水量，减轻重量。如水果、蔬菜、肥皂等会发生萎蔫或干缩变形，纸张、皮革制品等失水过多，会发生干裂或脆损。湿度上升，商品的含水量和重量会相应增加，使食糖、食盐、化肥、硝酸铵等易溶性商品结块、膨胀或进一步溶化，钢铁制品生锈，纺织品、竹木制品、卷烟等发生霉变或虫蛀等。湿度适宜，可保持商品的正常含水量、外形、体态结构和重量。所以，在商品养护中，必须掌握各种商品的适宜湿度要求，尽量创造商品适宜的空气湿度。

空气湿度主要有以下几种指标：

1. 绝对湿度

绝对湿度是指在一定温度条件下，单位容积的空气里实际所含的水汽量，一般用"克/立方米"来表示。温度对绝对湿度有着直接影响。在通常情况下，温度越高，水汽蒸发得越多，绝对湿度就越大；相反，绝对湿度就越小。

2. 饱和湿度

饱和湿度是表示在一定温度条件下，单位容积空气中所能容纳的水汽量的最大限度。如果超过这个限度，多余的水蒸气就会凝结，变成水滴，此时的空气湿度称为饱和湿度。

空气的饱和湿度不是固定不变的，它随着温度的变化而变化。温度越高，单位容积空气中所能容纳的水蒸气就越多，饱和湿度也就越大。

3. 相对湿度

相对湿度是指在一定温度条件下，单位容积空气中实际含有的水汽量占单位容积空气中所能容纳的最大水汽量的百分比，也就是绝对湿度占饱和湿度的百分比，其公式为：

$$相对湿度＝绝对湿度/饱和湿度×100\%$$

相对湿度越大，表示空气越潮湿；相对湿度越小，表示空气越干燥。空气的绝对湿度、饱和湿度、相对湿度与温度之间有着一定的内在联系，温度如果发生变化，则各种湿度也随之发生变化。

4.露点

含有一定量水蒸气（绝对湿度）的空气，当温度下降到一定程度时，所含水蒸气就会达到饱和状态（饱和湿度），并开始液化成水，这种现象叫作结露。水蒸气开始液化成水时的温度叫作"露点温度"，简称"露点"。如果温度继续下降到露点以下，空气中超饱和的水蒸气就会在商品或其包装物表面凝结成水滴，此现象称为"水凇"，俗称商品"出汗"。

此外，风与空气中的温湿度有密切关系，也是影响空气温湿度变化的重要因素之一。空气湿度的测定仪器有干湿球温度表、毛发湿度表和自记湿度计等，最常用的是干湿球温度表，另外电子测量湿度的仪器也在逐步普及。

（七）卫生条件

卫生条件是保证商品免于变质腐败的重要条件之一。卫生条件不良，不仅使灰尘、油垢、垃圾、腥臭等污染商品，造成某些外观疵点和异味污染，而且还为微生物、仓虫等创造了活动条件。因此商品在储运过程中，一定要搞好储运环境的卫生，保持商品本身的卫生，防止商品之间的污染。

········○ **课堂提升训练** ○········

结合实际考虑，皮革制品、塑料制品、肉类、鱼类、水果、蔬菜等商品在储运过程中易发生哪些质量变化？以小组为单位，选择一类商品进行讨论、分析。

［知识二］ 商品养护

一、商品养护概述

（一）商品养护的概念

商品养护是对储运商品实施保养和维护的技术管理工作。只有做好商品的储运和养护工作，才能使商品质量得以保持，使商品使用价值得以充分实现。

商品在储运过程中，由于其成分、结构、性质的差异，当受到外界因素影响时，会发生各种各样的变化，使商品的质量和数量受到损失。因此，商品储运离不开商品养护工作，商品养护是储运商品质量得以保持的可靠保证。根据商品的不同特性，研究各类商品在不同储运条件下的质量变化规律，采取相应的技术措施和科学管理方法，控制不利因素，创造优良的储运条件，减少商品损耗，从而使商品质量得以保持，是商品养护工作的目的和任务。

（二）商品养护的意义

商品养护是商品储运的中心环节，是保证商品质量完好的重要手段。商品养护的方针是"以防为主，防重于治，防治结合"，只有在商品储运期间进行科学养护，才能保证商品质量完好、数量完整，保证商品的安全储运，消除储运隐患，避免各种灾害事故的发生，从而保证商品及储运工具的安全，使商品使用价值得以充分实现。

二、商品养护的技术方法

为了保护商品质量，避免商品在储运过程中可能产生的商品损失和损耗，应采取有效的技术和方法，对商品进行积极的养护。

（一）霉腐商品的防治

1.常见易发生霉腐的商品

商品本身的成分和组织结构特点，决定了有些商品在适宜的外界条件（如温度、水分、光、氧、渗透压、酸、碱、盐等）下，易受霉腐微生物的污染而发生霉腐。一般来说，含糖、蛋白质、脂肪等营养物质的商品，在养护不当时最易霉腐。常见易发生霉腐的商品有：

（1）含蛋白质类商品。如食品中的肉、鱼、蛋、乳及它们的制品等，纺织原料中的毛、丝及其制品，皮革及其制品等。

（2）含糖类商品。如食品中的谷物、面包、糖果、糕点、罐头、饮料、调味品等，纺织原料中的棉、麻，纸张及其制品等。

（3）含脂肪类商品。如食用植物油、动物脂肪、奶油、肉制品中的脂肪等。

（4）其他商品。如食品中的茶叶、卷烟等，日用化学商品中的化妆品等，橡胶和塑料制品，工艺美术品（含纤维素的），一些文娱和体育用品、光学仪器、电子电器产品、录音带、录像带、感光胶片、药品等。

此外，食品包装材料和商标纸发霉的情况也并不少见。这不仅影响商品的外观，也影响其内在质量。

2.防霉腐的方法

（1）加强储运商品的管理

①加强商品的入库验收。首先应检验其包装是否潮湿，商品的含水量是否超过安

全水分标准。②加强商品温湿度的管理。根据商品的不同性能，正确地运用密封、吸潮、通风的方法，控制好库内温湿度。特别是在梅雨季节，要将相对湿度控制在适宜霉菌生长的范围内，一般是将相对湿度控制在75%以下。③选择合适的储存场所。易霉商品应尽量安排在空气流通、光线较强、比较干燥的库房，并应避免与含水量大的商品储存在一起。④合理堆码，下垫隔潮物；商品堆垛不应靠墙靠柱。⑤商品进行密封。⑥做好日常的清洁卫生。

（2）低温防霉腐

微生物的生长繁殖有一定的温度范围，超过这个范围便会停止生长甚至死亡。霉腐微生物中大多是中温性微生物，其最适宜的生长温度为20℃～30℃，在10℃以下不易生长，在45℃以上停止生长。低温对霉腐微生物的生命活动有抑制作用，能使其休眠或死亡，故用低温控制霉腐微生物生长是一种很有效的方法。按照低温程度的不同，可分为冷藏法和冷冻法两种。

①冷藏法。冷藏法是使储运温度控制在0℃～10℃的低温防霉腐方法。在此低温下，大多数霉腐微生物难以繁殖，适宜储运不耐结冰的商品，如含水量高的生鲜食品。此法储存不宜过长。

②冷冻法。冷冻法是使储运温度控制在-18℃的低温防霉腐方法。具体做法是：先将食品进行深冷（如-25℃～-30℃）速冻处理，当食品深层温度达到-10℃时，再移至-18℃温度下储存。此法适宜长期储存生鲜动物食品。

（3）干燥防霉腐

干燥防霉腐是通过各种措施降低商品的含水量，使其水分含量在安全储运条件下，抑制霉腐微生物的生命活动。各种霉腐微生物生长繁殖的最适宜相对湿度，因微生物的不同略有差异。多数霉菌生长的最低相对湿度为80%～90%。在相对湿度低于75%的条件下，多数霉菌不能正常发育，因而通常把75%这个相对湿度叫作商品霉变的临界湿度。

按脱水手段的不同，干燥法可分为自然干燥法和人工干燥法。自然干燥法是利用阳光、风等自然因素，对商品进行日晒、风吹、阴晾脱水的干燥方法，此法经济方便，常用于粮食、食品（如干果、干菜、水产海味干制品）等商品的贮存。人工干燥法是利用热风、直火、远红外线、微波、真空等手段使商品干燥的方法，此法需要一定的设备、技术和较大的能量消耗，成本较高，主要用于食品的干燥。

（4）气调防霉腐

气调防霉腐是在密封条件下，通过改变空气成分，主要是创造低氧（5%以下）环境，抑制微生物的生命活动和生物性商品的呼吸强度，达到防霉腐和保鲜目的的一种方法。气调方法主要有：

①自发或自然气调法。将果蔬贮于一个密封的库房或容器内，由于果蔬本身的呼吸作用不断消耗库房和容器内的氧而放出二氧化碳，因此在一段时间后，氧逐渐减少，二氧化碳逐渐增加；当这两者达到一定的比例时，即会造成一个抑制果蔬本身呼吸作用的气体环境，从而达到延长果蔬贮藏期的目的。

②人工气调法。人为地使封闭的空气内的氧迅速减少，二氧化碳迅速增加，几分钟至几小时内使内部气体的比例保持稳定。人工气调法有：充氮法，贮藏室封闭后抽出其中大部分空气，充入氮，由氮稀释剩余空气中的氧，使其浓度达到所规定的指标，有时充入适量二氧化碳也可使之立即达到要求的浓度；气流法，把预先由人工按要求的指标配制好的气体输入专用的贮藏室，以代替其中的全部空气，在以后的整个贮藏期间，始终连续不断地排出部分内部气体，充入人工配制的气体，使内部气体组成稳定在规定的指标范围内。

③混合法或半自然降氧法。实践表明，采用快速降氧法（即充氮法）把氧含量从21%降到10%比较容易，而从10%降到5%就要耗费较前者约多两倍的氮气。为了降低成本，可开始先充氮，把氧含量迅速降到10%左右，然后依靠果蔬自身的呼吸作用来消耗氧气，直至降到规定的空气组成指标范围内，再根据气体成分的变化来调节控制。

气调还需要适当的低温条件的配合，才能较长时间地保持鲜活食品的新鲜度。此法可用于水果、蔬菜、粮食、茶叶、油料等多种食品的保鲜。

（5）减压贮藏

减压贮藏是气调冷藏的进一步发展，它把贮藏场所的气压降低，造成一定的真空度。其原理是通过降低气压，使空气中各种气体组分的分压都相应降低，创造出一个低氧低压的环境，从而起到类似气调贮藏的作用。

减压贮藏库的气密性要求比气调贮藏库更高，否则达不到减压的目的。减压贮藏库的造价较高，虽然当前生产上还未普及应用，但它能克服气调贮藏中的许多缺点，所以仍是果蔬贮藏中一种先进而理想的方式。

（6）药剂防霉腐

药剂防霉腐是利用化学药剂使霉腐微生物的细胞和新陈代谢活动受到破坏或抑制，进而达到杀菌或抑菌，防止商品霉腐的目的。低浓度的防霉剂能抑制霉腐微生物的活动，高浓度的则会使其死亡。

有实际应用价值的防霉剂需具有以下特点：低毒、广谱、高效、长效、使用方便和价格低廉；适应商品加工条件、应用环境，与商品其他成分有良好相溶性，不降低商品

性能，在储运中稳定性好等。如用于工业品防霉腐的药剂有三氯酚钠、水杨酰苯胺、多菌灵、洁而灭、福尔马琳等，它们常用于纺织品、鞋帽、皮革、纸浆、竹木制品及纱线等商品的防霉腐。用于食品防霉腐的药剂有苯甲酸及其钠盐、山梨酸及其钾盐等，常用于饮料、罐头、蜜饯等食品的防霉腐。

防霉剂的使用方法主要有：①添加法，将一定比例的药剂直接加到材料或制品中去；②浸渍法，将制品在一定温度和一定浓度的防霉剂溶液中浸渍一定时间后晾干；③涂布法，将一定浓度的防霉剂溶液用刷子等工具涂布在制品表面；④喷雾法，将一定浓度的防霉剂溶液用喷雾器均匀地喷洒在材料或制品表面；⑤熏蒸法，将挥发性防霉剂的粉末或片剂置于密封包装内，通过防霉剂的挥发成分防止商品生霉。

（7）辐射防霉腐

辐射防霉腐是利用放射性同位素（钴-60或铯-137）产生的 γ 射线辐射状照射商品，杀死商品上的微生物和害虫的方法。针对不同的商品特性和储存目的，辐射防霉腐分三种类型：

①低剂量辐射。辐射剂量低于0.1百万拉德（指被辐射对象吸收的量，是国际统一使用单位），主要用于抑制马铃薯、洋葱的发芽，杀死害虫和肉类的病原寄生虫，还可延迟水果的后熟。

②中剂量辐射。辐射剂量在0.1～1.0百万拉德，主要是减少商品中微生物的数量和改变食品的工艺特性。适用于杀灭肉、蛋、水产、果蔬等的微生物，尤其对致病菌、害虫杀灭力较强。

③大剂量辐射。辐射剂量在1.0～5.0百万拉德，可彻底杀灭微生物、害虫，可延长冻肉、冻水产的储藏时间。

目前，辐射防霉腐应用还不广泛，安全性还有待进一步研究，特别是对食品辐射的安全性还有争议，因此对辐射的剂量、时间和适宜的辐射条件要严格控制。

（8）电子保鲜法

近年来国外应用电子技术对果品、蔬菜进行保鲜贮藏的做法日益普及，国内也正在进行研究。电子保鲜贮藏就是运用高压放电，在贮存果品、蔬菜等食品的周围形成一定浓度的臭氧和空气负离子，使果品、蔬菜生命活体的酶钝化，从而降低果品的呼吸强度。

（二）害虫的防治

1.仓库内害虫的来源

仓库害虫原本是农业害虫，其主要来源如下：

（1）商品入库前已有害虫潜伏在商品中，随商品一起进入仓库；

（2）商品包装物中有害虫隐藏；

（3）运输工具的带入；

（4）仓库内本身隐藏有害虫；

（5）环境卫生不清洁，有害虫滋生；

（6）邻近仓库或邻近货垛储存的生虫商品的感染；

（7）农业害虫的侵入。

2.常见的易虫蛀商品

容易虫蛀的商品，主要是一些由营养成分含量较高的动植物原料加工制成的商品。主要有：

（1）粮食及其制品；

（2）纺织品，特别是毛纺织品；

（3）毛皮、皮制品，包括皮革及其制品、毛皮及其制品等；

（4）竹藤制品；

（5）纸张及纸制品，包括纸张及其制品和很多商品的纸制包装物；

（6）木材及其制品。

3.仓库害虫的防治方法

储运中害虫的防治工作要立足预防，采取严格的商品入库和在库检查以杜绝虫源，同时保持库内和库周的清洁卫生并认真消毒，在易遭虫蛀商品的包装或货垛内投放驱虫剂，如天然樟脑和合成樟脑等，以预防害虫的滋生；此外要防治结合，采取有效的治理技术和方法，消灭仓库害虫，以防治害虫的繁殖。在储运中常采用化学、物理、生物等方法，直接杀灭害虫或使其不育，以维护储运商品的质量。

（1）化学杀虫法

化学杀虫法是使用各种化学杀虫剂，通过胃毒、触杀或熏蒸等作用杀灭害虫的方法，是当前防治仓库害虫的主要方法。化学杀虫法按照其作用于害虫的方式，主要有熏蒸法、触杀法、胃毒法三种。

①熏蒸杀虫法。熏蒸杀虫法是指杀虫剂的蒸气通过害虫的气门及气管进入体内，从而引起害虫中毒死亡的方法。具有熏蒸作用的杀虫剂称熏蒸剂。常用的熏蒸剂有磷化铝、氯化苦、硫黄、溴甲烷等，它们都能挥发出剧毒气体，渗透力也很强，能杀死商品内部的害虫，对人体的毒性也很强，使用时要注意熏蒸场所的密封和人身安全。熏蒸时最好选择害虫的幼龄期进行毒杀，因其抗药能力较弱，效果会更好。用熏蒸的方法杀虫，有成本低、效率高等优点。

②触杀杀虫法。触杀杀虫法是指杀虫剂接触虫体，透过表皮进入虫体，从而使虫体死亡的方法。具有触杀作用的杀虫剂叫触杀剂，如敌敌畏、敌百虫等。

③胃毒杀虫法。胃毒杀虫法是指杀虫剂随食物进入虫体，通过胃肠吸收而使害虫中毒死亡的方法。具有胃毒作用的杀虫剂叫胃毒剂，如亚砷酸钠等。

在各种杀虫剂中，往往同一种杀虫剂兼有两种或两种以上的杀虫作用，如敌敌畏兼有熏蒸、触杀、胃毒的作用。

（2）物理杀虫法

物理杀虫法是利用各种物理因素（如光、热、射线等）破坏储运商品中害虫的生理活动和机体结构，使其不能生存或繁殖的方法。主要有高温杀虫法、低温杀虫法、射线杀虫与射线不育法、远红外线杀虫法、微波杀虫法等。

①高温杀虫法。高温杀虫法是利用高温曝晒（夏天日光直射温度可达50℃）、烘烤（一般温度为60℃～110℃）、蒸汽（温度在80℃左右）等产生的高温作用，使商品中的害虫死亡的方法。如，一般害虫在38℃～40℃时即发生热麻痹；48℃～52℃时，经过一定时间即死亡；54℃时，经2～6小时，全部死亡。其原因是：高温下害虫体内水分大量蒸发，蛋白质发生凝固，破坏了虫体细胞组织，最终导致虫体死亡。

②低温杀虫法。低温杀虫法是利用低温使害虫体内酶的活性受到抑制，生理活动缓慢，处于半休眠状态，不食不动，不能繁殖，时间过久因为体内营养物质过度消耗而死亡。低温杀虫法主要有库外冷冻、库内通冷风、机械制冷、入库冷冻密封等。

③射线杀虫与射线不育法。射线杀虫与射线不育法是指分别利用高剂量与较低剂量的γ射线照射虫体。高剂量照射几乎可以使所有害虫死亡，低剂量照射主要引起害虫生殖细胞突变而不育。该法具有杀虫效率高，商品组成成分、商品包装不被破坏，环境不受污染等特点。

④远红外线杀虫法。远红外线杀虫法是利用远红外线对虫体的光辐射所产生的高温（可达150℃），直接杀死害虫。

⑤微波杀虫法。微波杀虫法是利用高频电磁场使虫体内水分子等成分发生高频振动，分子间剧烈摩擦而产生大量热能，使虫体温度达到60℃以上而死亡。此法处理时间短、杀虫效率高、无污染，但需要加强对人体微波辐射伤害的防护。

（3）生物杀虫法

生物杀虫法是利用害虫的天敌和人工合成的昆虫激素类似物来控制和消灭害虫的一种方法。此法可避免化学杀虫的抗药性和对环境的污染，是一种很有前途的杀虫方法。如性信息素合成物可用于诱杀雄虫，使雌虫只能产下未受精卵而不能孵化繁殖；保幼激素可通过表皮或吞食进入虫体，破坏虫体的正常发育，造成虫体不育或死亡。

（三）商品锈蚀的防治

1.涂油防锈

涂油防锈是在金属制品表面涂或喷一层防锈油脂薄膜，在一定程度上使大气中的氧、水分及其他有害气体与金属表面隔离，从而达到防止或减缓金属制品生锈的方法。此法适用于短期防锈。防锈油分为软膜防锈油和硬膜防锈油两种，常见的软膜防锈油有201防锈油、仪器防锈油、201防锈脂，常见的硬膜防锈油有一号溶剂稀释型防锈油、649防锈油、干性硬膜防锈油、松香煤油防锈油等。另外，凡士林、黄蜡油、机油也可作为防锈油使用。

2.气相防锈

气相防锈是利用气相缓蚀剂在金属制品密封包装内的挥发，使气体充满包装空间，以防止或延缓商品的锈蚀。常用的气相防锈形式有三种：气相防锈纸防锈、粉末法气相防锈、溶液法气相防锈。

3.可剥性塑料密封防锈

可剥性塑料密封防锈是采用可剥性塑料将金属商品封存的一种隔离防锈蚀的方法。可剥性塑料是以高分子合成树脂为基础材料，加入矿物油、增塑剂、防锈剂、稳定剂以及防霉剂等制成，按其组成和性质的不同，可分为热熔型和溶剂型两类。

（1）热熔型可剥性塑料

该塑料是一种具有一定韧性的固体，加热熔化后，浸涂于金属制品表面，冷却后形成一层1～3毫米厚的薄膜。

（2）溶剂型可剥性塑料

该塑料是一种黏稠液体，涂刷于金属制品表面，能形成一层0.3～0.5毫米厚的薄膜。它适用于一般五金零件的封存防锈。由于膜层较薄，所以防锈有效期较短。

（四）商品老化的防治

塑料、橡胶、纤维等高分子材料制成的商品，在储存和使用过程中性能逐渐遭到破坏，以致最后丧失使用价值的现象称为"老化"。老化是一种不可逆的变化，它的特征是商品外观、物理性能、机械性能、分子结构等方面发生变化。

1.影响商品老化的内在因素

影响商品老化的内在因素主要有：

（1）材料内部结构存在着易于引起老化的弱点，如不饱和的双键、大分子上的支链等。

（2）其他组分对老化有加速作用。塑料中的增塑剂会缓慢挥发或促使霉菌滋生，着

色剂会产生迁移性色变，硫化剂用量增多会产生多硫交联结构，降低橡胶制品的耐氧化能力等。

（3）杂质对老化的影响。杂质是指含量虽然很少，但对制品耐老化性能有较大影响的有害成分。它是单体制造、聚合时带入的，或是由配合剂带入的。

（4）成型加工条件对老化的影响。加工时由于温度等的影响，材料结构发生变化，影响商品的耐老化性能。

2.影响商品老化的外部因素

影响商品老化的外部因素也有很多，主要有温度及其变化、阳光（主要是光线中的紫外线）、空气中的氧气（特别是臭氧）等。此外，水分和湿度、昆虫的排泄物等也对商品的老化有加速作用。

3.商品防老化方法

根据影响商品老化的内外因素的不同，高分子商品的防老化可以采用以下方法：

（1）材料改性，提高商品本身的耐老化性能。材料改性的方法很多，应用较多的有共聚、减少不稳定结构、交联、共混、改进成型加工工艺以及后处理等。

（2）物理防护。抑制或减少光、氧等外因对商品影响的方法有涂漆、涂胶、涂塑料、涂金属、涂蜡、涂布防老剂溶液等。

（3）添加防老剂。能够抑制光、热、氧、臭氧、重金属、离子等对商品老化作用的物质称防老剂。在制品中添加防老剂，是当前国内外防老化的主要方法。防老剂的种类主要有抗氧剂、紫外线吸收剂、热稳定剂等。

此外，加强管理、严格控制储运条件，也是商品防老化的有效方法。

······○ **课堂提升训练** ○······

> 尝试了解、分析不同水果（如香蕉、苹果、草莓、芒果等）、蔬菜（如土豆、青菜、洋葱等）的适宜储存温度和保管养护措施，并说明其中的道理。

［知识三］ 储运商品的质量管理

一、储存商品的质量管理

商品在储存过程中可能会发生各种质量变化，其根本原因在于商品本身的组成成分和性质发生了变化，但商品质量的变化只有通过仓库内外一定的环境因素作用才能发生。所以，在商品质量的养护和管理工作中，必须贯彻"预防为主"的养护方针，采取有效的综合措施，把能够影响商品质量的外界因素尽可能地排除，或控制在影响最小的程度。对已经出现质量劣变的商品，要尽早发现、及时补救。因此，为保证商品质量，防止商品损失和损耗，在商品库房储存的质量管理中，应注意做好商品入库、商品在库、商品出库这三个基本环节的管理工作。

（一）商品入库管理

1.严格商品入库验收

（1）核对单货是否相符

商品入库时，首先核对单据所列的产地、货号、品名、规格、数量、花色、单价等是否与原包装或标签上所列各项内容一致，有一项不符，即不能入库。

（2）检查包装是否符合要求

在核对数量的同时，还要检查包装是否符合要求，有无玷污、残破、拆开等现象，有无受潮水湿的痕迹，包装标志是否清楚等。

（3）检查商品质量是否合格

在检查包装的同时，还要适当开箱拆包，查看内部商品是否有生霉、腐烂、锈蚀、溶化、熔化、虫蛀、鼠咬等。同时还要测定商品的含水量是否超过安全含水率等。对液体商品，要检查有无沉淀、渗漏，包装有无破损等。有问题的商品暂不入库。

2.选择适宜的储存场所

商品性质不同，对储存场所的要求也不一样。因此，要根据具体情况，分别对待。如怕潮易霉、易溶化、易生锈、易虫蛀的商品应选择干燥的库房，并具有良好的密封、通风、吸潮条件；对受热易熔化、易挥发、易变质、易燃的商品，应选择比较阴凉和通风良好的库房；对化学危险品、剧毒品、爆炸品等，要归库归类，单独存放，并设有消防设备；对既怕热又怕冻的水果、蔬菜类商品，应放在冬暖夏凉的低层仓库或地下窖中

保管，并要保持较高的湿度。

3.进行合理堆码

对入库商品进行合理堆码，是保证商品质量、方便在库商品检查和出入库的重要因素。商品堆码的形式和方法，要根据商品的种类、性能、数量和包装情况，结合库房条件、储存期限和季节，并在保证储存商品安全、方便、多储的前提下确定。如含水量高、易霉变、需通风的商品应堆码通风垛，垛底下垫隔潮物料；易弯曲变形的商品要堆码平直交叉实心垛；对重量比较大的商品（如粮食、食盐、白糖等），为提高库容利用率，可堆码纵横交叉实心垛；小百货、小五金、交电零件等商品则宜堆码在货架上。为了方便商品的出入库、检验、盘点、清扫和消防，要保证每个货垛周围留有一定的空间。如货垛留出走道100厘米以上，货垛距库内干道150～200厘米，距外墙50厘米，距内墙30厘米，距柱10～20厘米，距库顶或灯50厘米。

（二）商品在库检查

商品在整个储存期间，要经常进行定期或不定期、定点或不定点的检查，检查的时间和方法应根据商品的性能及其变化规律，结合季节、储存环境和时间等因素掌握，以便及时发现和处理商品发生的质量变化，避免造成严重损失。检查时，以感官检验法为主，并充分利用检测设备，必要时进行理化检验，对发现的质量问题要立即分析原因，采取相应补救措施。同时还应实施安全检查，对库房的消防设备状态、仪表设备运行情况以及卫生状况等进行认真检查，及时解决存在的问题。

（三）温湿度管理

商品储存期间，在各种外界影响因素中，空气温湿度的影响最大。所以，必须根据商品的特性、质量变化规律及本地区气候情况与库内温湿度的关系，加强库内温湿度的管理，采取切实可行的措施，创造商品储存适宜的温湿度条件。

1.库内外温湿度的变化规律

（1）大气温湿度的变化

大气的变化即自然气候的变化，主要包括温度的变化和湿度的变化，它们的变化有着特定的规律。

①温度变化的规律。一天之中，日出前气温最低，午后2～3时气温最高。一年之内，最热的月份，内陆一般在7月，沿海出现在8月；最冷的月份，内陆一般在1月，沿海在2月。

②湿度变化的规律。绝对湿度通常随气温升高而增大，随气温降低而减小。但绝对湿度不足以完全说明空气的干湿程度，相对湿度更能准确反映空气的干湿程度。一日之

中，日出前气温最低时相对湿度最大，日出后逐渐降低，午后2~3时达到最低。一年之内，相对湿度最高的月份一般是7~8月。

普通仓库在温湿度的管理上，要充分利用大气温湿度变化的规律，掌握好通风的时间。

（2）库内温湿度的变化

仓库内的温湿度变化规律和库外基本上是一致的。但是，库外气温对库内的影响在时间上有个过程，同时会有一定程度的减弱。所以，一般是库内温度变化在时间上滞后于库外，在幅度上小于库外，表现为夜间库内温度比库外高，白天库内温度比库外低。

库内温度的变化与库房密封性的好坏也有很大的关系，同时库内各部位的温度也因库内具体情况不同而略有差异，工作中要灵活把握。

2.仓库温湿度的控制与调节

为了保证仓储商品的质量完好，创造适宜商品储存的环境，当库内温湿度适宜商品储存时，就要设法防止库外因素对库内的不利影响；当库内温湿度不适宜商品储存时，就要及时采取有效措施调节库内的温湿度。控制与调节仓库温度、湿度的方法有很多，目前实际工作中通常采用密封、通风和吸潮相结合的方法。

（1）密封

密封就是把商品尽可能严密地封闭起来，减少外界不良气候对商品的影响，以达到安全储存的目的。

密封方法要和通风、吸潮结合使用，如使用得当，可以收到防潮、防霉、防热、防溶化、防干裂、防冻、防锈蚀、防虫等多方面的效果。

密封保管应注意的事项是：①密封前要检查商品质量、温度和含水量是否正常，如发现生霉、生虫、发热、水湿等现象，就不能进行密封；②发现商品含水量超过安全范围或包装材料过潮，也不宜密封；③密封的时间要根据商品的性能和气候情况来决定；④怕潮、易溶、易霉的商品，应选择在相对湿度较低的时节进行密封。

常用的密封分类有整库密封、小室密封、货架密封以及按件密封等。

（2）通风

空气是从压力大的地方向压力小的地方流动的，气压差越大，空气流动就越快。通风就是利用库内外空气温度不同而形成的气压差，使库内外空气形成对流，来达到调节库内温湿度的目的。库内外温度差距越大，空气流动就越快；若库外有风，借风的压力更能加速库内外空气的对流，但风力亦不能过大（风力超过5级灰尘较多）。正确地进行通风，不仅可以调节与改善库内的温湿度，还能及时地散发商品及包装物的多余水分。

按目的的不同，通风可分为利用通风降温（或增温）和利用通风散潮两种。

（3）吸潮

在梅雨季节或阴雨天，当库内湿度过高，不适宜商品保管，而库外湿度也过大，不宜进行通风散潮时，可以在密封库内利用吸湿剂或去湿机降低库内的相对湿度。吸湿剂分为吸收剂和吸附剂两类。吸收剂主要是吸收水汽，常用的有生石灰、无水氯化钙等；吸附剂具有大量毛细孔筛，对水汽具有很强的吸附作用，常用的有活性炭、分子筛、硅胶等。近年来仓库普遍使用机器吸潮的方法，即用去湿机把库内的湿空气通过抽风机吸入吸湿机冷却器内，使它凝结为水而排出，同时将已冷却、干燥的空气送回库内，如此不断循环，故除湿效率高、效果好。目前，先进的光电自动控制设备可通过温湿度调控技术进行自动调控，当库内温湿度超过商品贮存要求时，系统会自动报警、开启门窗、开动去湿机、记录和调节库内温湿度；当库内温湿度达到要求时，又能自动关闭门窗，停止去湿机工作。

（4）加湿

在库内相对湿度过低，而库外又比较干燥时，可对易干燥、脆裂的贮存商品加湿。加湿可采用直接喷洒水或加湿机喷雾的方法，提高库内的相对湿度。

（四）环境卫生管理

储存环境不卫生，会引起微生物、害虫和鼠类的滋生和繁殖，还会使商品遭受灰尘、油污、垃圾的玷污，进而影响商品质量。因此，应经常清扫库房，保持库内外良好的卫生环境，并在必要时采用药剂消毒杀菌、杀虫灭鼠，以保证储存商品的安全。

（五）商品出库管理

商品出库，必须做到单随货行，单货数量当面点清，商品质量当面检查。包装不牢及标签脱落或不清的，应修复后交付货主。为了避免商品因储存期过长而发生质变的危险，同种商品出库时，应贯彻"先进先出""易坏先出""接近失效期先出"的原则。易燃、易爆商品出库时，应依据公安部门的有关规定办理手续。商品已有变质现象或已过保存期时，商品均不得出库，应分具体情况，妥善处理。商品出库必须要有严格的手续，如不见提货单据不付货、提货单据不符不付货等。

二、运输商品的质量管理

运输商品也可以看作是移动的商品储存。商品运输过程中质量管理的任务与商品储存过程中质量管理的任务是一致的，都要尽可能地防止或降低商品损耗和质量劣变。二者有共性，还有自己的特性。运输商品的质量管理要遵循"及时、准确、安全、经济"的基本原则。

（一）及时性原则

及时是指用最少的时间及时发送，按时将商品从产地运送到消费地，以确保商品及时供应市场。其主要措施有：

1.缩短在途时间，减少周转环节

商品运输中常常存在迂回、重复和对流等不合理的运输现象，结果使商品在途时间过长，经过环节过多，这样就增加了商品损耗和质量劣变的机会。因此，为了减少商品流通的周转环节，可采用"直线直达"的运输方式，走最便捷的运输路线，使商品运输直线化。这样不但可以缩短运输时间，还可以减少环境对商品质量造成的不利影响，从而起到维护商品质量和降低运输费用的作用。

2.采用集装箱等先进运输工具

集装箱运输是一种现代化运输方式，利用这种方式进行运输，有利于装卸机械化，简化运输手续，缩短商品在途时间，保证运输安全，隔绝外界不良因素的影响，创造适于商品质量保持的环境。

（二）准确性原则

准确就是按照商品流向组织商品运输，在运输过程中切实防止各种事故的发生，避免商品短缺，做到不错、不乱，正确无误地把商品运送到目的地。

（三）安全性原则

安全是指商品在运输过程中，除了发生各种不可抗拒的灾害以外，其数量和质量必须保持完好无损。为此，应从管理上采取以下措施：

1.正确选择商品的运输包装

要根据运输商品的特性和要求合理选择运输包装，避免商品在运输过程中受到各种环境因素的作用而出现商品散落、渗漏、溢出、破损等现象。如怕潮、易霉变、易生锈商品应选择防潮包装。

2.选择合理的运输路线、工具和方式

选择合理的运输路线，能缩短商品在途时间，可减少途中各种意外因素对商品质量的不利影响；选择合理的运输工具，可大大提高运输商品的安全性，减少商品损失；选择合理的运输方式，可避免各种不同性质的商品在运输中相互污染等。

3.反对野蛮装卸，提倡文明运输

商品在运输中要经过多次装卸，装卸搬运操作不当，会给商品造成很大的损害。据调查，玻璃器皿、搪瓷制品和家用电器等商品在流通领域的损坏率是相当高的，有些高达20%，其中绝大多数是由于野蛮装卸和操作不当造成的。所以，商品在装卸搬运过程

中要严格执行操作规范，根据商品的不同性质，参照包装标志中的注意事项轻装轻卸，减少人为损失。

(四)经济性原则

商品运输要采用最经济、最合理的运输路线和工具，有效地利用一切运输设备，节约人力、物力和财力，努力降低商品流通费用。

········○ 课堂提升训练 ○········

考察本地一家超市，观察其商品储存状况，对其商品陈列、管理提出自己的建议。

同步测试
TONG BU CE SHI >>>

一、单项选择题

1.以下最适合采用真空包装的商品类型是(　　　)。

    A.食品　　　　　　　　　　　　B.服装

    C.五金　　　　　　　　　　　　D.陶瓷

2.蔬菜、水果等鲜活食品最适宜的贮存方法是(　　　)。

    A.缺氧气调法　　　　　　　　　B.干燥法

    C.冷冻法　　　　　　　　　　　D.药剂法

3.商品养护的方针是(　　　)。

    A.防治结合　　　　　　　　　　B.重在治理

    C.及时总结　　　　　　　　　　D.杜绝隐患

4.防止商品老化的方法有多种，其中(　　　)是当前国内外防老化的主要方法。

    A.材料改性　　　　　　　　　　B.物理防护

    C.添加防老剂　　　　　　　　　D.加强管理

5.在仓库的分类中，下列不属于按照地理位置分类的是(　　　)。

    A.车站仓库　　　　　　　　　　B.市区仓库

    C.水上仓库　　　　　　　　　　D.郊区仓库

6.下列不属于商品的质量变化中的物理变化的是（　　　）。

    A.风化　　　　　　　　　　　　B.挥发

    C.熔化　　　　　　　　　　　　D.串味

7.大米、面粉、木耳、食糖、饼干、茶叶等商品，容易发生（　　　）。

    A.破碎　　　　　　　　　　　　B.玷污

    C.沉淀　　　　　　　　　　　　D.串味

8.下列不属于运输商品质量管理要遵循的基本原则的是（　　　）。

    A.及时性原则　　　　　　　　　B.安全性原则

    C.准确性原则　　　　　　　　　D.完整性原则

9.锈蚀是影响金属制品质量的重要因素，下列不属于金属制品锈蚀防治方法的是（　　　）。

    A.气相防锈　　　　　　　　　　B.涂油防锈

    C.塑料袋防锈　　　　　　　　　D.可剥性塑料密封防锈

二、简答题

1.商品储运过程中常见的质量变化有哪些？

2.商品防霉腐主要有哪些方法？

3.简述运输商品质量管理的原则。

项目实战
XIANG MU SHI ZHAN

实战目的

掌握商品储运期间的质量变化及养护措施。

实战要求

1.学生参观某超市的生鲜食品冷藏区。

2.以小组为单位对该超市冷藏区商品储存、保管的现状进行了解。

3.对常见生鲜食品的储存、保管要求进行分析、记录，并制作PPT进行展示。

项目八
日用工业品

1.了解常用日用工业品的主要种类；

2.掌握常用日用工业品的质量要求；

3.掌握分析和辨别常用日用工业品质量的方法；

4.增强常用日用工业品分类的把握能力，树立日用工业品的质量意识。

项目导入
XIANG MU DAO RU

全球化妆品市场整体发展势头良好

2012—2017年，全球化妆品市场呈现出一定的波动性。2012—2014年，全球经济复苏乏力，化妆品行业整体增速较低。近两年全球经济有所回暖，化妆品消费也随之发生反弹。2017年，全球化妆品市场规模达到4649.42亿美元，同比增速达到5.3%。同一时期，中国化妆品市场增速始终高于世界平均水平，2017年化妆品市场规模达到3616亿元，同比增速达到9.6%。

全球日化用品市场中，护肤品所占比例最大，达到26.75%，其次是护发用品、香水等。亚洲消费者对护肤品类的需求最为显著，尤其是美白类产品。2017年，全球化妆品中护肤品占比最高，其余品类分布比较均匀，基本占比都在10%以上。

在人们越来越注重自身形象与颜值的时代，化妆品越来越成为一种刚性需求。近几年，随着经济的快速增长，我国化妆品消费也迅速崛起。2012—2017年，我国化妆品市场复合年均增长率高达7.7%，显著高于其他化妆品消费大国。2013年，我国超过日本成为世界第二大化妆品消费国；2017年，我国化妆品的市场规模已占到全球市场的11.5%，仅次于美国的18.5%。

思考：近几年，无论是国内还是国外，化妆品市场都有了快速的增长。那么，化妆品在人们的日常生活中扮演着怎样的角色，我们该如何选择化妆品呢？

项目知识
XIANG MU ZHI SHI >>>

［知识一］ 洗涤用品

洗涤的原理就是借助某些化学物质，把垢污从被洗涤物上洗涤干净。无论是物理垢污、化学垢污还是二者的混合物，洗涤用品的独特功能就是把它们清理干净，显示产品的本来面目。

一、肥皂

（一）肥皂的含义和分类

1.肥皂的含义

广义上，油脂、蜡、松香、脂肪酸等和碱类起皂化或中和反应所得的脂肪酸盐，皆可称为肥皂。肥皂能溶于水，有洗涤去污的作用。肥皂包括洗衣皂、香皂、金属皂、液体皂和其他相关产品，如脂肪酸、硬化油、甘油等。

2.肥皂的分类

肥皂通常可分为硬皂、软皂和过脂皂三种。如果在肥皂中加入某些药物材料，那就是药皂了，如硫黄皂、檀香皂等。

（1）硬皂

硬皂即常说的"臭肥皂"，它含碱量高，去油去污能力强，但对皮肤也有较大的刺激性，反复使用可使皮肤很快出现干燥、粗糙、脱皮等现象。因此，硬皂一般只用于洗衣，而不用于洗澡。

（2）软皂

软皂就是我们平时所用的"香皂"，它含碱量较低，对皮肤的刺激性较小，所以正常人和银屑病患者均可以使用。

（3）过脂皂

过脂皂也叫多脂皂，不含碱。儿童香皂多属于这一类。

（4）药皂

石碳酸皂、硫黄皂、煤焦油皂、硼酸皂、来苏皂、檀香皂等药皂，均可供银屑病患者使用。但如果患者对某种药皂过敏，则应避免使用。

（二）肥皂的成分

肥皂的主要成分是硬脂酸钠，其分子式是 $C_{17}H_{35}COONa$。如果在里面加进香料和染料，就可做成既有颜色又有香味的香皂了；如果往里面加点药物（如硼酸或石炭酸），它就变成药皂了。

（三）肥皂的质量要求和鉴别

1.肥皂的质量要求

（1）感官指标

包装外观要形状端正、不歪斜，包装整洁；皂体外观的图案、文字要清晰，色泽均匀，无明显杂质和污损；气味正常，无异味。

（2）理化指标

肥皂的理化指标如表8-1所示。

表8-1　　　　　　　　　　　　　　肥皂的理化指标

项目名称		指标	
		I型	II型
干皂含量	/%	>54	43～54
氯化物含量（以NaCl计）	/% ≤	0.7	1.0
游离苛性碱含量（以NaOH计）	/% ≤	0.3	0.3
乙醇不溶物	/% ≤	15	—
发泡力（5min）	/mL ≥	400	300

注：测定发泡力用1.5mmol/L钙硬水，按包装上标注的净含量直接配制1%的皂液。

2.肥皂的质量鉴别

肥皂是消费者洗涤衣物、除垢、沐浴的必需品，消费者主要是通过眼看、手摸和鼻嗅等方法来鉴别肥皂质量。

鉴别肥皂质量，应先检查产品包装，看其是否为"三无"产品，再检查产品的品牌、光滑度、形状、色泽、香气度。伪劣肥皂的特点有：形状不规则，甚至有开裂；色泽不均匀，光色暗淡，甚至泛黄、发黑；易断裂；不光滑，有气泡、斑点或异物。

二、合成洗涤剂

（一）合成洗涤剂的概念和分类

1.合成洗涤剂的概念

合成洗涤剂是指由合成的表面活性剂和辅助组分混合而成的具有洗涤功能的复配制品。表面活性剂也叫合成洗涤剂活性物，是含在洗涤剂里的表面活性物质，为合成洗涤剂的有效成分，也是起去污作用的主要成分，在洗涤剂里的含量一般为10%～40%。

合成洗涤剂具有洗涤、渗透、润湿、乳化等功能；能在各种水质中洗涤，不会生成不溶于水的钙镁金属皂垢，具有抗硬水的性能；泡沫丰富、去污力强、碱性弱，不伤衣物，使用方便。

2.合成洗涤剂的分类

合成洗涤剂主要按产品的外观形态和用途分类。

（1）按产品外观形态分类

合成洗涤剂按产品外观形态的不同可分为固体和液体洗涤剂。固体洗涤剂习惯上被称为洗衣粉，有细粉状、颗粒状等形态，也有块状的；液体洗涤剂近年来发展较快。此外还有介于二者之间的膏状洗涤剂，也称洗衣膏。

（2）按产品用途分类

合成洗涤剂按产品用途的不同可分为民用和工业用洗涤剂。民用洗涤剂指家庭日常生活中所用的洗涤剂，如洗涤衣物、清洁身体及厨房用洗涤剂等；工业用洗涤剂则主要指工业生产中所用的洗涤剂，如纺织工业用洗涤剂和机械工业用清洗剂等。

此外，合成洗涤剂还可按表面活性剂被微生物降解的程度分为硬性洗涤剂和软性洗涤剂；按泡沫高低分为高泡型、抑泡型、低泡型和无泡型洗涤剂；按表面活性剂种类多少分为单一型和复配型洗涤剂。

（二）合成洗涤剂的主要成分

1.表面活性剂

作为合成洗涤剂中的有效成分，表面活性剂是一类由亲水基和亲油基组成的有机化合物，一般分为阴离子型表面活性剂、阳离子型表面活性剂、两性表面活性剂和非离子型表面活性剂。

洗涤时，表面活性剂的亲油部分深入油污的内部，而亲水部分裸露在水介质中，通过一定的机械力使污垢分解脱落，从而达到洗涤的效果。

2.三聚磷酸钠

三聚磷酸钠在洗衣粉中占15%～25%，是衡量洗衣粉质量高低的一个标志。它可以增加去污力，同时能软化硬水和调节水的pH值，促进油污的去除。但是含大量磷化合物的洗涤废水排放到水域中，会使水生藻类大量生长，破坏水中生态平衡，甚至造成环境污染。

3.硅酸钠

硅酸钠是一种碱性缓冲剂，可使洗衣液保持一定的碱度，从而降低对金属的腐蚀性。

4.荧光增白剂

荧光增白剂吸收紫外光、发出蓝光，能够使白色织物显得更加洁白，使有色织物的色彩分明、颜色鲜艳。

（三）合成洗涤剂的质量要求和感观鉴别

1.合成洗涤剂的质量要求

（1）感官质量要求

粉状洗涤剂要求白净，不得混有深黄粉或黑粉，颗粒要大小均匀，干爽无结块；添色料的洗涤剂，色泽要均匀一致；液体洗涤剂要求清澈透明，不应浑浊或有沉淀，没有结晶和分层。所有合成洗涤剂的气味均应正常而无异味。

（2）理化质量要求

合成洗涤剂的内在质量决定了其综合性能的好坏，衡量的指标主要有活性物含量、沉淀杂质含量、pH值、磷酸盐含量、泡沫力、去污力、生物降解率、抗再沉淀性能等。

活性物是合成洗涤剂的主要成分。沉淀杂质含量是指洗衣粉中不溶于水的杂质的含量，其含量通常不大于0.1%。pH值的大小直接影响合成洗涤剂，一般轻役型洗涤剂的pH值应接近中性，重役型洗涤剂的pH值在9～10.5。磷酸盐是洗涤剂的重要助洗剂，它的含量用五氧化二磷的百分含量表示。泡沫力虽然与洗涤剂的去污力没有直接关系，但习惯上仍将其作为洗衣粉的一项性能指标。去污力是衡量洗涤剂实际性能的一项重要指标。生物降解率指洗涤剂活性物在一定条件下被微生物分解的程度。抗再沉淀性能是洗涤剂防止污垢重新沉淀的一项特性，它与洗涤剂活性物的分散力及悬浮性有关。

2.合成洗涤剂的感官鉴别

（1）色泽和气味

色泽晶亮，透明度高，颜色正，气味正常，不刺鼻，无异味。

（2）流动性

流动性好，不凝结，不结块，不分层。

（3）包装

各种合成洗涤剂可采用塑料袋包装，要求封口整齐结实，图案清晰，文字美观。有品名、商标、主要成分、公司地址及电话、用法用量、生产日期、保质期等。

········○ **课堂提升训练** ○········

列举生活中常用的肥皂类型。想一想，自己是如何鉴别肥皂质量的，今后应如何加以改进？

［知识二］ 化妆品

一、化妆品的定义和分类

（一）化妆品的定义

化妆一词最早源于古希腊，含义是"化妆师的技巧"或"装饰的技巧"，也就是把人体的自身优点多加发扬，而把缺陷加以掩饰和弥补的技巧。随着社会的发展和进步，化妆品日益成为人们日常生活中不可或缺的消费品。

在我国，化妆品是指以涂擦、喷洒或者其他类似的方法，散布于人体表面任何部位（皮肤、毛发、指甲、口唇等），以达到清洁、消除不良气味、护肤、美容和修饰目的的日用化学工业产品。

（二）化妆品的分类

1.按使用目的分类

按使用目的的不同分类，可将化妆品分为清洁用化妆品、基础化妆品、美容化妆品、香化用化妆品、护发和美发用化妆品等。

2.按使用部位分类

按使用部位的不同分类，可将化妆品分力黏膜用化妆品、头发用化妆品、指甲用化妆品、口腔用化妆品等。

3.按产品形态分类

按产品形态的不同分类，可将化妆品分为液态化妆品和固态化妆品。

4.按原料来源分类

按原料来源的不同分类，可将化妆品分为天然化妆品和合成化妆品。天然化妆品是指以自然界中的植物、水果等为原料制成的化妆品，当今社会已进入环保时代，天然化妆品越来越受到人们的追捧。合成化妆品是指把各种不同的原料经过配置加工而成的化妆品，其性能和作用不逊于天然化妆品。目前，合成化妆品仍在化妆品市场上占据主要的地位。

二、化妆品的作用

（一）美容作用

化妆品能美颜、散发香气，使口气清新，增加人体魅力，如唇膏、口红、香水、牙膏等，可起到该作用。

（二）清洁作用

皮肤、毛发、口腔、牙齿等产生的污垢之物，可以使用化妆品加以去除。

（三）防护作用

化妆品能使皮肤及毛发光滑、柔软、富有弹性，如洗面奶、SOD蜜、发乳、护发素等可起到该作用；预防和治疗皮肤、毛发和口腔疾病，如雀斑霜、药物牙膏等可起到该作用。

（四）营养作用

化妆品能补充皮肤和毛发所需的营养，加快新陈代谢，对皮肤和头发有营养作用，如珍珠霜、营养面膜、生发水等可起到该作用。

三、化妆品的品种

在日常生活中，化妆品可分为一般用途化妆品和特殊用途化妆品。

（一）一般用途化妆品

如美肤类、美容类、护发类、口腔类（牙膏）等，属一般用途化妆品类型。

（二）特殊用途化妆品

育发化妆品有助于毛发生长，减少脱发和断发；染发化妆品具有改变头发颜色的作用；烫发化妆品可改变头发弯曲度，并维持其相对稳定；脱毛化妆品具有减少、消除体毛的作用；美乳化妆品有助于乳房健美；健美化妆品有助于体形健美；除臭化妆品有助于消除腋臭；祛斑化妆品用于减轻皮肤表皮色素沉着；防晒化妆品具有吸收紫外线、减轻日晒引起的皮肤损伤的功能。

四、化妆品的质量要求和鉴别

（一）化妆品的质量要求

为了保证化妆品的卫生质量和使用安全，保障消费者健康，我国修订了化妆品卫生质量的国家标准《化妆品安全技术规范》。对化妆品的安全通用要求包括：

1.一般要求

化妆品应经安全性风险评估，确保在正常、合理及可预见的使用条件下，不对人体健康产生危害。化妆品生产应符合化妆品生产规范的要求；化妆品的生产过程应科学合理，保证产品安全。化妆品上市前应进行必要的检验，检验方法包括理化检验方法、微生物检验方法、毒理学试验方法和人体安全试验方法等。化妆品应符合产品质量安全的有关要求，检验合格后方可出厂。

2.微生物指标要求

化妆品中微生物指标应符合表8-2中规定的限值要求。

表8-2　　　　　　　　　　　化妆品的微生物指标

微生物指标内容	限值	备注
菌落总数（CFU/g或CFU/mL）	≤ 500	眼部、口唇、儿童化妆品
	≤ 1000	其他化妆品
霉菌和酵母菌总数（CFU/g或CFU/mL）	≤ 100	
耐热大肠菌群（g或mL）	不得检出	
金黄色葡萄球菌（g或mL）	不得检出	
铜绿假单胞菌（g或mL）	不得检出	

3.有害物质限值要求

化妆品中有害物质不得超过表8-3中规定的限值。

表8-3　　　　　　　　　　化妆品中有害物质的限值要求

有害物质	限值/ $mg \cdot kg^{-1}$	备注
汞	1	含有机汞防腐剂的眼部化妆品除外
铅	10	
砷	2	
镉	5	
甲醇	2000	

4.儿童用化妆品的要求

儿童用化妆品在原料、配方、生产过程、标签、使用方式和质量安全控制等方面除了要满足正常的化妆品安全性要求，还应满足相关特定的要求，以保证产品的安全性。儿童用化妆品应在标签中明确适用对象。

5.原料要求

化妆品原料应经安全性风险评估，确保在正常、合理及可预见的使用条件下，不得对人体健康产生危害。

化妆品原料质量安全要求应符合国家相应规定，并与生产工艺和检测技术所达到的水平相适应。

化妆品原料的内容包括化妆品原料名称、登记号（CAS号和/或EINECS号、INCI名称、拉丁学名等）、使用目的、适用范围、规格、检测方法、可能存在的安全性风险物质及其控制措施等。

化妆品原料的包装、储运、使用等过程，均不得对化妆品原料造成污染。

对有温度、相对湿度或其他特殊要求的化妆品原料，应按规定条件储存。

化妆品原料应能通过标签追溯到原料的基本信息、生产商名称、纯度或含量、生产批号或生产日期、保质期等中文信息。

属于危险化学品的化妆品原料，其标识应符合国家有关部门的规定。

动植物来源的化妆品原料应明确其来源、使用部位等信息。

动物脏器组织及血液制品或提取物等化妆品原料，应明确其来源、质量规格，不得使用未在原产国获准使用的此类原料。

使用化妆品新原料应符合国家有关规定。

（二）化妆品的质量鉴别

1.包装及标签鉴别

化妆品的包装材料应当安全，不得与化妆品发生化学反应，不得迁移或释放对人体产生危害的有毒有害物质。

化妆品标签上应当注明产品名称、厂名，并注明生产企业卫生许可证编号；小包装或者说明书上应当注明生产日期和有效使用期限；特殊用途的化妆品还应当注明批准文号。对可能引起不良反应的化妆品，说明书上应当注明使用方法、注意事项。化妆品标签、小包装或者说明书上不得注有适应证，不得宣传疗效，不得使用医疗术语。

2.感官鉴别

由于化妆品的种类繁多，感官质量要求有所不同，因此应从产品内容物应有的颜色、性状、气味等感官指标进行鉴别。实践中可通过"看""闻""试"三种方式来大致判断化妆品质量的优劣。一看就是观察化妆品的颜色和光泽度，应在光线充足的地方观察，看其色泽是否鲜明、自然；二闻就是看化妆品是否香气清雅，给人以愉悦感，香气过重、刺鼻或有怪味，均不符合优质化妆品的要求；三试是通过试用的方式判断化妆品质地是否细腻。任何一种膏霜乳液类化妆品均是质地越细，质量越好。鉴别方法是将少许化妆品在手腕关节活动处均匀涂一薄层，然后手腕上下活动几下，停留几秒钟后观察，若化妆品能够均匀而紧密地附着在皮肤上，而且手腕皮纹处没有条纹痕迹出现，说明此化妆品质地细腻。

3.卫生安全性鉴别

在卫生安全性方面，要求化妆品没有异臭，对皮肤和黏膜没有刺激和损伤，无感染性，使用卫生安全。

2016年12月1日起实施的《化妆品安全技术规范》中，化妆品禁限用组分要求包括1388项化妆品禁用组分及47项限用组分要求；化妆品准用组分要求包括51项准用防腐剂、27项准用防晒剂、157项准用着色剂和75项准用染发剂要求。

此外，规范还细化了化妆品安全技术通用要求。根据化妆品中有关重金属及安全性风险物质的风险评估结果，将铅的限量要求由40mg/kg调整为10mg/kg，砷的限量要求由10mg/kg调整为2mg/kg，增加镉的限量要求为5mg/kg；根据国家食品药品监督管理部门规范性技术文件的要求，收录了2种有害物质的限量要求，其中二噁烷不超过30mg/kg，石棉为不得检出。

该规范收载了77个理化检验方法、5个微生物学检验方法、16个毒理学试验方法、2个人体安全性检验方法、3个人体功效评价检验方法，增加收录了新近颁布的60个针对化妆品中有关禁限用物质的检验方法。

········○ **课堂提升训练** ○········

结合身边常用的化妆品类型，准确判定各类化妆品的质量，并说明判定依据，介绍使用方法。

[知识三] 塑料制品

一、塑料的含义和分类

（一）塑料的含义

塑料的主要成分是树脂，树脂是指尚未和各种添加剂混合的高分子化合物。树脂占塑料总重量的40%～100%。塑料的基本性能主要取决于树脂的本性，但添加剂也起着重要作用。有些塑料基本上是由合成树脂组成的，少含或不含添加剂，如有机玻璃、聚苯乙烯等。

塑料是以单体为原料，通过加聚或缩聚反应聚合而成的高分子化合物，由合成树脂及填料、增塑剂、稳定剂、润滑剂、色料等组成。

（二）塑料的分类

1.根据塑料的使用特性和用途分类

（1）通用塑料

通用塑料一般是指产量大、用途广、成型性好、价格便宜的塑料。通用塑料有五大品种，即聚乙烯（PE）、聚丙烯（PP）、聚氯乙烯（PVC）、聚苯乙烯（PS）及丙烯腈—丁二烯—苯乙烯共聚合物（ABS）。这五大类塑料占了塑料原料使用量的绝大多数，其余的基本都可以归入特殊塑料的范畴。如PPS、PPO、PA、PC、POM等，它们在日用生活中的用量很少，主要应用在工程产业、国防科技等高端领域，如汽车、航天、建筑、通信等。

（2）工程塑料

工程塑料一般指能承受一定外力作用，具有良好的机械性能和耐高低温性能，尺寸稳定性较好，可以用作工程结构的塑料，如聚酰胺、聚砜等。

（3）特种塑料

特种塑料一般是指具有特种功能，可用于航空、航天等特殊领域的塑料。如氟塑料和有机硅具有突出的耐高温、自润滑等特殊性能，增强塑料和泡沫塑料具有高强度、高缓冲性等特殊性能，这些塑料都属于特种塑料的范畴。

2.根据塑料的理化特性分类

（1）热塑性塑料

热塑性塑料是指加热后会熔化，可流动至模具冷却后成型，再加热后又会熔化的塑料，可通过加热和冷却，使其产生可逆变化（液态←→固态）。

（2）热固性塑料

热固性塑料是指在受热或其他条件下能固化或具有不溶（熔）特性的塑料，如酚醛塑料、环氧塑料等。热固性塑料可分为甲醛交联型和其他交联型两种，热加工成型后形成不熔不溶的固化物，其树脂分子由线型结构交联成网状结构，再加强热则会分解破坏。典型的热固性塑料有酚醛、环氧、氨基、不饱和聚酯、呋喃、聚硅醚等材料，还有较新的聚苯二甲酸二丙烯酯塑料等。它们具有耐热性高、受热不易变形等优点，缺点是机械强度一般不高，但可以通过添加填料，制成层压材料或模压材料来提高其机械强度。

3.根据塑料的成型方法分类

根据不同的成型方法，塑料可以分为膜压、层压、注射、挤出、吹塑、浇铸塑料和反应注射塑料等多种类型。

膜压塑料多为物性和加工性能与一般热固性塑料相类似的塑料；层压塑料是指浸有树脂的纤维织物，经叠合、热压而结合成为整体的塑料；注射、挤出和吹塑塑料多为物性和加工性能与一般热塑性塑料相类似的塑料；浇铸塑料是指能在无压或稍加压力的情况下，倾注于模具中，固化成一定形状制品的液态树脂混合塑料，如MC尼龙等；反应注射塑料是把液态原材料加压注入膜腔内，使其反应固化成一定形状制品的塑料，如聚氨酯等。

二、塑料的主要成分

我们通常所用的塑料并不是一种纯物质，它是由许多材料配制而成的，其中高分子聚合物（或称合成树脂）是塑料的主要成分。此外，为了改进塑料的性能，还要在高分子聚合物中添加各种辅助材料，如增塑剂、润滑剂、稳定剂、着色剂、抗静电剂等。

（一）合成树脂

合成树脂是塑料的最主要成分，其在塑料中的含量一般在40%～100%。由于含量高，而且树脂的性质常常决定了塑料的性质，所以人们常把树脂看成是塑料的同义词。而塑料除了极少一部分含100%的树脂外，绝大多数的塑料除了主要组分树脂外，还需要加入其他物质。

（二）塑料助剂

塑料助剂又叫塑料添加剂，是聚合物（合成树脂）进行成型加工时为改善其加工性能或为改善树脂本身性能而必须添加的一些化合物，例如为了降低聚氯乙烯树脂的成型温度、使制品柔软而添加的增塑剂。因而，塑料助剂在塑料成型加工中占有特别重要的地位。

（三）填料

填料又叫填充剂，它可以提高塑料的强度和耐热性能，并降低成本。例如在酚醛树脂中加入木粉可大大降低成本，使酚醛塑料成为最廉价的塑料之一，同时还能显著提高其机械强度。填料可分为有机填料和无机填料两类，前者如木粉、碎布、纸张和各种织物纤维等，后者如玻璃纤维、硅藻土、石棉、炭黑等。填充剂在塑料中的含量一般控制在40%以下，主要类型包括：

1.增塑剂

增塑剂或称塑化剂，可增加塑料的可塑性和柔软性，降低脆性，使塑料易于加工成型。增塑剂一般是能与树脂混溶，无毒、无臭，光、热性能稳定的高沸点有机化合物，最常用的是邻苯二甲酸酯类。

2.稳定剂

稳定剂主要是指能保持高聚物塑料、橡胶、合成纤维等稳定，防止其分解、老化的试剂。为了防止合成树脂在加工和使用过程中受光和热的作用发生分解、遭到破坏，延长使用寿命，要在塑料中加入稳定剂。常用的稳定剂有硬脂酸盐、环氧树脂等。

3.着色剂

着色剂可使塑料具有各种鲜艳、美观的颜色。常用有机染料和无机颜料作为着色剂。合成树脂的本色大都是白色半透明或无色透明的，在工业生产中，常利用着色剂来增加塑料制品的色彩。

4.润滑剂

润滑剂可以防止塑料在成型时粘在金属模具上，同时可使塑料的表面光滑美观。常用的润滑剂有硬脂酸及其钙镁盐等。

5.抗氧剂

抗氧剂可以防止塑料在加热成型或在高温使用过程中受热氧化，从而使塑料变黄、发裂等。

6.抗静电剂

塑料是卓越的绝缘体，所以很容易带静电，而抗静电剂可以赋予塑料以轻度至中度的电导性，从而防止制品上静电荷的积聚。

三、塑料制品的质量要求和鉴别

（一）塑料制品的质量要求

塑料制品的种类繁多，结构和性质较复杂。日用塑料制品的质量要求主要是指对制品的外观和物理机械性质方面提出的要求，对于部分制品，还要考虑其化学性能和卫生性能。

1.塑料制品的外观质量要求

这是对制品的外形结构、表面缺陷等方面的要求。一般要求制品外形不应有翘曲缺角，尺寸要符合一定的偏差规定。装配制品的部件尺寸要相互配合得当，中空制品要厚薄均匀。制品的色泽要鲜明，不应有变色、色调不匀、平光、银纹等现象。

塑料制品的表面缺陷和可能产生的外观瑕疵点主要有裂印、水泡、杂质点、拉毛、起雾、肿胀小孔、麻点等。

由于塑料制品的品种和加工方法等不同，各种塑料制品产生的表面缺陷和外观瑕疵点也不同，具体可以按照各种塑料制品产品标准的规定进行要求。

2.塑料制品的内在质量要求

这是对制品物理机械性能的要求，由此可测定制品的适用性和耐用性，涉及日用塑料制品的透湿性、透气性、耐磨性及耐老化性等。对于某一具体塑料制品，应根据其类型和用途特点等来确定其内在质量要求。

3.塑料制品的卫生安全性要求

这是对某些用途的塑料制品如食品袋、玩具等的特定要求，主要是要求这些塑料制品必须无毒、无味等。

另外，还有塑料制品的防老化、环保等方面的要求。

（二）塑料制品的质量鉴别

常用的塑料制品质量鉴别方法主要有：

1.塑料的感观鉴别

一看：看上去透明度很好又无杂质的商品质量较好，如保鲜袋、口杯、饭盒、保鲜盒类商品；透明度不高或看上去杂质很多的商品质量稍微差一些，如整理箱、盆、衣架、凳子类商品。不透明的商品多为质量较差的商品（多为回料生产），如垃圾桶和垃圾桶内胆、垃圾袋类商品。

二摸：摸商品的边缘，没有刺手的感觉，边缘比较干净，多为模具比较好的商品，飞边修得也比较好；摸上去很刺手，边缘很毛糙，多为模具很差的商品。

三嗅：闻上去味道很淡，只是有淡淡的塑料味，多为质量好一些的商品；闻上去塑料味道很浓，多为质量稍微差一些的商品；闻上去塑料味道很重，有一股刺鼻的味道，多为质量差的商品。

2. 塑料的加热鉴别

塑料的特性各不相同，通过加热的方法可以鉴别。热塑性塑料加热时会软化，易熔融，且熔融时变得透明，常能从熔体中拉出丝来，通常易于热合。热固性塑料加热至材料化学分解前，保持其原有硬度不变，尺寸较稳定，至分解温度炭化。弹性体加热时，直到化学分解温度前，不发生流动，至分解温度材料分解炭化。

3. 塑料的溶剂处理鉴别

热塑性塑料在溶剂中会发生溶胀，但一般不溶于冷溶剂。在热溶剂中，有些热塑性塑料会发生溶解，如聚乙烯溶于二甲苯中；热固性塑料在溶剂中不溶，一般也不发生溶胀或仅轻微溶胀；弹性体不溶于溶剂，但通常会发生溶胀。

4. 塑料的密度鉴别

塑料的品种不同，其密度也不同，可利用测定密度的方法来鉴别塑料，但此时应将发泡制品分别出来，因为泡沫塑料的密度不是材料的真正密度。在实际操作上，也有利用塑料密度的不同来分选塑料的。

5. 塑料的热解试验鉴别

热解试验鉴别法是在热解管中加热塑料至热解温度，然后利用石蕊试纸或pH试纸测试逸出气体的pH值来鉴别的方法。

6. 塑料的燃烧试验鉴别

燃烧试验鉴别法是利用小火燃烧塑料试样，观察塑料在火中和火外的燃烧性，同时注意熄火后熔融塑料的落滴形式及气味来鉴别塑料种类的方法。

7. 塑料的显色反应鉴别

通过不同的指示剂可鉴别某些塑料，在2毫升热乙酸酐中溶解或悬浮几毫克试样，冷却后加入3滴50%的硫酸（由等体积的水和浓硫酸制成），立即观察显色反应；在试样放置10分钟后再观察试样颜色；再在水浴中将试样加热至100℃，观察试样颜色。

含氯塑料有聚氯乙烯、氯化聚氯乙烯、氯化橡胶、聚氯丁二烯、聚偏二氯乙烯、聚氯乙烯混配料等，它们可通过吡啶显色反应来鉴别。

········○ **课堂提升训练** ○········

举例说明塑料制品的不同用途，掌握塑料制品的种类、质量鉴别方法。

[知识四] 玩具箱包

一、玩具

（一）玩具的含义和分类

1. 玩具的含义

著名教育家、儿童教育专家陈鹤琴指出：对玩具应作广义理解，它不是只限于街上卖的供儿童玩的东西，凡是儿童可以玩的、看的、听的和触摸的东西，都可以叫玩具。玩具适合儿童，也适合青年和中老年人。它是打开智慧天窗的工具，可以让人变得机智聪明。玩具具有娱乐性、教育性、安全性3个基本特征。

2. 玩具的分类

玩具的品种繁多，分类方法不一。

（1）按原料和工艺的不同，玩具可分为金属玩具、塑料玩具、木竹玩具、布绒玩具、纸玩具和泥土玩具等；

（2）按状态的不同，玩具可分为弹力玩具、惯性玩具、发条玩具、电动玩具和音乐玩具等；

（3）按年龄的不同，玩具可分为乳儿玩具、婴儿玩具、幼儿玩具和成人玩具等；

（4）按功能的不同，玩具可分为体育玩具、智力玩具、科教玩具、军事玩具和装饰玩具等。

（二）玩具标准

玩具是儿童消费的重要产品，儿童由于其皮肤的敏感性及防范意识缺乏，在使用玩具时容易受到意外伤害。为保障儿童玩具的安全与质量，保护儿童的人身健康安全，国家标准化行政主管部门对《国家玩具安全技术规范》（GB 6675—2003）进行了修订，形成了《玩具安全》（GB 6675—2014）国家标准，并于2016年1月1日起强制实施。

本次公布的《玩具安全》4个部分是玩具的基本安全部分，适用于所有玩具。

《玩具安全 第1部分：基本规范》（GB 6675.1—2014）是关于玩具的基本规范，标准明确了通用安全和不允许可能对儿童造成任何伤害的定性要求，以及根据国情提出的特定安全要求，如增塑剂的限量要求、仿真枪的限制要求等；该标准还明确了对于

玩具安全标准强制执行的相关措施，包括国家强制性认证、监督抽查、召回等。《玩具安全　第2部分：机械与物理性能》（GB 6675.2—2014）、《玩具安全　第3部分：易燃性能》（GB 6675.3—2014）、《玩具安全　第4部分：特定元素的迁移》（GB 6675.4—2014）是关于玩具机械与物理性能、易燃性能、特定元素迁移的通用安全要求，此3项标准针对GB 6675.1的定性要求展开，包括了限量值和检测方法。

（三）玩具的年龄组标识

《玩具安全　第1部分：基本规范》（GB 6675.1—2014）明确该标准既适用于设计或预定供14岁以下儿童玩耍时使用的玩具及材料，也适用于不是专门设计供玩耍、但具有玩耍功能的供14岁以下儿童使用的产品，即供14岁以下儿童使用、具有玩耍功能的产品都应该满足本标准要求。

（四）玩具的质量要求和鉴别

1.玩具的质量要求

玩具应清洁干净、无污染，材料绿色，对人体无伤害，结构合理，造型美观大方。有的玩具还需要认证。玩具认证可分为两大种类：玩具3C认证（适用于部分内销玩具）和玩具质量许可（适用于出口玩具）。

2.玩具的质量鉴别

鉴别塑料玩具的优劣要看色泽、厚度和闻气味。

看看玩具的光泽。优质的塑料玩具通常用PVC、PP、PE等塑料原材料制作，很有光泽。而许多劣质玩具采用"二料"（即废旧塑料制品回收再加工的材料）制成，再加工后色泽变差。

看看玩具的厚度。塑料玩具成品或部件是一次性注塑成型的，如果注塑玩具的内壁过薄，幼儿玩耍时很容易摔破。塑料件断成小碎片、尖锐边角，会给儿童造成危险。

闻闻玩具的气味。如果塑料玩具有刺鼻气味，那么含有害物质的可能性比较大，可以先将玩具洗洗、晒一下，尽量让塑料味道挥发出去，减少剥落的颜料和其中的重金属含量。

买玩具时最好先试用，摸边角看是否尖锐，晃晃部件看是否牢固、是否有细小零件，拉一下带绳索的玩具看长度是否合适。选发声玩具时，要试一下声音是否过大，选会发光的玩具时，要看发光源是否刺眼，以防伤害儿童的听力和视力。

二、箱包

（一）箱包的定义和分类

1.箱包的定义

箱包是对用来装东西的各种箱和包的统称，包括一般的购物袋、手提包、钱包、背包、单肩包、挎包、腰包和多种拉杆箱等。

2.箱包的分类

（1）按功能来分，有公文包、电脑包、摄像包、医用包、旅行包、化妆箱等。

（2）按材质来分，有天然皮革、人造皮革、人造毛皮、纤维布类（织物）、塑料等。

（3）按款式来分，有手袋、单肩包、斜背包、手提包、钱包、背包等。

（4）按箱体来分，有拉杆包、工具包、行李箱、手提箱等。

（二）箱包的质量要求

1.箱包的外观质量要求

箱包的形体饱满，弧线自然，粘贴平服，角对称，端正，整洁干净。箱面不得有凹凸不平、裂纹、变形、烫伤、划伤的缺陷，整体整洁、无污迹。

（1）皮革面层材料厚薄均匀，无裂面、裂浆、脱色现象；表面平整，前、后大面无伤残，后大面、底部上允许有粗糙斑两处，面积不大于9平方毫米；允许有不明显印道折痕两处。人造革、合成革不得有明显印道、凹凸、疙瘩。织物面料无断经、断纬，不得有跳丝、跳线、明显印道、污点。

（2）缝合线、缝合线迹、拉链、配件、提把、拉杆、锁、钩、环、装饰件、配件安装、标样（标识）都有规定。

2.箱包的物理性能要求

（1）在试验条件下，提把、背带、钩环无变形、松动、损坏，包体不开裂。符合规定的负重。

（2）缝合强度、配件、拉链耐用度、摩擦色牢度、耐冲击性能、耐静电性能、耐磨耐震性能、箱锁符合要求。

3.箱包的标识要求

箱包标识内容包括：生产单位（经销单位）名称、地址（进口商品需标注中文原产地）、联系电话、商标，产品名称、规格型号、产品合格证（合检验标识）、货号、产品标准编号，产品质量等级、材质、生产日期、使用（维护保养）说明（必要时可以标注）。国内生产的皮革背提包必须提供与背提包主体材质完全一致的标样。

○ 课堂提升训练 ○

从玩具和箱包中选择其中一种，谈谈自己曾经购买过哪些印象深刻的产品。想一想，在今后的购物消费中，还可以做哪些改进？

［知识五］ 文化用品

图8-1 商店里的办公用品

用来办公的物品通常可以统称为文化用品。现代意义上的文化用品主要指办公室内常用的一些现代文具，如签字笔、水笔、钢笔、铅笔、圆珠笔、中性笔、修正带、修正液以及笔筒等配套用品；其他文化用品还包括办公用纸、裁纸刀、尺、笔记本、文件袋、文件封套、计算器等。

文化用品包括学习用品、办公用品，既包括通常使用的笔墨纸砚，也包括一些收纳用品，如档案盒、档案袋、信封等，同时还包括一些高科技的机器产品等。

一、笔

（一）签字笔

签字笔是指专门用于签字或者签样的笔，有水性签字笔和油性签字笔之分。水性签字笔一般用于纸张上，如果用于白板或者样品上很容易被擦拭掉；油性签字笔一般用于样品签样或者标记其他永久性的记号，其字迹很难拭擦，但可以用酒精等物清洗。

按照笔尖结构的不同，签字笔可分为滚珠结构的签字笔和纤维结构的签字笔。

1.笔尖为滚珠结构的签字笔，依所使用的墨水成分的不同，可分为水性和油性两种。中性签字笔所使用的墨水介于水性和油性之间，又称为"中性笔"。

2.笔尖为纤维结构的签字笔，笔尖柔软，使用舒适，会得到越来越多的认可。其构造像圆珠笔，写起来感觉像钢笔。

签字笔还可以按定义的广义和狭义分类。从广义上讲，用于签字的笔都叫签字笔，比如现在经常说的派克签字笔、万宝龙签字笔，它们同时又是我们从小就使用的钢笔。从狭义上讲，签字笔专指碳素墨水笔。

（二）铅笔

铅笔是一种用来书写以及绘画素描专用的笔，发明至今已有四百多年的历史。其中，绘画素描铅笔可分为多种类型，它先后经历了三个发展阶段，分别是石墨、木制笔杆、带帽铅笔。另外，它的条纹颜色有红白、黑白、黄黑等。

1.铅笔的笔杆标识

铅笔铅芯的硬度标志，一般用"H"表示硬质铅笔，"B"表示软质铅笔，"HB"表示软硬适中的铅笔，"F"表示硬度在HB和H之间的铅笔。

铅笔由软到硬，可分为9B、8B、7B、6B、5B、4B、3B、2B、B、HB、F、H、2H、3H、4H、5H、6H、7H、8H、9H、10H等硬度等级。

H前面的数字越大，表示它的铅芯越硬，颜色越淡。B前面的数字越大，表示铅芯越软，颜色越黑。铅笔杆正是按照笔芯中石墨的分量来划分的。其中，H类铅笔笔芯硬度相对较高，适用于界面相对较硬或明确的物体，比如木工画线、野外绘图等；HB类铅笔笔芯硬度适中，适合一般情况下的书写，或打轮廓用；B类铅笔笔芯相对较软，适合绘画，也可用于填涂一些机器可识别的卡片，比如我们常使用2B铅笔来填涂答题卡。另外，常见的还有彩色铅笔杆，也就是人们常说的彩色铅笔，主要用于画画。

2.铅笔的分类

（1）按铅笔的形态分类

按形态分类，铅笔主要有"原木笔杆""磨尖笔杆""带帽铅笔"三种。"普通笔杆"，就是铅笔生产厂家将铅笔芯用木杆压住，这种铅笔需要消费者将笔尖削出后才能使用；另外，普通铅笔杆的末端有一小块橡皮，在书写错误时，可以把笔反过来擦除错误，比较方便，由美国画家阿曼发明。"磨尖笔杆"，就是一种将铅笔杆加工出一定长度笔尖进行销售的铅笔半成品。"带帽铅笔"，就是由铅笔杆和铅笔帽组合而成的铅笔。

（2）按铅笔的工艺分类

按工艺分类，铅笔可分为传统铅笔和自动铅笔。

（三）圆珠笔

圆珠笔或称原子笔，是使用干稠性油墨，依靠笔头上自由转动的钢珠带出来转写到纸上的一种书写工具。圆珠笔具有结构简单、携带方便、书写润滑，且适宜复写等优点，因而各界人士都乐于使用。

圆珠笔是一种使用了微小旋转圆珠的笔，这种圆珠由黄铜、钢或者碳化钨制成，可在书写时将油墨释放到纸上。圆珠笔与它的前辈们——芦苇笔、羽毛笔、金属笔尖的笔和自来水笔的差别较大。

1.圆珠笔的结构原理

圆珠笔的书写原理，主要是利用球珠在书写时与纸面直接接触产生摩擦力，使圆珠在球座内滚动，带出笔芯内的油墨或墨水，以达到书写的目的。

圆珠笔是用油墨配不同的颜料书写的一种笔。笔尖是个小钢珠，把小钢珠嵌入一个小圆柱体型铜制的碗内，后连接装有油墨的塑料管，油墨随钢珠转动由四周流下。

圆珠笔油墨的色素是染料。油墨颜色主要有蓝、红、黑三种，其中尤以蓝色油墨使用最多。过去蓝色油墨中的色素成分是盐基品蓝和盐基青莲，溶剂是氧化蓖麻油、蓖麻油酸。由于盐基性染料不耐光（耐光度只有1级～2级）、不耐热、不耐酸碱，所以耐久性差，现已被淘汰。市场上销售的"424"蓝色圆珠笔和"322"黑色圆珠笔，书写的字迹耐久性较好。

2.圆珠笔的类别

圆珠笔品种繁多、样式各异，就质量而言又有高、中、低等不同档次，但从类别上说，基本上可分为水性圆珠笔和油性圆珠笔两种。

（1）水性圆珠笔

水性圆珠笔又称宝珠笔或走珠笔。宝珠笔的笔杆、笔套用塑料注塑成型的叫全塑宝珠笔；笔套用不锈钢材冲压磨制而成的叫半钢宝珠笔；笔杆、笔套全用不锈钢制造的叫全钢宝珠笔。全塑型的基本上都是一次性使用，即墨水用完就报废了；半钢型和全钢型的多采用可更换笔芯式结构。宝珠笔的笔头分为炮弹式和针管式两种，分别采用铜合金、不锈钢或工程塑料制成。球珠则多采用不锈钢、硬质合金或氧化铝等材料制成，中字迹球珠直径为0.7毫米，细字迹球珠直径为0.5毫米。按储水形式分，宝珠笔可分为纤维束储水和无纤维束储水两种。墨水的色泽有红、蓝、黑、绿等。宝珠笔兼有钢笔和油性圆珠笔的特点，书写润滑流畅、线条均匀，是一种较为理想的书写工具。

（2）油性圆珠笔

油性圆珠笔所使用的笔头球珠多采用不锈钢或硬质合金材料制成。球珠直径的大小决定了字迹线条的粗细，常见的球珠直径有1毫米、0.7毫米、0.5毫米三种（产品的笔身或圆珠笔芯上往往会注明）。油性圆珠笔的油墨是特制的，主要以色料、溶剂和调黏剂混合而成。常见的颜色有蓝、黑、红三种。普通油墨多用来作一般书写，特种油墨多用来作档案书写。作档案书写用的油墨，在笔芯上一般注有记号，如国产笔芯就注有"DA"的字样。

油性圆珠笔是圆珠笔系列产品的第一代产品，批量投放市场至今已有70多年。经过长期的改进完善，油性圆珠笔生产工艺成熟，产品性能稳定，保存期长，现已成为圆珠笔类产品中的传统产品品种，油性圆珠笔所用的油墨黏度高，所以书写手感相对重一些。

除了以上分类外，常见的分类还有：根据油墨的颜色分为单色圆珠笔、双色圆珠笔、三色圆珠笔和四色圆珠笔；按结构分为一次性的圆珠笔、可以换笔芯的圆珠笔、笔杆可以旋转使笔芯伸缩的圆珠笔。此外还有圆珠笔和钢笔组合的，圆珠笔和铅笔组合的，圆珠笔和测电笔组合的，圆珠笔和微小灯泡组合的，等等。

二、纸

纸，是古代中国劳动人民一个重要的发明。上古时代，我们的祖先主要依靠结绳记事；以后逐渐发明了文字，开始用甲骨做书写材料；春秋时期又开始用竹片和木片以及缣帛做书写材料。但缣帛太昂贵，竹片太笨重，后来人们发明了纸。

造纸术是中国古代四大发明之一，与指南针、火药、印刷术一起，给中国古代文化的繁荣提供了物质技术基础。纸的发明结束了古代简牍繁复的历史，大大促进了文化的传播与发展。造纸术是中国劳动人民长期经验的积累和智慧的结晶，纸是用于书写、印刷、绘画和包装的片状纤维制品。

（一）纸的分类

纸以张计，一般可分为凸版印刷纸、新闻纸、胶版印刷纸、铜版纸、书皮纸、字典纸、拷贝纸、板纸等。习惯分类方法有：

1.按生产方式分类

按生产方式的不同，纸可以分为手工纸和机制纸。手工纸以手工操作为主，利用帘网框架、人工逐张捞制而成。纸张质地松软，吸水力强，适合水墨书写、绘画和印刷用，如中国的宣纸。其产量在现代纸的总产量中所占的比重很小。机制纸是指以机械化方式生产的纸张的总称，如印刷纸、包装纸等。

2.按纸张的厚度和重量分类

纸张按厚度和重量的不同，可以分为纸和纸板，两者没有严格的区分界限。一般将每平方米重量不超过200克或厚度不超过0.1毫米的称为纸，超过的称为纸板。纸板占纸总产量的40%～50%，主要用于商品包装，如箱纸板、包装用纸板等。国际上通常对纸和纸板分别进行统计。

3.按用途分类

按用途的不同，纸可以分为包装用纸、印刷用纸、工业用纸、办公文化用纸、生活

用纸和特种纸。

①包装用纸：白板纸、白卡纸、牛卡纸、牛皮纸、瓦楞纸、箱板纸、茶板纸、羊皮纸、鸡皮纸、卷烟用纸、硅油纸、纸杯（袋）原纸、淋膜纸、玻璃纸、防油纸、防潮纸、透明纸、铝箔纸、商标纸、标签纸、果袋纸、黑卡纸、色卡纸、双灰纸、灰板纸；

②印刷用纸：铜版纸、新闻纸、轻涂纸、轻型纸、双胶纸、书写纸、字典纸、书刊纸、道林纸、米黄色道林纸、象牙白道林纸；

③工业用纸（还要经过加工制成书写、包装等特殊用纸）：离型纸、碳素纸、绝缘纸、滤纸、试纸、电容器纸、压板纸、无尘纸、浸渍纸、砂纸、防锈纸；

④办公文化用纸：描图纸、绘图纸、拷贝纸、艺术纸、复写纸、传真纸、打印纸、复印纸、相纸、宣纸、热敏纸、彩喷纸、菲林纸、硫酸纸；

⑤生活用纸：卫生纸、面巾纸、餐巾纸、纸尿裤、卫生巾、湿巾纸；

⑥特种纸：装饰原纸、水纹纸、皮纹纸、金银卡纸、花纹纸、防伪纸。

（二）纸的性能指标

对不同品种的纸张，要求具有与其主要用途相适应的性能指标。可根据不同用途，分别以专用仪器按标准检测以下各类性能。

1.物理性能指标

（1）定量：每平方米的重量，以g/m^2表示。如文化印刷用纸定量一般为$32g/m^2 \sim 80g/m^2$，纸板的定量一般为$200g/m^2 \sim 400g/m^2$。

（2）厚度：在两测量板间施加100kPa压力直接测量的厚度，以mm表示。

（3）紧度：表示纸张结构松紧的程度，每立方厘米纸的重量，以g/cm^3表示。同一定量的纸，厚度大的纸质就疏松。

（4）多孔性和透气度：一般纸张中含有70%的孔隙。透气度是以一定面积的纸张在一定真空度下，每分钟透过的空气量（mL/min）或透过一定空气量的时间（s/100mL）表示。

（5）伸缩率：纸张浸水后或在不同温度下增湿或减湿后，纸张尺寸相对的变化，以尺寸的增减对原试样尺寸的百分率表示。胶印纸对伸缩率要求较高。

（6）强度：纸张受外力作用，达到破坏点所反映出的一些具体数值，主要有抗张强度及其断裂时的伸长率、耐破度、耐折度、撕裂度、刚度等。各项强度指标对包装纸尤为重要。

（7）着火点：一般在130℃～255.5℃。

2.光学性能指标

（1）白度：白色或接近白色的纸表面对蓝光的反射率，以相对于标准氧化镁板反射率的百分率表示。

（2）不透明度：以单张试样在"全吸收"的黑色衬垫上的反射能力与完全不透明的若干张试样的反射能力的百分率表示。

（3）透明度：光线透过纸的程度，以试样能看清楚墨汁线条的最多的层数表示。光学性能指标对印刷纸和描图纸等比较重要。

3.化学性能指标

（1）水分：纸中含有的在100℃～105℃下可蒸发的水分重量，以对纸重的百分率表示。

（2）灰分：纸灼烧后的残渣重量，以对试样重量的百分率表示。

（3）pH值：纸样在95℃～100℃的蒸馏水中浸泡1小时后，其水抽提液测得的pH值。这些化学性能指标对电气及技术用纸尤为重要。

4.表面性能

（1）耐水度：纸张表面防止书写时墨水渗透扩散的性能，对书写纸很重要。

（2）平滑度：在一定真空度下，一定容积的空气通过在一定压力下的试样表面与玻璃面之间的间隙所需的时间，以秒表示。

（3）表面强度：胶版印刷纸为防止纸张掉毛糊版，要求具有较好的纸页表面强度。

除以上诸性能外，其余技术用纸中还有许多特殊性能的检测要求。如电气工业用纸的介电常数、介电强度、介质损耗，卷烟纸的燃烧速度，隔热纸的导热系数，过滤纸对流体的阻力系数及对过滤物的截留系数，生活卫生用纸的柔软度、吸收性等均为质量的重要性能指标，需按规定标准进行检测，以评价其使用性能。

（三）纸的成分

造纸的原料主要是植物纤维，原料中除含有纤维素、半纤维素、木素三大主要成分外，尚有其他含量较少的组分，如树脂、灰分等。此外还有硫酸钠等辅助成分。纸张中除了植物纤维，还需要根据不同纸材添加不同的填料。

1.植物纤维的主要成分

（1）纤维素。在棉花中，纤维素的含量在90%以上；木材、芦苇、荻苇中也含有40%～50%的纤维素。从造纸角度看，在制浆过程中应极力设法保留纤维素，以提高纸浆得率和纸张强度。

（2）半纤维素。在植物纤维原料中，阔叶木和草类原料中的半纤维素含量可高达30%，而在针叶木中一般只有20%左右，在棉花中含量更少。为了提高纸浆得率和纸张强度，在制浆过程中也要尽量多保留一些半纤维素。

（3）木素。在针叶木材中，木素含量占30%左右，而草类原料一般含20%左右，棉

花、亚麻则不含木素。

化学制浆就是用化学药品使细胞之间的黏结物质溶去一部分，使纤维互相分离成浆。原料中所含木素越多，则制浆越困难，所要消耗的化学药品也越多。

2.植物纤维的次要成分

植物纤维原料中除含有纤维素、半纤维素、木素三大主要成分外，尚有其他含量较少的组分，如树脂、灰分等。植物纤维的次要成分在一般常用的原料中含量不高，对造纸不会造成太大的影响。但若含量过多，对某些有特殊要求的纸张，则必须采取相应的措施予以去除。

（1）树脂、脂肪。一般的原料含量较少，都在1%以下，但在松属木材中含量较多。它们的黏性较大，容易黏结成团，如粘在铜网和压辊上，造成抄纸困难，在纸上形成透明的树脂点，降低纸的质量。它们易与碱发生作用，生成肥皂溶于水中，所以含树脂多的松木一般都用碱法制浆，以减少它们的危害。脂肪一般危害不大，也可以被皂化溶出。

（2）淀粉、果胶。淀粉为细胞腔内的贮存物质，含量不多，易溶于热水，对制浆造纸没有什么影响。一般原料中果胶不多，它们易被稀碱液分解溶出，在植物中以果胶酸盐的形式存在，被认为是植物中灰分的来源。亚麻等韧皮纤维细胞介质主要是果胶质，只需要少量的碱蒸煮即可脱胶。

（3）单宁、色素。一般的原料中含量较少，不致为害，易被热水抽出；但含量较多时应事先设法抽出，否则纸浆的颜色变深不易漂白。

（4）灰分。灰分是植物纤维原料中的无机盐类，主要是钾、钠、钙、镁、硫、磷、硅等。木材中的灰分都在0.2%～1.0%，草类原料中灰分稍高一些。一般纸张对原料中的灰分含量没有什么特殊要求，但在生产电器绝缘纸时，必须除去灰分才能达到一定的质量要求。草类原料中，尤其以稻草灰分高，灰分中的二氧化硅含量较高，导致碱回收困难。如何减少或消除碱回收中硅的干扰，这是一个尚待解决的问题。

（四）纸的区别

1.复印纸与打印纸

打印纸，用于打印票据之类。复印纸是我们常见的A4一类的纸，一般有70克和80克的。严格来讲，两种纸可以通用。

2.面巾纸与卫生纸

从生产流程方面讲，卫生纸和面巾纸的原纸抄造设备、环境、工艺基本是一样的，区别只是配方不同，因为国家检测的理化指标中抗张强度、吸水性、柔软度都有明显的区别。比方说面巾纸放在水中，挤干水分后还可以打开，这就是湿强剂的作用；在卫生纸中湿强剂是不用的，因为湿强剂不容易使纸张遇水后降解，从而会堵塞马桶。面巾纸中如果不加湿强剂，擦汗时就很容易满脸纸沫。

○ 课堂提升训练 ○

以小组为单位谈一谈，自己在日常学习中经常使用的纸和笔都有哪些类型？结合所学知识，鉴定各种纸和笔的质量优劣。

同步测试
TONG BU CE SHI

一、单项选择题

1.儿童香皂一般属于（　　）类型。

A.硬皂　　　　　　　　　　　B.软皂

C.过脂皂　　　　　　　　　　D.药皂

2.（　　）在洗涤时，亲油部分深入油污的内部，而亲水部分裸露在水介质中，通过一定的机械力使污垢分解脱落，从而达到洗涤的效果。

A.硅酸钠　　　　　　　　　　B.荧光增白剂

C.三聚磷酸钠　　　　　　　　D.表面活性剂

3.化妆品能使皮肤和毛发光滑、柔软、富有弹性，这是化妆品的（　　）。

A.美容作用　　　　　　　　　B.清洁作用

C.防护作用　　　　　　　　　D.营养作用

4.化妆品分为清洁用化妆品、基础化妆品、美容化妆品、香化用化妆品、护发和美发用化妆品，这是（　　）。

A.按使用目的分类　　　　　　B.按产品形态分类

C.按原料来源分类　　　　　　D.按使用部位分类

5.（　　）是对某些用途的塑料制品如食品袋、玩具等的特定要求，主要是要求这些塑料制品必须无毒、无味等。

A.外观质量要求　　　　　　　B.内在质量要求

C.卫生安全性要求　　　　　　D.防老化、环保等方面的要求

6.(　　　)是塑料的最主要成分，其在塑料中的含量一般在40%～100%。

    A.塑料助剂   B.合成树脂

    C.填料   D.稳定剂

7.箱包的外观质量对面料的要求是：表面平整，前、后大面无伤残，后大面、底部上允许有粗糙斑(　　　)处，面积不大于9平方毫米。

    A.1   B.2

    C.3   D.4

8.按用途可分为水纹纸、皮纹纸、金银卡纸、花纹纸、防伪纸，指的是(　　　)。

    A.印刷用纸   B.特种纸

    C.工业用纸   D.包装用纸

9.植物纤维中主要含有的化学成分不包括(　　　)。

    A.纤维素   B.半纤维素

    C.木素   D.单宁、色素

二、简答题

1.肥皂的质量要求和鉴别有哪些内容？

2.化妆品有哪些作用？

3化妆品的质量要求是什么？

4.笔和纸的质量如何鉴别？

项目实战

XIANG MU SHI ZHAN >>>

实战目的

掌握化妆品质量要求的相关标准，并能应用于实际生活中。

实战要求

1.挑选商场里常见的几种化妆品，记录下产品信息。

2.对照国家对化妆品的管理规定，检查化妆品是否符合标准。

3.记录检查结果，形成书面材料。

项目九

食 品

学习目标 >>>

1. 了解食品营养物质的种类及生理功能；

2. 了解日常生活中常见的几种乳制品及其区别；

3. 掌握茶叶的主要成分、种类、品质特点及不同茶叶的冲泡方法；

4. 了解日常常见酒类的特点；

5. 了解绿色食品和转基因食品。

项目导入 >>>
XIANG MU DAO RU

婴幼儿健康成长离不开丰富的营养物质

人体的成长发育需要很多种营养物质，例如钙、蛋白质、维生素等，都是必不可少的。初生的婴幼儿在六个月以前，身体生长发育最快，需要的营养也最多。

婴幼儿大脑发育需要大量的蛋白质，以供脑细胞合成之用。同时，大脑发育还离不开脂肪，脂肪是神经髓鞘生长的物质基础。此外，大脑发育还需要葡萄糖以及各种矿物质、维生素等。婴幼儿出生后的前六个月只能吃低铁的奶类，所以神经细胞快速增殖所需要的铁元素要靠胎儿时期的积累，如果妊娠后期储备不足，会影响婴幼儿的神经细胞数量，从而对婴幼儿的智力发育产生不良影响。DHA是构成视网膜的细胞膜和杆状细胞的物质，DHA缺乏时，婴幼儿的杆状细胞数量不足，会因为视敏度降低而怕黑。此

外，铁元素不足也会影响记忆力。可以说，婴幼儿的健康与否直接取决于其所获得的营养物质。

对于初生的婴幼儿来说，母乳是其获取营养的主要来源，因此必须保证母乳含有丰富的营养元素。可以通过制定合理的饮食方案，以尽可能提供丰富而充足的营养。但随着婴幼儿身体的快速发育成长，当母乳所能提供的营养也无法满足孩子的需要时，奶粉就是必不可少的了。

思考：人类的生长发育离不开各种营养物质，这些不同的营养物质在人类发育的不同阶段起到的作用不同，那么我们究竟应该如何合理安排膳食，来最大限度地利用食物中的营养物质呢？

项目知识
XIANG MU ZHI SHI >>>

[知识一] 食品概述

人类的生存和发展离不开食物，要想生存、维系生命，就必须从外界摄取营养物质。科学研究发现，构成人体的主要物质是水、盐类和碳氢化合物。其中，人体内含水量为55%～61%，男性的含水量一般大于女性；无机盐的含量在3%～5%，碳氢化合物主要是蛋白质、脂类和糖类等结构极为复杂的高分子物质，它们的种类极多，有的甚至在100亿种以上。正是这些小却复杂交织在一起的物质，组成了人体的最基本单位细胞，细胞进一步组成组织、器官，进而形成了完整的生命体。

我们通常把糖类、脂类、蛋白质、维生素、无机盐、水和纤维素称为营养物质。它们是维系生命物质组成和生理机能的必不可少的要素，也是生命活动的物质基础。

一、糖类

糖的化学式大多是$(CH_2O)_n$，其中C就是碳，H_2O是水的化学式，因此我们经常称糖类为碳水化合物。糖可以分为四大类：单糖、双糖、多糖以及糖化合物。

（一）食物中的主要糖类

1.单糖

单糖就是不能再水解的糖类，它是构成各种双糖和多糖的基本单位。单糖中最重要的、与人们关系最密切的是葡萄糖。

葡萄糖在自然界中分布极广，尤其是以葡萄中含量较高，故而被称为葡萄糖。葡萄糖是带有甜味的无色晶体或白色结晶性粉末，易溶于水，难溶于酒精。血液中的葡萄糖即为血糖，人体每天需要很多的糖来为各种组织、器官提供能量，所以血糖必须维持在一定的水平才能满足体内各器官和组织的需要。在肝脏内，葡萄糖在酶作用下氧化成葡萄糖醛酸，葡萄糖醛酸在肝中可与有毒物质如醇、酚等结合，变成无毒化合物由尿道排出体外，起到解毒作用。

半乳糖是无色晶体，它是哺乳动物的乳汁中乳糖的组成成分。人体内的半乳糖是所摄入食物中乳糖的水解产物，在酶的催化下半乳糖会转化为葡萄糖。半乳糖也常被用作营养增甜剂，是构成神经系统的重要组成部分，与婴儿出生后脑的迅速生长密切相关。食物中的半乳糖主要来自奶类所含的乳糖。

果糖是葡萄糖的同分异构体，纯净的果糖为无色晶体，它以游离状态大量存在于水果的浆汁和蜂蜜中，果糖还能与葡萄糖结合生成蔗糖。果糖温度越低，甜度越大，即在口感上越冷越甜。果糖主要来自水果和谷物，具有口感好、甜度高以及不易导致龋齿等优点。果糖的甜度是蔗糖的1.8倍，是所有天然糖中甜度最高的糖，所以在同样的甜味标准下，果糖的摄入量仅为蔗糖的一半。果糖还具有良好的吸湿性。在糖类中，果糖的吸湿性最强，很容易吸收水分，因此它还可以作为化妆品、烟草的保湿剂。

2.双糖

双糖也被称为二糖，它是由两个单糖分子经过反应而生成的糖。例如，最常见的蔗糖由葡萄糖和果糖组成，乳糖由葡萄糖和半乳糖组成，麦芽糖由两个葡萄糖组成。

蔗糖是由葡萄糖和果糖经反应构成的，广泛存在于植物界的叶、花、茎、种子及果实中，在甘蔗、甜菜中含量尤为丰富，是重要的甜味调味品。蔗糖有甜味，无气味，极易溶于水。

乳糖因为在自然界中仅存在于哺乳动物的乳汁中，故而得名。它由葡萄糖和半乳糖缩合构成，味道微甜，甜度约为蔗糖的五分之一。乳糖是儿童生长发育的重要营养物质之一，新生儿的脑细胞和神经系统发育需要大量的乳糖。牛奶中所含的糖类主要是乳糖，除此之外还有葡萄糖、果糖等。乳糖易溶于水，因此，牛奶中的乳糖易于消化吸收。乳糖能促进钙等矿物质的吸收，使骨钙沉积更迅速，减少维生素D的需要量。

3.多糖

多糖是由超过10个的单糖组成的聚合糖高分子碳水化合物，是一种分子结构复杂且庞大的糖类物质。它一般不溶于水，无甜味，不能形成结晶，在酶的作用下可以水解产

生一系列的中间物，最终完全水解可以得到单糖。生活中常见的多糖有淀粉、纤维素等。

淀粉分为直链淀粉和支链淀粉，是细胞中碳水化合物最普遍的储藏形式，在植物的种子、块茎和块根中含量特别丰富。咀嚼馒头时会感到有甜味，这是因为唾液中的唾液淀粉酶将淀粉水解成了麦芽糖。

纤维素是由葡萄糖组成的大分子多糖，是自然界中分布最广、含量最多的一种多糖，占植物界碳含量的一半以上，是植物细胞壁的主要成分。因为人体消化道内不存在纤维素酶，所以无法直接将它加以分解和利用，但是纤维素确实是一种非常重要的膳食纤维，它可以吸附大量水分，促进肠道蠕动，缩短致癌物质在肠道内的滞留时间，减少有害物质对肠道的不良刺激，预防肠癌的发生。

（二）糖类的摄入量

人每天的糖的摄入量取决于活动量，没有固定的数值，只要血糖在正常的范围内就行。世界卫生组织建议将儿童和成年人的糖摄入量都控制在摄入总能量的10%以下，而且最好能进一步限制在5%以下。每茶匙糖约重4克，成年人每天糖的摄入量不应超过6茶匙。但2008年的调查数据显示，我国每天每人差不多要吃50克糖，相当于12茶匙的量，超过标准1倍。

二、脂类

人体每天需摄取一定量的脂类物质。脂类是人体需要的重要营养素之一，它供给机体所需的能量，提供机体所需的脂肪酸，是人体细胞的重要组成成分。脂类是油、脂肪、类脂的总称。食物中的油脂主要是指油和脂肪，一般把常温下是液体的称作油，而把常温下是固体的称作脂肪。

（一）食物中常见的脂类

1.油脂

油脂又被称为甘油三酯，是油和脂肪的统称。脂肪是由甘油和脂肪酸脱水合成而形成的。按照脂肪结构的不同，脂肪酸又可分为饱和脂肪酸和不饱和脂肪酸。不饱和脂肪酸在植物油中比较多，在动物的脂肪中含量较少。饱和脂肪酸正好相反，但也不是绝对的，如椰子油、棕榈油中也含有丰富的饱和脂肪酸。膳食中饱和脂肪酸多存在于动物脂肪及乳脂中，这些食物也富含胆固醇。饱和脂肪酸摄入量过多易导致动脉粥样硬化，进而引发高血压等疾病。

脂肪最重要的生理功能是贮存和供给能量，人体内的脂肪占体重的10%～20%。1克脂肪在体内完全氧化可释放出38千焦的能量，是同等重量的糖或蛋白质所释放能量的两倍以上。脂肪组织是体内专门用于贮存脂肪的组织，当机体需要能量时，脂肪组织细胞中贮存的脂肪便可动员出来分解以供机体需要。此外，人体内的脂肪还有减少身体热量损失、维持体温恒定、减少内部器官之间摩擦和缓冲外界压力的作用。

2.类脂

类脂包括磷脂、糖脂、胆固醇和胆固醇酯等。

磷脂几乎存在于所有机体细胞中，动植物体重要的组织中都含有较多磷脂。动物磷脂的来源主要是蛋黄、牛奶、动物体脑组织、肝脏、肾脏及肌肉组织部分，而植物磷脂主要存在于油料种子中。

糖脂广泛存在于动物的神经组织、植物和微生物中。

胆固醇广泛存在于动物体内，尤以脑及神经组织中最为丰富，在肾、脾、皮肤、肝和胆汁中含量也较高。胆固醇是动物细胞不可缺少的重要物质，它不仅参与形成细胞膜，而且还合成胆汁酸、维生素D等，所以胆固醇并非是对人体完全有害的物质。胆固醇主要来自人体自身的合成，食物中的胆固醇是次要补充。胆固醇酯是由脂肪酸和醇作用生成的酯。

（二）脂类的作用

1.储存能量；

2.对动物有保温、缓冲内部脏器之间冲击的作用；

3.促进生物体中酶的生成；

4.在动物体内参与神经信号的传递和识别。

三、蛋白质

蛋白质是生命的物质基础，是生命活动的主要物质承担者。蛋白质是与生命及各种形式的生命活动紧密联系在一起的物质，机体中的每一个细胞和所有重要组成部分都有蛋白质参与。一般来说，蛋白质占人体重量的16%～20%，且蛋白质种类繁多，性质和功能各异，但都是由20多种氨基酸按不同比例组合而成的。

（一）蛋白质的构成

蛋白质是由碳、氢、氧、氮等多种元素组成的高分子化合物。组成蛋白质的基本单位是氨基酸，氨基酸通过脱水缩合变成肽链，由一条或多条多肽链组成的生物大分子即是蛋白质。蛋白质的氨基酸序列是由对应的基因决定的。多个蛋白质可以结合在一起形成稳定的蛋白质复合物，通过折叠或螺旋构成一定的空间结构，从而发挥某一特定功能。蛋白质的不同在于其氨基酸的种类、数目、排列顺序和肽链空间结构不同。

摄入的蛋白质在体内经过消化被水解成氨基酸吸收，然后合成人体所需的蛋白质；同时新的蛋白质也在不断代谢与分解，时刻处于动态平衡中。食物蛋白质的质和量、各种氨基酸的比例，关系到人体蛋白质合成的量，尤其是青少年的生长发育、孕产妇的优生优育、老年人的健康长寿，都与膳食中蛋白质的量有着密切的关系。

蛋白质又分为完全蛋白质和不完全蛋白质。完全蛋白质富含必需氨基酸，品质优良、比例适当，不但能维持成人的健康，还能促进儿童生长发育，如奶、蛋、鱼、肉类等，植物中的大豆亦含有完全蛋白质。不完全蛋白质是缺乏必需氨基酸或者含量很少的蛋白质，它既不能维持生命，也不能促进生长发育，如谷、麦类、玉米所含的蛋白质和动物皮骨中的明胶等。

（二）蛋白质的生理功能

蛋白质占人体的20％左右，所占比例较大。就像盖房子，构建身体的原材料最主要的是蛋白质。只有蛋白质充足，才能保证新陈代谢正常。

1.建造和修复身体

蛋白质是一切生命的物质基础，是机体细胞的重要组成部分，是人体组织更新和修补的主要原料。蛋白质对人的生长发育非常重要。

2.提供能量

蛋白质可以在血糖量低的情况下进行分解，为生命体提供能量。

3.参与各种物质的运输和抗体的形成

维持机体正常的新陈代谢和各类物质在体内的输送。载体蛋白对维持人体的正常生命活动是至关重要的，它可以在体内运载各种物质，比如血红蛋白可以输送氧，脂蛋白可以输送脂肪等。

参与人体内免疫细胞的形成。人体内有白细胞、淋巴细胞、巨噬细胞等，七天更新一次。当蛋白质充足时，免疫细胞就很强，可以保护人体免受外来细菌和病毒的侵扰。

4.调节新陈代谢

在维持机体正常的生命活动中，如在代谢机能的调节、生长发育和分化的控制、生殖机能的调节以及物种的延续等方面，多肽和蛋白质激素起着极为重要的作用。

（三）蛋白质的摄入量

我们的身体每天都离不开蛋白质，但是蛋白质并不是吃得越多越好，身体会吸收我们所摄入的蛋白质，同时又会诱发体内蛋白质的合成。近年来的大量研究发现，一餐含有30克蛋白质的瘦牛肉能够使蛋白质的合成率提高50％，但更大剂量的90克牛肉并没有进一步增加蛋白质的合成。这意味着人们摄入110克的牛肉和85克的鸡肉，就蛋白质的合成来说，结果是相同的。

每天摄入20～30克的蛋白质会触发蛋白质合成，当超过这个量时，多余的蛋白质会用在其他的地方，比如建设酶系统，形成激素、神经递质、免疫因子等。其中一些蛋白质会以氨基酸的形式存储在肌肉中，以弥补饮食的不足；它会在人体摄入蛋白质减少的时候，动用这些储备来维持身体的运转；如果这时候还有剩余，那么它就会转化成葡萄糖，通过肝脏代谢。这个过程是把氨基酸的氮转化为氨，并使之随尿液排出；如果还消化不了，那么就会通过汗液排出。

对于蛋白质的摄入量，并没有一个固定的数值适合所有的人。对于减肥者，可以适当维持体内蛋白质的平衡；而对于强体力劳动者，则需要适当增加蛋白质的摄入量。

四、膳食纤维

膳食纤维是一种既不能被肠胃消化吸收，也不能产生能量的多糖，但是它具有相当重要的生理作用。日常生活中，人们往往容易将膳食纤维、粗纤维和纤维素混为一谈。粗纤维只是膳食纤维的一部分，其主要成分是纤维素和木质素。纤维素仅是粗纤维的一部分，是一种单一化合物。由此可见，膳食纤维的含量要比粗纤维和纤维素多，粗纤维是膳食纤维中最常见的成分，纤维素是膳食纤维的主要成分。

（一）膳食纤维的种类

膳食纤维根据是否溶解于水，分为可溶性膳食纤维和不可溶性膳食纤维。

可溶性膳食纤维在胃肠道内和淀粉等碳水化合物交织在一起，并延缓后者的吸收，故可以起到降低餐后血糖的作用。

不可溶性膳食纤维的最佳来源是全谷类粮食，包括麦麸、麦片、全麦粉及糙米、豆类、蔬菜和水果等。它对人体的作用首先在于促进胃肠道蠕动，使食物加快通过胃肠道，减少吸收。另外，不可溶性纤维在大肠中吸收水分软化大便，可以起到防治便秘的作用。

（二）膳食纤维的主要功能

1.防治便秘

膳食纤维体积大，可促进肠蠕动，减少食物在肠道中的停留时间。另一方面，膳食纤维在大肠内经细菌发酵，直接吸收纤维中的水分，可使大便变软，产生通便作用。

2.预防肠道癌症

研究表明，摄取过量的动物脂肪、摄入纤维素不足，易导致结肠癌和直肠癌的发生，这主要与致癌物质在肠道内停留时间长，和肠壁长期接触有关。增加膳食中的纤维

含量，可使致癌物质浓度相对降低，加上膳食纤维有刺激肠蠕动的作用，致癌物质与肠壁接触的时间会大大缩短。

3.帮助减肥

一般人肥胖大都与食物中热能摄入增加或体力活动减少有关。而提高膳食中的膳食纤维含量，可使摄入的热能减少，肠道内营养的消化吸收也会下降，最终使体内脂肪消耗而起到减肥的作用。

4.改善口腔环境

由于现代人食物越来越精、柔软，口腔肌肉牙齿有效使用的机会越来越少，因此，牙齿脱落、龋齿出现的情况越来越多。而增加膳食中的纤维素，自然就增加了口腔肌肉牙齿咀嚼的机会，长期下去，则会使口腔得到保健，环境得以改善。

5.减少糖类在肠道内的吸收

膳食纤维中的果胶可降低食物在肠内的吸收效率，进而降低葡萄糖的吸收速度，使进餐后的血糖不会急剧上升。研究表明，食物纤维具有降低血糖的功效，每日在膳食中加入26克食用玉米麸（含纤维91.2%）或大豆壳（含纤维86.7%），28～30天后，糖耐量会有明显改善。

五、维生素

维生素是人和动物为维持正常的生理功能而必须从食物中获得的一类微量有机物质，它在人体生长、代谢、发育过程中发挥着重要的作用。维生素既不参与构成人体细胞，也不为人体提供能量，它作为一种调节物质，在人体代谢中发挥着重要作用。人体对维生素的需要量很小，日需要量常以毫克或微克计算，但一旦缺乏，就会引发相应的维生素缺乏症，对人体健康造成损害。维生素一般从食物中获得，现阶段发现的有几十种，如维生素A、B、C、D、E等。

维生素是个庞大的家族，大致可分为脂溶性和水溶性两大类。有些物质在化学结构上类似于某种维生素，经过简单的代谢反应即可转变成维生素，此类物质称为维生素原，例如β-胡萝卜素能转变为维生素A。

1.维生素A

维生素A是一种黄色粉末，不溶于水，易溶于脂肪、油等有机溶剂。维生素A是眼睛中视紫质的原料，也是皮肤组织必需的材料，人缺少它会得干眼病、夜盲症等。由于人体缺乏维生素A时易出现干眼病，故又将其称为抗干眼醇。已知维生素A有维生素A_1和维生素A_2两种，维生素A_1存在于动物肝脏、血液和眼球的视网膜中，又称为视黄醇，天然维生素A主要以此形式存在；维生素A_2主要存在于淡水鱼的肝脏中。

维生素A具有维系视觉、促进生长发育、维持上皮结构的完整与健全、增强免疫能力、清除自由基等作用。正常成人每天的维生素A最低需要量约为3500国际单位，儿童为2000～2500国际单位，不能摄入过多。有关研究表明，它还有抗癌作用。

2.维生素B

（1）维生素B_1

B_1是最早被人们提纯的维生素，它是一种白色粉末，易溶于水，遇碱易分解。它的生理功能是增进食欲，维持神经正常活动等，缺少它会得脚气病、神经性皮炎等。成人每天需摄入2毫克。它广泛存在于米糠、蛋黄、牛奶、番茄等食物中，现阶段已能由人工合成。维生素B_1易溶于水，在食物清洗过程中可随水大量流失，加热后菜中维生素B_1主要存在于汤中。如菜类加工过细、烹调不当或制成罐头食品，维生素会大量丢失或遭到破坏。维生素B_1缺乏，可造成胃肠蠕动缓慢、消化道分泌物减少、食欲不振、消化不良等。

（2）维生素B_2

维生素B_2又名核黄素，它与能量的产生有关，具有促进生长发育和细胞再生、增进视力的作用。维生素B_2是橙黄色针状晶体，味微苦，水溶液有黄绿色荧光，在碱性或光照条件下极易分解。人体缺少它易患口腔炎、皮炎、微血管增生症等。成年人每天应摄入2～4毫克，大量存在于谷物、蔬菜、牛乳和鱼等食品中。

（3）维生素B_3

维生素B_3又称烟酸，是人体需要量最多的B族维生素。它不但具有维持消化系统健康的作用，也是性荷尔蒙合成不可缺少的物质。对生活充满压力的现代人来说，维生素B_3具有维系神经系统健康和脑机能正常运作的功效，绝对不可以忽视。

3.维生素C

维生素C是一种水溶性维生素，能够治疗坏血病并且具有酸性，所以称作抗坏血酸，在柠檬汁、绿色植物及番茄中含量很高。维生素C是最不稳定的一种维生素，它容易被氧化，在食物贮藏或烹调过程中，甚至切碎新鲜蔬菜时维生素C都能被破坏。因此，只有新鲜的蔬菜、水果才是维生素C的主要来源。它是无色晶体，熔点190℃～192℃，易溶于水，水溶液呈酸性，化学性质较活泼，遇热、碱和重金属离子容易分解，所以炒菜不可用铜锅和加热过久。

植物及绝大多数动物均可在自身体内合成维生素C，可是人类不能通过自身合成维生素C，故必须从食物中摄取，如果食物中缺乏维生素C，则会发生坏血病。维生素C的主要功能是帮助人体完成氧化还原反应。根据诺贝尔奖获得者鲍林的研究，服用大剂

量维生素C对预防感冒和抗癌有一定作用。

4.维生素D

维生素D与动物骨骼的钙化有关，故又称为钙化醇。它具有抗佝偻病的作用，在动物的肝、奶及蛋黄中含量较多，尤以鱼肝油含量最丰富。维生素D有调节钙的吸收的作用，是骨及牙齿正常发育所必需的物质，孕妇、婴儿及青少年的需要量很大。

维生素D的生理功能是帮助人体吸收磷和钙，是骨质再生的必需原料。人体中维生素D的合成跟晒太阳有关，因此，适当的光照有利健康。

六、矿物质

矿物质又称无机盐，是构成人体组织和维持正常生理功能必需的各种元素的总称，是人体必需的七大营养素之一。矿物质和维生素一样，是无法自身产生、合成的，人每天矿物质的摄取量也是基本确定的，但是会随年龄、性别、身体状况、环境、工作状况等因素的变化而有所不同。

（一）矿物质的种类

矿物质在人体内的总量不及体重的5%，也不能提供能量，它们在体内不能自行合成，必须由外界环境供给，在人体组织的生理作用中发挥着重要的功能。矿物质是构成机体组织的重要原料，如钙、磷、镁是构成骨骼、牙齿的主要原料。人体内有些特殊的生理物质如血液中的血红蛋白、甲状腺素等，需要铁、碘的参与才能合成。在人体的新陈代谢过程中，每天都有一定数量的矿物质通过粪便、尿液、汗液、头发等排出体外，因此必须通过饮食予以补充。

人体重量的96%是有机物和水分，4%由无机物组成。按照在体内含量的不同，矿物质大致可分为常量元素和微量元素两大类。

人体必需的矿物质有钙、磷、镁、钾、钠、硫、氯7种，其含量占人体0.01%以上，被称为常量元素。微量元素是指含量占人体0.01%以下的矿物质，铁、锌、铜、钴、钼、硒、碘、铬等8种为必需的微量元素。无论哪种元素，和人体所需的三大营养素碳水化合物、脂类和蛋白质相比，都是非常少的。

（二）矿物质的生理功能

矿物质是构成机体组织的重要成分，如缺乏钙、镁、磷、锰、铜等矿物质可能引起骨骼或牙齿不坚固；很多矿物质是多种酶的活化剂，如钙是凝血酶的活化剂；矿物质可以维持机体的酸碱平衡和组织细胞的渗透压平衡；具有维持神经肌肉兴奋性和细胞膜通透性的作用；矿物质的摄入量应维系在适量的范围内，超量会引起中毒。

（三）不同矿物质的功能

1.钙

钙是构成骨骼的重要元素，也是保持心脏健康、神经健康、肌肉收缩以及皮肤、骨骼和牙齿健康的营养素，它可以减轻肌肉和骨骼的疼痛，维持体内酸碱度的平衡，缓和肌肉抽搐。当钙的摄入量不足时，会出现肌肉痉挛或颤抖、失眠或神经质、关节痛或关节炎、龋齿、高血压等症状。

2.铁

铁是血红蛋白的重要组成成分，它参与氧气和二氧化碳的运载和交换，是酶的构成物质，是能量产生所必需的。人体内缺铁会贫血，导致面色苍白、舌痛、疲劳、无精打采、缺乏食欲、恶心及对寒冷敏感。

3.钠

钠的主要功能是保持体内水分平衡，防止脱水，它有助于神经活动和肌肉收缩，也利于能量产生，同时可将营养物质运送到细胞内。当钠的摄入量不足时，会有眩晕、中暑、低血压、脉搏加快、缺乏食欲、肌肉痉挛、恶心、呕吐和头痛的症状。

4.钾

钾可协助细胞进行营养物质交换；促进神经和肌肉的健康，维持体液平衡，放松肌肉，有助于胰岛素的分泌以及调节血糖、持续产生能量；参与新陈代谢，维护心脏功能，刺激肠道蠕动以及排出代谢废物。当钾的摄入量不足时，会出现心跳过快、心律不齐、肌肉无力、手脚发麻和针刺感，易怒、恶心、呕吐、腹泻、腹胀。

5.锌

锌在体内是200多种酶以及DNA和RNA的组成成分，是机体生长发育的必需物质，对于伤口愈合也很重要。锌可调节性激素的分泌，对有效缓解压力也有帮助，还可促进神经系统和大脑的发育，尤其是对于处于发育阶段的胎儿。对于骨骼和牙齿的形成、头发的生长以及能量的恒定都是有帮助的。

七、水

水被称为人类的生命源泉，它是由氢和氧两种元素构成的物质。水是地球上最常见的物质之一，是人类生命的根源，也是生物体的重要组成部分。

对于人来说，水是仅次于氧气的重要物质。在成人体内，60%～70%的质量是水。儿童体内水的比重更大，接近80%。体内失水10%就会危害健康，如失水20%，就会有生命危险，足见水对生命的重要性。在新陈代谢过程中，人体内物质交换和化学反应

都是在水中进行的。水是体内生化反应的介质，而且水本身也参与体内氧化、还原、合成、分解等化学反应。水是各种化学物质在体内正常代谢的保证。

········ ○ **课堂提升训练** ○ ········

> 人体的正常生长发育离不开七大营养物质，那么七大营养物质都有哪些，每一种营养物质的作用都是什么？

［知识二］ 乳制品

乳制品是指在法律法规及标准规定所要求的条件下，使用牛乳或羊乳及其加工制品为主要原料，加入或不加入适量的维生素、矿物质和其他辅料而加工制作的产品。乳制品包括液体乳、乳粉和其他乳制品。

一、常见的液体乳

（一）牛奶

牛奶是人们最常饮用的饮料之一，被称为"白色血液"。牛奶中含有丰富的矿物质，同时也是人体所吸收的钙质的最佳来源，它的钙磷比例适当，非常有利于人体对钙的吸收。

一方面，牛奶的口味取决于牛奶的蛋白质含量和脂肪含量。牛奶中蛋白质含量高，牛奶的营养价值就高；脂肪含量较高的牛奶，往往口感较好，所以全脂牛奶要比脱脂牛奶更香醇。另一方面，牛奶的口味取决于奶牛吃的是什么。草中至少含有几十种化学上称为"萜"的物质，此外还有其他的易挥发性物质。要想获得更香的牛奶，往往需要更好的饲料和更清洁的环境。

就国内市场而言，牛奶制品的种类越来越多，比如各种添加了营养元素的奶，其实这些调制奶并不如纯牛奶本身效果好，比如高钙奶。牛奶适宜被人体吸收补钙，主要是因为其合适的钙磷搭配比例，且奶中的钙是易于被人体吸收的。而高钙奶把奶含量降到了80%，并添加了不易被人体吸收的碳酸钙，虽然含钙量增加了，但是可以被吸收利用的钙反而少了。

牛奶的包装多种多样，有利乐包、利乐枕、百利包、玻璃瓶等。我们在超市常见的盒装奶一般就是利乐包，它经常用于液体食品的包装，可以在常温下存放，保质期较长。我们在超市买的袋装牛奶一般是百利包的，保质期一般是45天。玻璃瓶装的牛奶一般保质期较短，需冷柜储存。

（二）酸奶

酸奶是我们日常生活中常见的一种乳制品，随着乳制品市场的扩大，酸奶的种类也越来越多，我们在超市会看见各种各样的酸奶，有稀的，有稠的，有果味的，甚至还有在商品包装上印着"风味"的。那么到底这些酸奶有哪些不同呢？

发酵乳是以生牛乳或乳粉为原料，经过杀菌、发酵后制成的pH值降低的产品。

酸乳是以生牛乳或乳粉为原料，经过杀菌、接种嗜热链球菌和保加利亚乳杆菌发酵制成的产品。

风味发酵乳是以80%以上的生牛乳或乳粉为原料，添加其他原料，经过杀菌、发酵后pH值降低，发酵前后添加或不添加食品添加剂、营养强化剂、果蔬、谷物等制成的产品。

风味酸乳是以80%以上的生牛乳或乳粉为原料，添加其他原料，经过杀菌、接种嗜热链球菌和保加利亚乳杆菌，发酵前后添加或不添加食品添加剂、营养强化剂、果蔬、谷物等制成的产品。

简而言之，我们所说的"风味"并不是指酸奶的口味，而是说我们所购买的酸奶里包含着水果、谷物以及各种营养添加剂，用以改善酸奶的口感和质地。而如果我们所买的酸奶不带有"风味"二字，则表示酸奶里不含有任何的食品添加剂（包括糖），它是完全依靠发酵制成的原味酸奶。

根据国家规定，酸奶要满足80%的含乳量，而且还要求蛋白质含量不低于2.3%，因此我们在挑选时一定要看清楚酸奶的成分含量。很多奶制品虽然标注含有乳酸菌，但是因为含乳量和蛋白质含量不足，只能划归为奶饮料而不是酸奶。在挑选时，我们要选择含有活性菌、含糖量低的，并尽量选择非复原乳酸奶。

酸奶中含有各种有益菌群，可以保护肠道。吃抗生素的人，抗生素会杀死益生菌群，故喝酸奶可以辅助肠道重新建立有益菌群，而且可以改善腹泻和便秘。酸奶不宜空腹饮用，因为人体胃液是强酸性，空腹饮用会杀死有益菌群。在选择酸奶时应选择新鲜的，因为菌群生长分为调整期、对数生长期、稳定期、衰亡期四个时期，衰亡期有益菌群数量会急剧下降，这就意味着放置时间太长的酸牛奶喝起来已经没有什么作用。

二、常见的乳粉

乳粉是用冷冻或加热的方法，除去乳中几乎全部的水分，干燥后变成粉末。目的是抑制微生物生长，保存营养素，延长保质期，同时方便储存和运输。

（一）全脂乳粉

全脂乳粉是仅以牛乳或羊乳为原料，经浓缩、干燥制成的粉状产品。鲜牛奶加工成奶粉后，水分由原来的88%降低到2%～5%（瓶装），蛋白质、无机盐、脂肪等营养素的含量浓缩了。例如，每100克牛奶含蛋白质2.8克，而100克全脂乳粉含26.2克；每100克牛奶含脂肪4克，而100克全脂奶粉含30.6克；钙、磷、铁、维生素A、维生素B等含量均提高。在鲜奶加工成奶粉后，维生素C遭到破坏，含量极微。奶粉中，酪蛋白在加工过程中颗粒变细，故较牛奶易于消化。

（二）脱脂乳粉

脱脂乳粉是先将牛乳或羊乳中的脂肪脱去，再经过浓缩、喷雾干燥等工序而制成的，除脂肪可降低至1%外，其他变化不大。对于老年人、消化不良的婴儿，以及腹泻、高脂症、慢性胰腺炎等患者有一定益处。脱脂乳粉因其脂肪含量较少，所以易保存，不易发生氧化作用，是制作饼干、糕点、冰淇淋等食品的最好原材料。脱脂乳粉中不含脂肪，适宜肥胖而又需要补充营养的人食用。

三、其他乳制品

（一）炼乳

炼乳是一种奶制品，是用鲜牛奶或羊奶经过消毒浓缩制成的饮料，它的特点是贮存时间较长。通常是将鲜乳经真空浓缩或其他方法除去大部分的水分，浓缩至原体积的25%～40%，再加入40%的蔗糖装罐制成的。

炼乳中的碳水化合物和维生素C比奶粉多，其他成分如蛋白质、脂肪、矿物质、维生素A等皆比奶粉少。炼乳并不是发酵制品，所以其营养成分不易被人体消化和吸收。炼乳太甜，必须加5～8倍的水来稀释；但当甜味符合要求时，往往蛋白质和脂肪的浓度也比新鲜牛奶降低了一半。如果喂食婴幼儿，不仅不能满足他们生长发育的需要，反而会导致他们体重不增、面色苍白、容易生病等。如果在炼乳中加入水，使蛋白质和脂肪的浓度接近新鲜牛奶，那么糖的含量又会偏高，用这样的"奶"喂孩子，容易引起小儿腹泻。

炼乳的颜色应呈均匀一致的乳白色或微黄色，有光泽，具有炼乳固有的滋味和气味。全脂加糖炼乳甜味纯正，口感细腻，质地均匀，黏度适中。

（二）奶酪

奶酪源于西亚，是一种自古流传下来的美食，然而奶酪的风味是在欧洲真正开始酝酿的。到了公元前3世纪，奶酪的制作已经相当成熟。事实上，人们在古希腊时已奉上奶酪敬奉诸神，芝士蛋糕就源于古希腊；而在古罗马时期，奶酪更成为一种表达赞美及爱意的礼物。

奶酪又名干酪，是一种发酵的牛奶制品，其性质与常见的酸牛奶有相似之处，都是通过发酵过程来制作的，也都含有可以保健的乳酸菌；但是奶酪的浓度比酸奶要高，近似固体食物，营养价值也因此更加丰富。

每千克奶酪制品都是由10千克的牛奶浓缩而成的，含有丰富的蛋白质、钙、脂肪、磷和维生素等营养成分，是纯天然的食品，因此奶酪又被称为"奶黄金"。就工艺而言，奶酪是发酵的牛奶；就营养而言，奶酪是浓缩的牛奶。独特的发酵工艺，使其营养的吸收率高达96%～98%。世界上出口奶酪最多的国家是荷兰。

（三）复原乳

复原乳又称"还原乳"或"还原奶"，是指把牛奶浓缩、干燥成为浓缩乳或乳粉，再添加适量水，制成与原乳中水、固体物比例相当的乳液。通俗地讲，复原乳就是用奶粉勾兑还原而成的牛奶。加工方式有两种：一种是在鲜牛奶中掺入比例不等的奶粉，另一种是以奶粉为原料生产饮料。

复原乳与纯鲜牛奶主要有两方面的不同：一是原料不同。复原乳的原料是属于乳制品的奶粉，纯鲜牛奶的原料为液态生鲜奶。二是营养成分不同。复原乳在经过两次超高温处理后，营养成分损失较大；而纯鲜牛奶中的营养成分基本保存完好。

市场上不少含乳饮料、调味乳、酸奶都不同程度地使用了复原乳。由于复原乳经过两次超高温处理，营养成分有所流失，因此在营养价值上不如需低温保鲜的巴氏杀菌奶，相比于原奶制造的常温奶也较为逊色。厂商使用奶粉制作液态奶，主要是为了缓解奶源不足的问题，降低成本。有些乳制品厂为求产品口感香浓，在纯牛奶中添加奶粉、黄油或干脆以复原乳代替原奶，同时没有作任何说明，这种做法侵害了消费者的知情权。因此，2005年国家出台了《关于加强液态奶生产经营管理的通知》，规定巴氏杀菌奶中不允许添加复原乳；自2005年10月15日起，用奶粉或在生鲜乳中添加部分奶粉生产的酸牛乳、灭菌乳等，必须按规定标注"复原乳"字样。

········○ **课堂提升训练** ○········

> 日常生活中我们会在超市看到各种各样的酸奶，请大家想一想，不同的酸奶有什么区别呢？

［知识三］ 茶

我们的生活中离不开茶叶。我国的茶叶被分为七大类，茶叶的分类方式主要取决于生产加工方法，当然也不能忽略原料的差别。茶树的叶子可以用来制茶，种子可以用来榨油，我国西南部是茶树的起源中心。

一、茶树的种类

茶树是多年生常绿木本植物，按照茶树树型的不同，可以将茶树分为乔木型、小乔木型和灌木型。乔木型是较为原始的茶树类型，其植株高大，有明显的主干，枝叶稀疏，叶片大；小乔木型植株较高大，分枝较稀，叶片比乔木型茶树要小；灌木型包括的品种最多，植株低矮，无明显主干，分枝密，叶片小。

按照茶树成熟叶片大小的不同，茶树可以分为特大叶类、大叶类、中叶类和小叶类。

二、茶叶的主要成分

茶叶的种类多种多样，比如有茉莉花茶、普洱茶、红茶、白茶、绿茶等。尽管分了这么多类，但是它们的主要区别在于茶树的种类和生产加工工艺不同，这些仅会影响茶叶的口感和香气，不会影响茶叶的主要成分，因为茶叶的主要成分是一样的。

（一）茶多酚

茶多酚是茶叶内含物中比例最高的物质，它是茶叶中30多种酚类物质的总称，茶叶品质的好坏取决于茶多酚的含量，是考察一款茶叶非常重要的指标。它本身的颜色是近于白色的，但随着氧化程度的不同，会依次形成茶黄素、茶红素、茶褐素等物质，所以茶叶的汤色放置越久颜色越深，饮茶的回甘生津与茶多酚的含量密切相关。茶的浓度和刺激性也取决于茶多酚的含量，大叶茶的茶多酚含量高于小叶茶，黑茶的色泽和滋味要比绿茶更深厚、更浓郁。

茶多酚是茶叶的主要保健成分，它具有抗氧化抗衰老、抑制血管硬化、抗菌杀菌的功效。

（二）茶氨酸

茶叶中的氨基酸超过20种，是保持茶叶鲜爽口感的重要成分。尤其是茶氨酸，占茶叶中所含氨基酸总量的一半以上，且几乎仅存于茶叶中，它具有甜味和鲜爽味，是茶叶滋味的重要组成部分。茶氨酸具有促进吸收与代谢、降低血压、提高记忆力、增强免疫力、镇静和保护神经细胞的功能。

在一年四季中，春茶的氨基酸含量要高于其他季节的茶，所以绿茶在各种茶类中最为鲜爽。另外，茶树所处的纬度、气温和光照都会影响茶氨酸的形成，高山茶比低海拔产的茶的茶氨酸要高。

（三）咖啡碱

茶叶中含有多种生物碱，其中主要是咖啡碱。咖啡碱与茶多酚、氨基酸一起，是决定茶叶口感品质的三大主要成分。咖啡碱与氨基酸一样，主要存在于茶叶的嫩芽和嫩茎中，咖啡碱含量大叶茶高于小叶茶。

咖啡碱苦味，与茶多酚不同的是，茶多酚虽然苦，但是可以促进回甘，而咖啡碱就是单纯的苦，无法回甘。但另一方面，咖啡碱跟儿黄素、茶黄素等物质结合，又可以提升茶顺滑鲜爽的感觉。咖啡碱具有促进中枢神经兴奋、促进血液循环、强心利尿和解酒的功效。

（四）芳香物质

茶叶中的芳香物质是茶叶中挥发性物质的总称。茶叶中芳香物质的含量虽不多，但其种类很复杂，通常茶叶含有的香气成分化合物达300多种。组成茶叶芳香物质的主要成分复杂而繁多，鲜叶中的芳香物质以醇类化合物为主，茶叶杀青不足往往有青草味。

（五）糖类

糖类是组成茶叶滋味的物质之一，茶叶中的糖类包括单糖、双糖和多糖三类。单糖和双糖易溶于水，多糖包括纤维素、半纤维素和木质素等，因而多糖主要藏于叶片和叶梗中。茶叶嫩度低，多糖含量高；茶叶嫩度高，多糖含量低。

因此我们可以说，茶叶的鲜味主要取决于茶叶中茶氨酸的含量，细嫩的茶叶中含量最高；茶叶的涩味主要取决于多酚类物质的含量；茶叶的甜味主要取决于茶叶中的可溶性糖和部分氨基酸；茶叶的苦味主要取决于咖啡碱等物质的含量。

三、茶叶的特性及储存

茶叶具有吸湿性、吸附性和陈化性三大特性。茶叶中含有很多亲水性的物质，如糖类、多酚类物质，同时茶叶又具有多孔性的组织结构，这就决定了茶叶具有很强的吸湿性。红茶和绿茶随着保管时间的延长质量逐渐变差，色泽灰暗，香气降低，滋味平淡，这一过程被称为"陈化"。茶叶陈化主要是因为其中的酚类物质被氧化，芳香物质经氧化失去芳香性。影响茶叶陈化的因素有很多，如含水量、湿度、日晒和与空气的接触时间都会影响茶叶的陈化。茶叶具有吸附性，是因为茶叶中含有棕榈酸等物质，其组织结构为多孔状。人们可以利用这一特性来窨制花茶，丰富茶叶的种类和香气，但另一方面又要避免茶叶和带有异味、毒性的物质一起存放。

茶叶的储存要特别注意以下几点：

1.避免潮湿

当茶叶的含水量达到8.8%时，就有可能发霉；达到12%时，如果温度又适宜，就会迅速滋生霉菌，茶叶上会出现霉点。茶叶的放置要避免潮湿，应该放在干燥的环境中。

2.低温避光

阳光和灯光都会对茶叶的品质有所影响，越是高档的绿茶、花茶，对光的敏感性越强。茶叶放置要注意避光。

3.分开放置

因为茶叶具有极强的吸附性，买回的茶叶用纸包好后，最好用食品袋包裹密封，然后放在干燥处。不要将茶叶与有异味的物品放在一起。

四、茶叶的种类

2014年的国家标准将茶叶分为绿茶、白茶、黄茶、青茶、红茶、黑茶和再加工茶七大类。其中除了再加工茶，其余六种为我国六大茶类，历史悠久。这六大茶类中，除了绿茶是不发酵茶，其余五种按照发酵程度从低到高排序为白茶、黄茶、青茶、红茶、黑茶。

（一）绿茶

绿茶是将采摘来的鲜叶先经高温杀青，杀灭了各种氧化酶，保持了茶叶绿色，然后经揉捻、干燥而制成，清汤绿叶是绿茶品质的共同特点。绿茶的加工分为杀青、揉捻和干燥三个步骤，其中关键在于杀青。通过高温，破坏鲜叶中的酶，制止多酚类物质氧化，以防止叶子变红；同时蒸发叶内的部分水分，使叶子变软，为揉捻创造条件。杀青依据工艺的不同，分为炒青、烘青、晒青和蒸青。

我国的绿茶种类繁多，常见的有：

洞庭碧螺春：有一嫩（芽叶嫩）三鲜（色、香、味）之称，以"形美，色艳，香浓，味醇"而闻名中外。

西湖龙井：以"色翠，香郁，味甘，形美"四绝著称于世，素有"国茶"之称。

图9-1　绿茶

太平猴魁：有"猴魁两头尖，不散不翘不卷边"之称。花香高爽，滋味甘醇，香味有独特的"猴韵"。汤色清绿明净，叶底嫩绿匀亮。

六（lù）安瓜片：历史名茶、中国十大名茶之一，国际著名特种绿茶。无芽、无梗是六安瓜片的特征之一，因制成茶叶冲泡后呈瓜子片状，因此取名六安瓜片。

绿茶的沏泡方法：

大多数绿茶都是采摘细嫩的芽叶制成的，外形美观，冲泡吸水后有观赏价值，杯泡时一般选用无花纹透明度好的玻璃杯冲泡，先观茶舞，再闻茶香，最后是品尝。

绿茶可采用两种方法冲泡。上投法适用于外形紧实的绿茶，即先将75℃～85℃的热水冲入杯中，再倒入茶叶沏泡，待茶汤凉至适口时，即可开始品茶，这时所饮的茶汤为第一泡。一般来说，茶叶评审中，以5分钟为标准，茶汤饮用和闻香的最佳温度在45℃～55℃。对于条索松展的绿茶则适宜采用下投法，烫杯后，取适量绿茶置入杯中。随后开始向茶杯中冲水，冲水量达到茶杯容量的1/3时，开始沿杯壁缓慢注水，然后微微摇晃茶杯。

（二）白茶

因为成品茶的外观呈白色，故名白茶。是中国特有的茶类，一直畅销国内外。白茶为福建特产，主要产区在福鼎、政和、松溪、建阳等地。白茶具有外形芽毫完整、满身披毫、毫香清鲜、汤色黄绿清澈、滋味清淡回甘的品质特点，属轻微发酵茶，是我国茶类中的特殊珍品。因其成品茶多为芽头，满披白毫、如银似雪而得名。

白茶的主要特点是白色银毫，素有"绿妆素裹"之美感，芽头肥壮，汤色黄亮，滋味鲜醇，叶底嫩匀。冲泡后滋味鲜醇可口，还能起到药理作用。白茶性清凉，具有退热降火的功效。

图9-2　白茶

白茶按照制茶时所取芽叶位置的不同分为白毫银针（纯芽头）、白牡丹（芽叶）、贡眉（叶芽）、寿眉（叶）。白茶是茶叶中的瑰宝，具有极高的药用价值。陈年的白茶可用作患麻疹幼儿的退烧药，其退烧效果比抗生素还好，古人称之为治麻疹之圣药；对人体的造血机能有显著的保护作用，可以减少电视辐射的危害，正在成长阶段的少年儿童多喝白茶，有利于保护眼睛，强身健体；此外，白茶还有防癌、抗癌、防暑、解毒、治牙痛的功效。

白茶的沏泡方法：

饮用白茶，一般不宜过浓，通常情况下，茶叶量和用水量之间的比例约为1∶50。白茶的冲泡对水温也有一定的要求，水温应该在95℃以上，然后盖上盖子等待约5分钟，这就是白茶的第一泡，经过滤后将茶汤倒入茶盅里即可品饮。要做到随饮随泡，第二泡大约只需3分钟即可。一般情况下，一杯白茶可以冲泡四五次。

（三）黄茶

黄茶是以鲜叶为原料，经杀青、揉捻、闷黄、干燥等生产工艺制成的产品。黄茶属轻发酵茶类，加工工艺近似绿茶，只是在干燥过程的前后，增加了一道"闷黄"的工艺，促使其多酚叶绿素等物质部分氧化。根据鲜叶原料和加工要求的不同，黄茶产品分为芽型、芽叶型和大叶型。

图9-3　黄茶

黄茶和其他茶叶最大的区别就在于有了一道"闷黄"的工序，要达到"干看黄色、汤色也黄、多酚类化合物轻度氧化、叶绿素彻底破坏"的效果。不过单纯从黄茶的外观看，容易让人误以为茶叶放久了，变成了陈茶，因此很多黄茶的工艺都跳过闷黄这一步骤。

黄茶主要有君山银针、蒙顶黄芽、霍山黄芽和远安黄茶等。黄茶的品质特点是"黄叶黄汤"，湖南岳阳为中国黄茶之乡。

（四）乌龙茶

乌龙茶亦称青茶，属半发酵茶或全发酵茶，品种较多，是中国几大茶类中独具鲜明中国特色的茶叶品类。乌龙茶为中国特有的茶类，主要产于福建、广东和台湾三个省。乌龙茶按照不同地区种类分为闽南乌龙茶、闽北乌龙茶、广东乌龙茶、台式乌龙茶和其他乌龙茶。因为加工工艺不同，茶叶的条索也不相同，如闽南乌龙茶为圆结形或卷曲形，闽北乌龙茶和广东乌龙茶为条形，台式乌龙茶为颗粒形。

图9-4　乌龙茶

闽南乌龙茶中有代表性的是安溪铁观音，

它的特点是茶条卷曲，其汤色金黄，浓艳清澈，郁香持久，滋味浓郁，有"清蒂、绿腹、红镶边、三节色"之说，又因"美如观音重似铁"，有"铁观音"之称。

闽北乌龙茶中有代表性的是武夷岩茶。武夷岩茶外形肥壮匀整，紧结卷曲，色泽光润，颜色青翠，冲泡后香气浓郁，滋味浓醇，鲜滑回甘，具有特殊的"岩韵"。

广东乌龙茶中有代表性的是凤凰单丛茶，其茶形壮实而卷曲，叶色浅黄带微绿，汤色黄艳衬绿，香气清长，多次冲泡，余香不散，甘味尤存。

台式乌龙茶中有代表性的是冻顶乌龙茶（也称洞顶乌龙茶）。冻顶乌龙茶是原产自台湾省南投县鹿谷乡的半球形包种茶，外形卷曲，呈现半球形，色泽墨绿油润，汤色金黄，有花香，稍带焦糖香，滋味甘醇浓厚，是半球形包种茶制法的代表。

（五）红茶

红茶属全发酵茶，是以适宜的茶树新芽叶为原料，经萎凋、揉捻、发酵、干燥等一系列工艺过程精制而成的茶。在发酵过程中，茶多酚氧化酶氧化了茶多酚，产生了茶黄素、茶红素等新成分，香气物质比鲜叶明显增加。所以红茶具有红茶、红汤、红叶和香甜味醇的特征。

图9-5 红茶

红茶按照加工方法与成品外形的不同，可以分为小种红茶、工夫红茶和红碎茶。小种红茶是最古老的红茶，同时也是其他红茶的鼻祖，其他红茶都是从小种红茶演变而来的。工夫红茶以红条茶为原料精制加工而成，按产地的不同有"祁红""滇红""宁红"等，品质各具特色，最为著名的当数安徽祁门所产的"祁红"和云南所产的"滇红"。红碎茶按其外形的不同又可细分为叶茶、碎茶、片茶、末茶，产地分布较广。

常见的红茶有：

祁门红茶，简称"祁红"，是中国传统功夫红茶的珍品，是世界三大高香茶之一，有"茶中英豪""王子茶"等美誉。祁门红茶主要产于安徽省祁门县，多年来一直是中国的国事礼茶。

政和工夫红茶：产于福建政和，按品种分为大茶、小茶两种。大茶系采用政和大叶茶制成，是"闽红"三大工夫茶中的上品。小茶系用小叶茶制成，条索细紧，香似"祁红"。政和工夫茶以大茶为主体，扬其毫多味浓之优点，又适当拼以高香之小茶，因此高级政和工夫红茶体态匀称，毫心显露，香味俱佳。

红茶的沏泡方法：

先用热水把茶壶茶杯烫过，进行温壶，量茶入杯后倒入沸水至八分满，盖上壶盖使

香气与味道充分释放，叶片细小者浸泡2～3分钟，叶片较大则宜闷置3～5分钟，当茶叶绽开、沉在壶底、不再翻滚时，即可享用。

（六）黑茶

黑茶由于采用的原料粗老，在加工制作的过程中堆积发酵的时间较长，叶色多呈暗褐色，故而得名。黑茶属于后发酵茶，其独特的加工过程，尤其是微生物的参与使其具有特殊的中医药理功效，其富含的茶多糖类化合物被医学界认为可以调节体内糖代谢（防止糖尿病），降血脂、血压，提高机体免疫力。黑茶

图9-6　黑茶

广受边区少数民族的欢迎，所以又称边销茶。黑毛茶是压制各种紧压茶的主要原料，各种黑茶的紧压茶是少数民族日常生活的必需品，中国西北民众素有"宁可三日无食，不可一日无茶"之说。

黑茶按照产区的不同和工艺上的差别，可以分为湖南黑茶、湖北老青茶、四川雅安藏茶和滇桂黑茶；按照包装的不同，可分为紧压茶、散装茶及花卷茶三大类。

黑茶的沏泡方法：

中国的黑茶大多为紧压茶，特别紧实，所以用开水冲泡很难浸出茶汁，饮用时需先将砖茶切碎，在壶中烹煮。在烹煮过程中，为了使茶汁充分浸出，有时还需要不断搅拌。第一泡茶，浸泡时间30秒至1分钟，第二泡起累加20秒，可冲泡数次。黑茶是由黑曲菌发酵制成的，在发酵过程中会产生防止脂肪堆积的成分，因此黑茶可以减肥。

（七）再加工茶

以六大基本茶类为原料经过再加工而制成的产品称为再加工茶。它有花茶、速溶茶等类型。

花茶是由茶和鲜花窨制而成，有茉莉花茶、珠兰花茶、白兰花茶、玫瑰花茶、桂花茶等。窨制花茶的茶坯主要是绿茶，加工时，将茶坯和鲜花一层层地堆放，使茶叶吸收花香；待鲜花的香气被吸尽后，再换新的鲜花按上法窨制。花茶香气的浓淡，取决于所用鲜花的数量和窨制的次数，窨次越多，香气越浓。

图9-7　花茶

速溶茶是以加工成品茶、半成品茶或茶叶鲜叶、副产品为主，通过提取、过滤、浓缩、干燥

等工艺过程加工而成的一种易溶于水而无茶渣的颗粒状、粉状或小片状的新型茶品饮料，具有冲饮携带方便、不含农药残留等优点。

五、茶叶的审评

（一）茶叶的外形鉴定

茶叶的好坏，主要从色、香、味、形四个方面鉴别，但是对于普通饮茶之人来说，购买茶叶时，一般只能观看干茶的外形和色泽、闻干香，要判断茶叶的品质并不容易。这里粗略介绍一下鉴别干茶的方法。干茶的外形主要从五个方面来看，即嫩度、条索、色泽、整碎和净度。

1.嫩度

一般嫩度好的茶叶，外形具有"光、扁、平、直"的特点。但是不能仅从茸毛多少来判别嫩度，因为各种茶的具体要求不一样，如极好的狮峰龙井是体表无茸毛的。芽叶嫩度以茸毛的多少为判断依据，只适合于毛峰、毛尖、银针等茸毛类茶。

2.条索

条索是各类茶具有的一定外形规格，一般长条形茶，看松紧、弯直、壮瘦、圆扁、轻重；圆形茶看颗粒的松紧、匀正、轻重、空实；扁形茶看平整光滑程度和是否符合规格。一般来说，条索紧、身骨重、圆（扁形茶除外）而挺直，说明原料嫩，做工好，品质优；如果外形松、扁（扁形茶除外）、碎，并有烟、焦味，说明原料老，做工差，品质劣。

3.色泽

茶叶色泽与原料嫩度、加工技术有密切关系。各种茶均有一定的色泽要求，如红茶乌黑油润、绿茶翠绿、乌龙茶青褐色、黑茶黑油色等。但是无论何种茶类，好茶均要求色泽一致，光泽明亮，油润鲜活；如果色泽不一，深浅不同，暗而无光，说明原料老嫩不一，做工差，品质劣。茶叶的色泽还和茶树的产地以及季节有很大关系。如高山绿茶，色泽绿而略带黄，鲜活明亮；低山茶或平地茶色泽深绿有光。

4.整碎

整碎就是茶叶的外形和断碎程度，以匀整为好，断碎为次。比较标准的茶叶审评，是将茶叶放在盘中（一般为木质），使茶叶在旋转力的作用下，依形状大小、轻重、粗细、整碎形成有次序的分层。其中粗壮的在最上层，紧细重实的集中于中层，断碎细小的沉积在最下层。各茶类都以中层茶多为好；上层一般是粗老叶子多，滋味较淡，水色较浅；下层碎茶多，冲泡后往往滋味过浓，汤色较深。

5.净度

主要看茶叶中是否混有茶片、茶梗、茶末、茶籽，以及制作过程中混入的竹屑、木片、石灰、泥沙等夹杂物的多少。净度好的茶，不含任何夹杂物。

（二）茶叶的内质鉴定

1.香气

香气是茶叶冲泡后随水蒸气挥发出来的气味。茶类、产地、季节、加工方法不同，就会形成与这些条件相应的香气，如红茶的甜香，绿茶的清香，白茶的毫香，乌龙茶的果香或花香，黑茶的陈醇香，高山茶的嫩香，祁门红茶的砂糖香等。审评香气除辨别香型外，主要比较香气的纯异、高低和长短。纯异指香气与茶叶应有的香气是否一致，是否夹杂其他异味；高低可用浓、鲜、清、纯、平、粗来区分；长短指香气的持久性。

2.汤色

汤色是茶叶形成的各种色素溶解于沸水中而反映出来的色泽。汤色随茶树品种、鲜叶老嫩、加工方法、栽培条件、贮藏等的不同而变化，但各类茶有其一定的色度要求，如绿茶的黄绿明亮，红茶的红艳明亮，乌龙茶的橙黄明亮，白茶的浅黄明亮等。审评汤色时，主要抓住色度、亮度、清浊度三方面。

3.滋味

滋味是审评茶师的口感反应，评茶时首先要确认滋味是否纯正。一般纯正的滋味可以分为浓淡、强弱、鲜爽、醇和几种，不纯正的滋味苦涩、有异味。好的茶叶浓而鲜爽，刺激性强，或者富有收敛性。

4.叶底

叶底是冲泡后剩下的茶渣。评定方法是以芽与嫩叶含量的比例和叶质的老嫩度来衡量。芽或嫩叶的含量与鲜叶等级密切相关，一般好的茶叶叶底嫩芽叶含量多，质地柔软，色泽明亮，均匀一致。好的茶叶叶底明亮、细嫩、厚实、稍卷，差的茶叶叶底暗淡、粗老、单薄。

5.回甘

回甘也称为"喉韵"。茶的收敛性和刺激性渐渐消失以后，唾液就慢慢地分泌出来，然后感到喉头清爽甘美，这就是"回甘"，回甘强而持久表示品质良好。

6.看渣

看渣就是看叶底，必须注意：①完整性：叶底的形状以叶形完整为佳，断裂不完整的叶片太多，说明茶不会太好；芽尖是否碎断，也关系成茶品质。②嫩度：茶叶泡开以后就会恢复鲜叶的原状，这时用视觉观察，或用手捏捏看，就可明白茶叶的老嫩了。老的茶叶摸起来比较刺手，嫩的茶叶比较柔软。③弹性：弹性强的叶底，原则上是幼嫩肥厚的茶菁所制，而且制茶过程没有失误。弹性佳的茶叶，喝起来会比较有活性。茶菁如果粗老或制造不当，就会没有弹性。④叶面展开度：属于揉捻紧结的茶，应该是冲泡之后慢慢展开来，如此可耐多次冲泡，品质较好。但是如果冲泡之后叶面展开不好，极有可能是焙坏了的茶，茶中的养分会流失很多。

·······○ **课堂提升训练** ○·······

中国的茶文化博大精深，按照国家的标准规定，我国的茶被分为了几大类？每一大类有哪些代表性的茶叶？

［知识四］ 酒

我国是酒的故乡，也是酒文化的发源地，是世界上酿酒最早的国家之一。酒的酿造在我国已有相当悠久的历史。在中国数千年的文明发展史中，酒与文化的发展基本上是同步进行的。《本草新编》中记载："酒，味苦、甘、辛，气大热，有毒。无经不达，能引经药，势尤捷速，通行一身之表，高中下皆可至也。少饮有节，养脾扶肝，驻颜色，荣肌肤，通血脉。"

酒的种类包括白酒、啤酒、葡萄酒、黄酒、米酒和药酒等。

一、白酒

白酒是中国特有的一种蒸馏酒，以淀粉或糖为原料制成酒醅或发酵醪，经蒸馏而得，又称烧酒、老白干、烧刀子等。酒质无色（或微黄）透明，气味芳香纯正，入口绵甜爽净，酒精含量较高，经贮存老熟后，具有以酯类为主体的复合香味。白酒以曲类、酒母为糖化发酵剂，利用淀粉质（糖质）原料，经蒸煮、糖化、发酵、蒸馏、陈酿和勾兑酿制而成。

不同酒的主体香型不同，不同地方的人对酒香型的偏好也不一样。在国家级评酒中，往往根据香型对酒进行归类。

1.酱香型白酒

酱香型白酒亦称茅香型白酒，以茅台、郎酒、国台酒、贵酒等数十种蜚声中外的美酒为代表，属大曲酒类。其酱香突出，幽雅细致，酒体醇厚，回味悠长，清澈透明，色泽微黄。国家标准中明确规定，酱香型白酒不得添加食用酒精及非白酒发酵产生的呈香呈味呈色物质，需以高粱、小麦、水等为原料，经传统固态法发酵制成，并对检验规则、标志、包装、运输和储存等均有详细规定。酱香型白酒具有易挥发物质少、对人体刺激小、酸度高的特点，有利于健康，富含有益于健康的有效成分。

2.浓香型白酒

浓香型白酒具有芳香浓郁、绵柔甘洌、香味协调、入口甜、落口绵、尾净余长等特点，这也是判断浓香型白酒酒质优劣的主要依据。发酵原料是多种原料，以高粱为主，发酵采用混蒸续渣工艺。发酵采用陈年老窖，也有人工培养的老窖。在酒中，浓香型白酒的产量最大。

3.清香型白酒

清香型白酒亦称汾香型白酒，以山西汾酒、浙江同山烧等为代表，属大曲酒类。清香型白酒的特点是清香纯正、醇甜柔和、自然谐调、余味爽净，概括起来就是清、正、甜、净、长。

4.米香型白酒

米香型白酒亦称蜜香型白酒，以桂林三花和湘山酒为代表，属小曲香型酒，一般以大米为原料。其典型风格是在"米酿香"及小曲香基础上，突出幽雅清新的香气。米香型白酒的特点是蜜香清雅、入口柔绵、落口甘洌、回味怡畅，饮前不辛、不辣、不冲，饮中口感、口味绝佳，饮后不干喉、不伤胃。

5.芝麻香型白酒

芝麻香型白酒的风味特色是"酱头芝尾"，入口绵柔，酱香浓郁；落口甜，似有甘味；口软，无辛辣，有一股微妙的芝麻香沁人肺腑，回味无穷。兼有浓、清、酱三种香型之所长。

二、啤酒

啤酒是人类最古老的酒精饮料之一，是水和茶之后世界上消耗量排名第三的饮料。啤酒于20世纪初传入中国，属外来酒种。啤酒是根据英语"Beer"译成中文"啤"，称其为"啤酒"，沿用至今。啤酒是以大麦芽、啤酒花、水为主要原料，经酵母发酵作用酿制而成的饱含二氧化碳的低酒精度酒。国际上的啤酒大部分均添加辅助原料，有的国家规定辅助原料的用量总计不得超过麦芽用量的50%。啤酒的种类有上百种，但是依据发酵形式的不同，大致可分为上发酵啤酒、下发酵啤酒、自然发酵啤酒和混合发酵啤酒，世界上的啤酒绝大多数属于前两种。

啤酒中含有多种氨基酸、维生素、低分子糖、无机盐和各种酶，这些营养成分人体容易吸收利用。啤酒中的低分子糖和氨基酸很容易被消化吸收，在体内产生大量热能，因此啤酒往往被人们称为"液体面包"。

三、葡萄酒

葡萄酒是用新鲜的葡萄或葡萄汁经发酵酿成的酒精饮料。通常分红葡萄酒和白葡萄酒两种，前者是红葡萄带皮浸渍发酵而成，后者是葡萄汁发酵而成。其酒精度高于啤酒而低于白酒，营养丰富，保健作用明显。有人认为，葡萄酒是最健康最卫生的饮料之一。它能调整新陈代谢，促进血液循环，防止胆固醇增加；还具有利尿、激发肝功能和防止衰老的功效；也是医治心脏病的辅助剂，可预防坏血病、贫血、脚气病、消化不良和眼角膜炎等疾病。按照国际葡萄酒组织的规定，葡萄酒只能是破碎或未破碎的新鲜葡萄果实或汁完全或部分发酵后获得的饮料，其酒精度一般在8.5%～16.2%。按照我国最新的葡萄酒标准规定，葡萄酒是以鲜葡萄或葡萄汁为原料，经全部或部分发酵酿制而成的，酒精度不低于7.0%的酒精饮品。

按酒的颜色的不同，葡萄酒可分为白葡萄酒、红葡萄酒和桃红葡萄酒。

按酒的含糖量的不同，葡萄酒可分为以下几种：

1.干葡萄酒

含糖量低于4g/L，品尝不出甜味，具有洁净、幽雅、香气和谐的果香和酒香。

2.半干葡萄酒

含糖量在4g/L～12g/L（含），微具甜感，酒的口味洁净、幽雅、味觉圆润，具有和谐愉悦的果香和酒香。

3.半甜葡萄酒

含糖量在12g/L（不含）～45g/L，具有甘甜、爽顺、舒愉的果香和酒香。

4.甜葡萄酒

含糖量大于45g/L，具有甘甜、醇厚、舒适、爽顺的口味，具有和谐的果香和酒香。

按照酒中是否含有二氧化碳，葡萄酒可分为静酒和起泡酒。

按酿造方法的不同，葡萄酒可分为天然葡萄酒、加强葡萄酒、加香葡萄酒和葡萄蒸馏酒。

按酒精含量的不同，葡萄酒可分为软饮料葡萄酒、起泡葡萄酒、加强葡萄酒和加香料葡萄酒。

按葡萄汁含量的不同，葡萄酒可分为全汁葡萄酒和半汁葡萄酒。

四、黄酒

黄酒是中国的民族特产，属于酿造酒，在世界三大酿造酒（黄酒、葡萄酒和啤酒）中占有重要的一席，酿酒技术独树一帜，是东方酿造界的典型代表和楷模。以浙江绍兴黄酒为代表的麦曲稻米酒是黄酒中历史最悠久、最有代表性的产品。它是一种以稻米为原料酿制成的粮食酒。不同于白酒，黄酒没有经过蒸馏，酒精含量低于20%。不同种类的黄酒颜色亦呈现出不同的米色、黄褐色或红棕色。山东即墨老酒是北方粟米黄酒的典型代表，福建龙岩沉缸酒、福建老酒是红曲稻米黄酒的典型代表。

五、米酒

米酒，又名醪糟，古人叫"醴"，是南方常见的传统地方风味小吃。主要原料是江米，所以也叫江米酒，北方一般称它为"甜酒"。其酿制工艺简单，口味香甜醇美，酒精度极低，因此深受人们的喜爱。米酒含有十多种氨基酸，其中有8种是人体不能合成而又必需的。每升米酒中赖氨酸的含量比葡萄酒和啤酒要高出数倍，这在其他营养酒类中较为罕见，因此人们称其为"液体蛋糕"。

米酒在制作过程中，江米中的淀粉被根霉菌分解成葡萄糖，只需20小时酒就可酿制完成，葡萄糖浓度可达到25度，远超可乐的甜度。因此，只要食物中含有淀粉，就可以用来制作米酒，前提是需要处理好，以便根霉菌能扎根进去汲取养料。

糯米做的米酒含有更多低聚糖，所以黏稠黄亮。大米做的米酒，低聚糖很少，清淡爽利，糖度稍低。低聚糖润肠通便，是肠道益生菌的食物，可以加快肠道益生菌的繁殖速度，同时润滑肠道，并分泌醋酸刺激肠道蠕动，所以部分人饮用米酒后会有腹泻感。如果不需要低聚糖，在加工过程中可以用粳米，不用糯性的粮食做。

六、药酒

药酒，素有"百药之长"之称，将强身健体的中药与酒"溶"于一体的药酒，不仅配制方便、药性稳定、安全有效，而且因为酒精是一种良好的半极性有机溶剂，中药的各种有效成分都易溶于其中，药借酒力、酒助药势而充分发挥其效力，可以提高疗效。

········○ **课堂提升训练** ○········

1.成为东方酿造界的典型代表和楷模的是(　　)。

  A.白酒　　　　　　　B.啤酒　　　　　C.黄酒　　　　　D.药酒

2.素有"百药之长"之称的是(　　)。

  A.白酒　　　　　　　B.啤酒　　　　　C.黄酒　　　　　D.药酒

[知识五] 绿色食品及转基因食品

一、绿色食品

(一)绿色食品的发展

绿色食品是指产自优良生态环境,按照绿色食品标准生产、实行全程质量控制并获得绿色食品标志使用权的安全、优质食用农产品及相关产品。

第二次世界大战以后,欧美和日本等发达国家和地区在工业现代化的基础上,先后实现了农业现代化。农业现代化一方面大大丰富了食品供应,另一方面也产生了一些负面影响。随着农用化学物质源源不断地、大量地向农田输入,有害化学物质通过土壤和水体在生物体内富集,并且通过食物链进入到农作物和畜禽体内,导致食物污染,最终损害人体健康。可见,过度依赖化学肥料和农药的农业,会对环境、资源以及人体健康构成危害,并且这种危害具有隐蔽性、累积性和长期性的特点。1992年,联合国在里约热内卢召开环境与发展大会,许多国家从农业着手,积极探索农业可持续发展的模式,以减缓石油农业给环境和资源造成的巨大压力。欧洲、美国、日本和澳大利亚等发达国家和地区以及一些发展中国家纷纷加快了生态农业的研究步伐。在这种国际背景下,我国决定生产无污染、安全、优质的营养食品。由于国际上对保护环境和与之相关的事业已经习惯冠以"绿色"字样,所以,为了突出这类食品产自良好的生态环境并且经过严格的加工程序,在中国,这种无污染、安全、优质的营养食品统一被称作"绿色食品"。

(二)绿色食品标志

绿色食品标志是一种质量证明商标,属知识产权范畴,受《中华人民共和国商标

图9-8　绿色食品标志

《法》保护。政府授权专门机构管理绿色食品标志，是一种将技术手段和法律手段有机结合起来的生产组织和管理行为，而不是一种自发的民间自我保护行为。绿色食品标准要求：①产品或产品原料的产地必须符合绿色食品的生态环境标准；②农作物种植、畜禽饲养、水产养殖及食品加工必须符合绿色食品的生产操作规程；③产品必须符合绿色食品的质量和卫生标准；④产品的标签必须符合《绿色食品标志设计标准手册》中的有关规定。

　　绿色食品标准分为两个技术等级，即AA级绿色食品标准和A级绿色食品标准。

　　AA级绿色食品标准要求：生产地的环境质量符合《绿色食品产地环境质量标准》，生产过程中不使用化学合成的农药、肥料、食品添加剂、饲料添加剂、兽药及有害于环境和人体健康的生产资料，而是通过使用有机肥、种植绿肥、作物轮作、生物或物理方法等技术，培肥土壤、控制病虫草害、保护或提高产品品质，从而保证产品质量符合绿色食品产品标准要求。

　　A级绿色食品标准要求：生产地的环境质量符合《绿色食品产地环境质量标准》，生产过程中严格按绿色食品生产资料使用准则和生产操作规程要求，限量使用限定的化学合成生产资料，并积极采用生物学技术和物理方法，保证产品质量符合绿色食品产品标准要求。

　　绿色食品标志由三部分构成，即上方的太阳、下方的叶片和中心的蓓蕾。标志为正圆形，意为保护。整个图形描绘了一幅明媚阳光照耀下的和谐生机，告诉人们绿色食品正是出自纯净、良好生态环境的安全无污染食品，能给人们带来蓬勃的生命力。绿色食品标志还提醒人们要保护环境，通过改善人与环境的关系，创造自然界新的和谐。绿色食品标志的鉴别主要看以下五个方面：

　　①级标，我国绿色食品发展中心将绿色食品定为A级和AA级两个标准。A级允许限量使用限定的化学合成物质，而AA级则禁止使用。A级和AA级同属绿色食品，除这两个级别的标识外，其他均为冒牌货。

　　②标志，绿色食品的标志和标袋上印有"经中国绿色食品发展中心许可使用绿色食品标志"字样。

　　③颜色，A级绿色食品的标志与标准字体为白色，底色为绿色，防伪标签底色也是绿色，标志编号以单数结尾；AA级使用的绿色标志与标准字体为绿色，底色为白色，防伪标签底色为蓝色，标志编号的结尾是双数。

④防伪，部分绿色食品有防伪标志，在荧光下能显现该产品的标准文号和绿色食品发展中心负责人的签名，若没有该标志便可能为假冒伪劣产品。

⑤标签，除上述绿色食品标志外，绿色食品的标签应符合国家食品标签通用标准，如食品名称、厂名、批号、生产日期、保质期等。检验绿色食品标志是否有效，除了看标志自身是否在有效期内，还可以进入相关网站查询标志的真伪。

（三）绿色食品标志申请认证程序

1. 申请认证企业向市、县（市、区）绿色食品办公室（以下简称"绿办"），或向省绿色食品办公室索取或下载《绿色食品标志使用申请书》。

2. 市、县（市、区）绿办指导企业做好申请认证的前期准备工作，并对申请认证企业进行现场考察和指导，明确申请认证程序及材料编制要求，并写出考察报告报省绿办。省绿办酌情派员参加。

3. 企业按照要求准备申请材料，根据《绿色食品现场检查项目及评估报告》自查、草填并整改，完善申请认证材料；市、县（市、区）绿办对材料进行审核并签署意见后报省绿办。

4. 省绿办收到市、县（市、区）的考察报告、审核表及企业申请材料后，审核定稿。企业完成5套申请认证材料（企业自留1套复印件，报市、县绿办各1套复印件，省绿办1套复印件，中国绿色食品发展中心1套原件）和文字材料软盘，报省绿办。

5. 省绿办收到申请材料后，登记、编号，在5个工作日内完成审核，下发《文审意见通知单》，同时抄传中心认证处，说明需补报的材料，明确现场检查和环境质量现状调查计划。企业在10个工作日内提交补充材料。

6. 现场检查计划经企业确认后，省绿办派2名或2名以上检查员在5个工作日内完成现场检查和环境质量现状调查，并在完成后5个工作日内向省绿办提交《绿色食品现场检查项目及评估报告》《绿色食品环境质量现状调查报告》。

7. 检查员在现场检查过程中同时进行产品抽检和环境监测，产品检测报告、环境质量监测和评价报告由产品检测和环境监测单位直接寄送中国绿色食品发展中心并抄送省绿办。对能提供由定点监测机构出具的一年内有效的产品检测报告的企业，免做产品认证检测；对能提供有效环境质量证明的申请单位，可免做或部分免做环境监测。

8. 省绿办将企业的申请认证材料（含《绿色食品标志使用申请书》《企业及生产情况调查表》及有关材料）、《绿色食品现场检查项目及评估报告》《绿色食品环境质量现状调查报告》等报送中心认证处；申请认证企业将《申请绿色食品认证基本情况调查表》报送中心认证处。

9.中心对申请认证材料做出"合格""材料不完整或需补充说明""有疑问，需现场检查"或"不合格"的审核结论，书面通知申请人，同时抄传省绿办。省绿办根据中心要求指导企业对申请认证材料进行补充。

10.对认证终审结论为"认证合格"的申请企业，中心书面通知申请认证企业在60个工作日内与中心签订《绿色食品标志商标使用许可合同》，同时抄传省绿办。

11.申请认证企业领取绿色食品证书。

需要说明的是，自2012年10月1日起实施的新的《绿色食品标志管理办法》中取消了绿色食品认证的"终身制"，并规定绿色食品标签有效期为3年，在绿色食品标签有效期到期后，如果不重新申请，则不能继续在产品包装上使用该标签。绿色食品标志都要求贴在产品的显著位置，上面需注明企业信息码。标签编号形式为：LB-××-×××××××××××，"LB"是绿色食品标志代码，认证编码第三段数字的前四位代表的是获得认证的年和月，如LB-44-0706111348A，代表的是2007年6月获得认证的绿色食品标签。如果从获得认证起超过了三年，就属于过期标签，需要重新申请。

二、转基因食品

为了解决人类发展的粮食问题，提高各种作物的产量，各种新型的转基因食品层出不穷，有转基因大豆、转基因玉米等。新闻媒体对转基因食品褒贬不一，同时各种流言蜚语流传于坊间，很多人对转基因食品到了谈虎色变的地步。那么转基因食品真的有那么恐怖么？什么是转基因食品呢？

DNA是由脱氧核糖酸通过磷酸二酯键连接而成的，转基因是通过生物酶等手段切断原来的DNA序列，再连入一段特定的DNA并筛选得到成功个体的过程。脱氧核糖酸本身没有意义，它的排列顺序才是有意义的。转基因产生的DNA与天然DNA在结构上没有区别，也就是基因序列的改变不会留下痕迹。DNA作为遗传信息的承载者，经过转录得到mRNA，mRNA经过翻译产生蛋白质。

很多人认为"自然的才是最好的"，但我们现在所食用的食物也不是完全自然的，而是人类经过长期艰苦的筛选和栽培得到的，而转基因是为了替代这一长期的过程而出现的一种技术手段。

实际上，我们长期食用的粮食作物均为长期育种中发生了巨大改变的作物。自然界中没有跨物种的转基因，不同物种基因的随意融合会带来灾难。在植物的自然生长过程中，由于种种原因导致了同物种间生殖隔离的出现，进而出现了同一物种的不同表现

图9-9 野生大豆和培育后的土豆

图9-10 野生水稻

图9-11 人工培育水稻

型。这本质上是同一个物种的差异化变得足够大，导致了原本存在的基因交流被阻断，转基因重新提供了这种交流的途径。当然也并不是说转基因的食物绝对安全，就现在的科学技术形势来看，我们可以说转基因作物的安全性上不低于传统作物。

对于传统作物，使用大量的农药、化肥，对生态环境的影响反而可能大于转基因作物。转基因作物如果能够做到豆类的固氮，并通过生物抗虫蛋白减少农药的使用，最后反而可能更契合生态多样性的要求，减小对现在的自然生态平衡的影响。

很多流言说小番茄、水果黄瓜和紫薯是转基因食品，其实这三种都不是。番茄最早是在美洲发现的，原始的番茄是小浆果，后来经过人工选育，变成了现在的样子。圣女果是把人工选育的番茄和原始种进行杂交培育出来的品种，不是转基因。水果黄瓜原先是中东地区的一种果蔬，后来我们引种过来，然后和本地黄瓜进行杂交培育。这种新品种，既有原来的小的特性，又适合本地气候，是一个很成功的选育品种。至于紫薯，则完全是中国本土的。原先在西南山区，不过产量不高，后来经过培育，产量上去了，这才大面积推广种植。

颜色、大小异于寻常的果蔬，不可能是转基因食品。因为控制颜色、大小等性状的，往往不是一个单独的基因，而且这些基因还都在细胞核内的染色体当中。目前的科学水平能够编辑的基因，是展开状态的核酸链；染色体中的基因呈高度折叠压缩的状态，现在还没有对染色体基因进行无损解压的技术。比如彩色的辣椒、西红柿、菜花、胡萝卜等，都不是转基因食品，而是杂交育种培养出来的新品种。

········○ **课堂提升训练** ○········

以小组为单位，收集有关转基因食品的新闻报道，并说明人们对转基因食品的不同态度及其依据。

同步测试
TONG BU CE SHI >>>

一、选择题

1.（　　）是人体组织更新和修补的主要原料。

    A. 葡萄糖　　　　　　　　　　　B. 脂肪

    C. 蛋白质　　　　　　　　　　　D. 维生素

2. 对动物有保温、缓冲内部脏器之间冲击作用的是（　　）。

    A. 纤维素　　　　　　　　　　　B. 蛋白质

    C. 脂肪　　　　　　　　　　　　D. 水

3. 下列不属于蛋白质生理功能的是（　　）。

    A. 提供能量　　　　　　　　　　B. 参与各种物质的运输

    C. 调节新陈代谢　　　　　　　　D. 改善口腔环境

4. 矿物质的类型比较丰富，其中（　　）可以促进神经系统和大脑的发育。

    A. 钙　　　　　　　　　　　　　B. 铁

    C. 锌　　　　　　　　　　　　　D. 钾

5.（　　）是制作饼干、糕点、冰淇淋等食品的最好原材料。

    A. 炼乳　　　　　　　　　　　　B. 奶酪

    C. 全脂乳粉　　　　　　　　　　D. 脱脂乳粉

6. 汤色是指茶叶内含物被开水冲泡出的汁液所呈现的色泽。茶叶的汤色主要取决于（　　）。

    A. 咖啡碱和叶绿素的变化　　　　B. 茶多酚和氨基酸的变化

    C. 茶多酚和叶绿素的变化　　　　D. 茶多酚和芳香油的变化

7. 黑茶的色泽和滋味要比绿茶更深厚更浓郁，主要是因为（　　）。

    A. 茶多酚　　　　　　　　　　　B. 糖

    C. 咖啡碱　　　　　　　　　　　D. 茶氨酸

8. 啤酒被人们称为"液体面包"，而（　　）则被称为"液体蛋糕"。

    A. 白酒　　　　　　　　　　　　B. 葡萄酒

    C. 米酒　　　　　　　　　　　　D. 黄酒

二、简答题

1. 简述膳食纤维的种类及其功能。

2. 复原乳与纯鲜牛奶相比有何不同？

3. 根据我国标准，茶叶可分为哪几大类？

4. 酒的类型有哪些，分别有哪些代表产品？

项目实战
XIANG MU SHI ZHAN

实战目的

熟练掌握食品营养价值的判断方法。

实战要求

1. 从乳制品、茶叶、酒中选择一种，收集不同商品的营养信息。

2. 比较不同商品之间营养价值的差异，并以表格形式呈现出来。

3. 为今后购买食品提供简便易行的小建议。

项目十
纺织品与服装类商品

学习目标 >>>

1. 理解纺织品的含义及应用领域；

2. 了解服装面料的种类及特点；

3. 理解服装质量标准的主要种类及内容；

4. 理解服装的质量标志；

5. 了解鞋的分类及结构；

6. 了解帽子的分类及保养方法。

项目导入 >>>
XIANG MU DAO RU

与全球纺织互利共赢，中国纺织业活跃在"一带一路"建设最前沿！

2017年5月14日，为期两天的"一带一路"国际合作高峰论坛在北京盛大开幕，来自100多个国家的各界嘉宾齐聚北京，共商"一带一路"建设合作大计。"一带一路"建设正为世界发展注入强大动力，带来新的机遇。

作为与"丝绸之路"最具有历史渊源的纺织业，同样正在积极融入"一带一路"建设。2017年3月，中国纺织国际产能合作企业联盟在上海宣告成立，这是中国纺织业融入国家"一带一路"建设的重大举措，也标志着中国纺织业从产品出口到产能合作的重大转折。

近年来，中国纺织业进入全球布局阶段，与全球纺织业互利共赢"走出去"的步伐正在迅速加快。特别是2008年全球金融危机以来，纺织产业对外直接投资年均增速达30.88%。仅2015～2016年的行业对外直接投资就超过40亿美元，占2003年以来总存量的比重超过一半。行业企业通过国际产能合作进行生产力跨国布局及优质资源全球配置，并与国内产业转型升级产生良性互动的需求十分迫切。

图10-1　各式各样的纺织品

总体上，目前中国纺织业海外投资呈现多区域、多行业和多形式加速推进的态势，骨干企业主动进行国际布局的意识明显提高。纺织业对外投资几乎涵盖了整个纺织服装产业链，从上游的棉花、浆粕、麻等原材料，到棉纺、毛纺、化纤等中间产品制造，再到终端的服装、家纺产品和纺织机械等都有涉及。根据商务部统计口径，2003～2016年，我国纺织产业对外直接投资累计达76.3亿美元，占制造业对外直接投资总额的7.89%。中国有6000亿家纺市场，但是还没有形成几个真正的领军品牌，号称市场第一的罗莱只有10亿元的销售额；与此类似的是，这种过度分散的市场现状，在枕头市场更加突出。由于市场前景看好，企业蜂拥而上品牌多，中国家纺业企业平均只有6%的利润。

思考：中国是纺织大国，中国的纺织业正在积极融入"一带一路"建设。我们作为国家的一员，对纺织业了解多少呢？应该如何把纺织企业做大做强？

项目知识
XIANG MU ZHI SHI

［知识一］ 纺织品概述

一、纺织品的含义

狭义的纺织品专指作为制成品的纺织品，即针织布和梭织布。纱线等只有纺没有织，所以还不能算完全意义上的纺织品；无纺布既没有纺也没有织，更算不上纺织品；丝绸不是纺纱而是缫丝，虽然织造后其整理类同纺织品，可也不能算纺织品；其他服装、家纺、装饰布品，军用、工业用品等，都应看作是纺织品深加工后的再制品。

　　广义的纺织品应该包括以纺织为基础的一切制成品，也应该包括丝绸、毛纺、无纺布、纱、线、绳、手工钩编物、毛衫、帽子、围巾、手套、抽纱制品、花边、工艺品以及服装、家纺等使用纺织材料（纱或布），或使用相同的织造钩编技术和原理的所有产品及其制成品。

二、纺织品的应用

　　纺织品特别是衣着和装饰，是人们生活和生产的必需品，在工业等领域中应用也非常广泛。

　　（一）衣着用纺织品

　　包括制作服装的各种纺织面料以及缝纫线、松紧带、领衬、里衬等各种纺织辅料和针织成衣、手套、袜子等。衣着用纺织品必须具备实用、舒适、卫生、装饰等基本功能，能够满足人工作、休息、运动等多方面的需要和适应环境、气候等条件的变化。

图10-2　衣着用纺织品

　　（二）装饰用纺织品

　　起美化作用的纺织品在品种结构、织纹图案和配色等方面较其他纺织品更要有突出的特点。这一类纺织品在某种意义上也可说是一种工艺美术品。装饰用纺织品分为室内

图10-3　装饰用纺织品

用品、床上用品和户外用品。室内用品包括家具布和餐厅、盥洗室用品，如地毯、沙发套、椅套、壁毯、贴墙布、绣品、窗帘、门帘、毛巾、浴巾、茶巾、台布、手帕等；床上用品有床罩、床单、被面、被套、毛毯、毛巾被、枕套等；户外用品有人造草坪等。

（三）工业用纺织品

工业生产用的纺织品，有的直接用作篷盖布、枪炮衣、药纱布、降落伞绸、帐篷、船帆、过滤布、筛网、麻袋、印花衬布、印花毛绒布、路基布（土工布）等；有的是作为基布与橡胶或塑料黏合而成，如传送带、轮胎帘子布、充气房篷布、塑料袋布、橡胶鞋里衬、打字带、印花机橡皮布、水龙带、人造血管等。

图10-4　工业用纺织品

随着工业生产的发展，工业用纺织品的需求也日益增长，与衣着、装饰一起成为纺织品的三个重要使用领域。

········○ 课堂提升训练 ○········

纺织品应用的范围越来越广，除了本书涉及的范围，试想一下，还有哪些地方会用到纺织品？

[知识二] 服　装

服装是对衣服、鞋包、玩具、饰品等的总称，多指衣服。服装在人类社会发展的早期就已出现，古代人把身边能找到的各种材料做成粗陋的"衣服"用以护身。人类最初的衣服是用兽皮制成的，包裹身体的最早"织物"用麻类纤维和草等制成。

国家标准对服装的定义是，缝制并穿于人体起保护和装饰作用的产品，又称衣服。服装已经是每个人装饰自己、保护自己的必需品，不仅仅是为穿，它还是一种生活态度、一种个人魅力的表现。

一、服装的分类

服装的种类很多，由于服装的基本形态、品种、用途、制作方法、原材料不同，各类服装亦表现出不同的风格与特色，变化万千，十分丰富。不同的分类方法，导致我们平时对服装的称谓也不同。大致有以下几种分类方法。

（一）按穿着组合分类

按穿装组合分类，服装大致可分为如下几种：

整件装，上下两部分相连的服装，如连体服、连衣裙等，因上装与下装相连，服装整体形态感强。

套装，上衣与下装分开的衣着形式，有两件套、三件套、四件套。

外套，穿在衣服最外层，有大衣、风衣、雨衣、披风等。

背心，穿在上半身的无袖服装，通常短至腰、臀之间，贴身造型。

裙，遮盖下半身用的服装，有一步裙、A字裙、圆台裙、裙裤等，变化较多。

裤，从腰部向下至臀部后分为裤腿的衣着形式，穿着行动方便，有长裤、短裤、中裤等。

（二）按用途分类

按用途分类，服装可分为内衣和外衣两大类。内衣紧贴人体，起护体、保暖、整形的作用；外衣则由于穿着场所不同，用途各异，品种类别很多，可分为社交服、日常服、职业服、运动服、室内服、舞台服等。

（三）按服装面料与制作工艺分类

按服装面料与制作工艺分类，服装可分为中式服装、西式服装、刺绣服装、呢绒服装、丝绸服装、棉布服装、毛皮服装、针织服装、羽绒服装等。

二、服装面料的种类和特点

服装面料的种类繁多，相当复杂，并且牵涉到服装材料学的专门知识。如何选择衣料，利用其特性来创造理想的作品，是每一位服装设计工作者都需要钻研的课题。

（一）棉织物

棉织物是各类棉纺织品的总称，多用来制作时装、休闲装、内衣和衬衫。它的

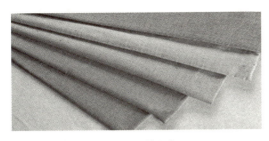

图 10-5　棉织物

优点是轻松保暖、柔和贴身，吸湿性、透气性、卫生性较好；缺点是易缩、易皱，外观上不大挺括美观，在穿着时必须时常熨烫。

棉布主要种类有原色棉布、色织棉布、花布、色布四大类。

原色棉布主要有普通布、细布、帆布、斜纹坯布、原色布等。

色织棉布是指把纱或线先经过染色，后在机器上织成的布，如条格布、被单布、绒布、装饰布等。

花布是指印染上各种各样颜色和图案的布，如平纹印花布、斜纹印花布、印花哔叽、印花直贡等。

色布主要有硫化蓝布、硫化墨布、士林蓝布、士林灰布、各色咔叽、各色华呢等。

（二）麻织物

麻织物是以大麻、亚麻、苎麻、黄麻、剑麻、蕉麻等各种麻类植物纤维制成的一种布料，常被用来制作休闲装、工作装，目前也多以其制作普通的夏装。它的优点是强度极高，吸湿性、透气性甚佳；缺点是穿着不甚舒适，外观较为粗糙、生硬。麻织物主要有苎麻布、亚麻

图 10-6　麻织物

布、毛麻花呢、涤麻花呢等，一般可作为手帕、餐巾、桌布、纱布等使用。

（三）丝织物

丝织物又称丝绸，是以蚕丝为原料纺织而成的各种织物的统称。与棉布一样，它的品种很多，个性各异。它可用来制作各种服装，尤其适合用来制作女士服装。它的优点是轻薄、合身、柔软、滑爽、透气，色彩绚丽，富有光泽，高贵典雅，穿着舒适，享有"纤维皇后"的美称。它的不足是易生折皱，容易吸身，不够结实，褪色较快。

丝绸品种由于组织结构的变化、提花和素织的交替，以及与各类化纤纱丝的交织等原因，品种异常繁多，主要有以下分类：

按照加工方法的不同，丝织物可分为机织物、编织物和无纺织物等。

按原料的不同，丝织物可分为全真丝织物、人造丝织物、柞蚕丝织物、合纤丝织物

图 10-7　丝织物

及其交织物等。

按用途的不同，丝织物可分为衣着用绸、装饰用绸、工业用绸、医药用绸和国防用绸等。

按组织的不同，丝织物可分为平纹织物、斜纹织物、缎纹织物等普通组织织物和特殊的绉织物、绒织物、纱罗组织织物等。

按组织规格的不同，丝织物可分为绫、罗、绸、缎、绡、纱等。

按品种的不同，丝织物可分为绫、罗、绸、缎、纱、绢、绡、纺、绨、绉、葛、呢、绒、锦、绣十五大类。其中，纱、罗、绢、纺、绸、绨、葛等为平纹织物，呢和绒比较丰厚，纱及绡比较轻薄。

（四）毛织物

毛织物又称为呢绒或毛料，它是对用各类羊毛、羊绒织成的织物的泛称。它通常适用于制作礼服、西装、大衣等正规、高档的服装。毛织物外观光泽自然，颜色莹润，手感舒适，品种风格多样。用毛织物制作的衣服挺括，防皱耐磨，手感柔软，富有弹性，保暖性及

图 10-8　毛织物

吸湿性强。它的缺点主要是洗涤较为困难，不大适用于制作夏装。毛织物可分为精纺呢绒、粗纺呢绒和长毛绒三类。

精纺呢绒用精梳毛纱织制。所用原料纤维较长而细、梳理平直，纤维在纱线中排列整齐，纱线结构紧密。精纺呢绒的经纬纱常用双股36～60公支的毛线。品种有花呢、华达呢、哔叽、凡立丁、派力司、女衣呢、贡呢、马裤呢和巧克丁等。精纺呢绒大多质地较薄、呢面光滑、纹路清晰，光泽自然柔和、漂光，身骨挺括，手感柔软而富有弹性，紧握呢料后松开，基本无皱折，即使有轻微折痕也可在很短时间内消失。

粗纺呢绒用粗梳毛纱织制。因纤维经梳毛机后直接纺纱，纱线中纤维排列不整齐，结构蓬松，外观多茸毛。粗纺呢绒的经纬纱通常采用单股4～16公支的毛纱。品种有麦尔登、海军呢、制服呢、法兰绒和大衣呢等。粗纺呢绒大多质地厚实、呢面丰满、色光柔和，呢面和绒面不露纹底，纹面类织纹清晰而丰富，手感温和，挺括而富有弹性。

长毛绒是经纱起毛的立绒织物。在机上织成上下两片棉纱底布，中间用毛经连接，对剖开后，正面有几毫米高的绒毛，手感柔软、保暖性强。其主要品种有海虎绒和兽皮绒。

（五）皮革

皮革是经过鞣制而成的动物毛皮面料，多用于制作时装、冬装。皮革可以分为两类：革皮，即经过去毛处理的皮革；裘皮，即处理过的连皮带毛的皮革。

皮革的优点是轻盈保暖，雍容华贵；缺点是价格昂贵，储藏、护理方面要求较高，不宜普及。用来做服装的皮革，主要是绵羊

图10-9　皮革

皮、山羊皮、牛皮、猪皮，另外还有一些使用较少的动物皮，如鹿皮、袋鼠皮等。一般绵羊皮的粒纹细致，手感柔软，高档绵羊皮有丝绸一样的感觉；牛皮的纤维紧密，强度高，通常压上荔枝花纹；猪皮的花纹清晰，结实耐用。

（六）化学纤维织物

化学纤维是利用天然的高分子物质或合成的高分子物质，经化学工艺加工而取得的纺织纤维的总称。按原料和生产方法的不同，可分为再生纤维与合成纤维两大类。它们共同的优点是色彩鲜艳，质地柔软，悬垂挺括，滑爽舒适；缺点则是耐磨性、耐热性、吸湿性、透气性较差，遇热容易变形，容易产生静电。它适合制作各类服装。

再生纤维是化学纤维中生产量最大的品种，它是利用含有纤维素或蛋白质的天然高分子物质如木材、蔗渣、芦苇、大豆、乳酪等为原料，经化学和机械加工而成，如人造

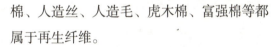

棉、人造丝、人造毛、虎木棉、富强棉等都属于再生纤维。

合成纤维也是化学纤维中的一大类，它是石油化工和炼焦工业的副产品。如涤纶、锦纶、腈纶、维纶、丙纶、氯纶等，都属于合成纤维。

图10-10　合成纤维

（七）混纺织物

混纺织物是将天然纤维与化学纤维按照一定的比例混合纺织而成的织物，可用来制作各种服装。它既吸收了棉、麻、丝、毛和化纤的优点，又尽可能地避免了它们各自的缺点，而且在价格上相对低廉，所以大受欢迎，如涤棉布、涤毛华达呢等。

图10-11　混纺织物

三、服装质量标准的主要种类和内容

（一）服装号型标准

服装的号型标准是为了适应服装生产的工业化、销售市场的规范化以及方便消费者而制定的规格尺寸统一标准。中国的服装号型标准已制定多年，但真正推广始于1992年。服装号型的实行及推广应用，无论是对服装单位的服装设计和生产还是对消费者购买成衣，都起着极大的统一规范和指导作用。服装生产单

图10-12　服装的号型、规格

位可以以号型标准为依据来确定服装的部位尺寸，生产出符合人体体型的服装；而消费者则可以方便地挑选出适合自己体型的服装。

服装号型标准包括男子标准、女子标准以及儿童标准，它是依据大量人体体型的测量和数据的统计分析进行制定的，并根据人群体型的变化每隔数年修订一次。我国现行的服装号型标准是于1998年6月1日起开始实行的，服装尺码最新的国家标准是《服装号型》（GB/T 1335—2008），分为男子、女子、儿童三部分。

体型	胸围和腰围的差数(cm)		
	男子	女子	儿童
Y	17~22	19~24	
A	12~16	14~18	
B	7~11	9~13	
C	2~6	4~8	

图10-13　体型分类代码

国标服装尺寸表述有3项：号、型、体型。180/100A就是一个标准的上衣尺寸表述：

"号"表示身高（cm）：此处是180cm；

"型"表示胸围（上衣）或腰围（裤子）：此处是100cm；

"体型"按照（胸围－腰围）的值，分为Y（偏瘦）、A（正常）、B（偏胖）、C（肥胖）。

所以，180/100A表示，这件上衣适合身高180cm左右、胸围100cm左右、标准体型的男子。

全国服装的统一号型所说的"号"，是指人身高的厘米数，它影响到的部位是衣长、袖长、裤长；所说的"型"，指的是人的体围厘米数，它影响的部位是腰围、臀围。一个人只能使用同一个"号"，而不能使用同一个"型"，因为上衣和裤子的"型"必须分开使用。

国内常见的服装尺码标识还有两种：

1.S、M、L标识法

S、M、L是国际上表示服装的小号、中号、大号等，但是各家对应的尺码不一样，

简单做了4种男式服装品牌的调查，结果如图10-14所示：

男式上衣	S	M	L	XL	XXL
凡客	165/88A	170/92A	175/96A	180/100A	185/104A
龙牙	170/92A	175/96A	180/100A	185/104A	190/108B
SELECTED	170/92A	175/96A	180/100A	185/104A	190/108A
UNIQLO	165/84A	170/92A	175/100A	180/108B	185/112C

图10-14 品牌衣服尺码

2.英制或市制尺码

英制或市制尺码常见于长裤，英制通常表示为：xx/yy，xx表示腰围，yy表示裤长，单位是英寸；如果是市制，最常见的是几尺几的腰，一尺＝33.333cm。

29码＝2.2尺＝73.3cm　　　　30码＝2.3尺＝76.7cm

31码＝2.4尺＝80cm　　　　　32码＝2.5尺＝83.3cm

33码＝2.6尺＝86.7cm　　　　34码＝2.7尺＝90cm

（二）服装产品标准

1.服装产品标准的内容

服装产品标准的内容有：主题内容与使用范围，引用标准，号型规格，技术要求，检验方法，检验工具，检验规则，标志、包装、运输及储存等。其中技术要求和检验方法是服装检验的依据和手段，检验后按检验规则进行等级判定。由此可见，服装产品标准的主要内容是技术要求。

2.服装产品标准中的技术要求

服装产品技术要求的一般内容有：材料规定，成品主要部位规格允许偏差规定，成品理化性能规定，对条对格规定，外观疵点规定，缝制规定，外观质量规定，整烫规定。另外还对拼接、色差、纬斜、商标位置等方面作出了规定。

（三）服装使用说明标准

1.服装使用说明标准的主要内容

服装使用说明标准的主要内容包括：商标和制造单位；服装号型规格；采用的原料成分，必要时还应标明特殊辅料的成分；产品的特殊使用性能，如阻燃性、防蛀及防缩等；洗涤条件，包括说明能否水洗、水洗的方法及水温；洗涤剂的选择、脱水方法、能否干洗及干洗剂的选择；熨烫说明；储藏条件、方法等。

2.服装使用说明基本图形及含义

关于服装使用的说明，《纺织品和服装使用说明的图形符号》（GB 8685—88）对此有明确的规定。

（1）采用原料的成分和含量

应标明产品采用原料的成分名称及含量，纺织纤维含量的标注应符合FZ/T 01053的规定。皮革服装应标明皮革的种类名称，种类名称应标明产品的真实属性，有标准规定的应符合有关国家、行业或企业标准。

①仅有一种纤维成分，在纤维名称前加"纯"或"全"，或在后面加"100%"。

| 棉100% | 纯棉 | 全棉 |

②2种及2种以上纤维组成的产品，按纤维含量递减顺序列出每一种纤维的名称，并在名称前面或后面列出该纤维含量的百分比。

| 60%棉
30%涤纶
10%锦纶 | 棉60%
涤纶30%
锦纶10% |

纤维含量相同时，顺序可任意排列。

| 50%粘纤
50%棉 | 50%棉
50%粘纤 |

③含量小于等于5%的纤维，可列出该纤维的具体名称，也可以用"其他纤维"来表示。产品中有2种及以上的纤维含量各小于等于5%且总量小于等于15%时，可集中标为"其他纤维"。

| 60%棉
36%涤纶
4%粘纤 | 60%棉
36%涤纶
4%其他纤维 | 90%棉
10%其他纤维 |

④含有2种及以上化学性质相似且难以定性分析的纤维，列出每种纤维的名称，也可列出其大类纤维名称，合并表示其总的含量。

| 70%棉
30%莱赛尔纤维＋粘纤 | 再生纤维素纤维100%
（莫代尔纤维＋粘纤） |

⑤带有里料的产品应分别表明面料和里料的纤维名称及含量，如果面料和里料采用同一种织物，可合并标注。

> 面料：80%羊毛/20%涤纶
>
> 里料：100%涤纶

⑥含有填充物的产品应分别标明外套和填充物的纤维名称及其含量，羽绒填充物应标明羽绒类别和含绒量。

> 外套：65%棉/35%涤纶
>
> 里料：100%涤纶

> 面料：80%羊毛/20%锦纶
>
> 里料：100%涤纶
>
> 填充物：灰鸭绒（含绒量80%）
>
> 充绒量：150g

⑦由2种及2种以上不同织物构成的产品，应分别标明每种织物的纤维名称及其含量，面积不超过产品表面积15%的织物可不标。

> 前片：65%羊毛/35%腈纶
>
> 其余：100%羊毛

> 身：100%棉
>
> 袖：100涤纶

> 方格：70%羊毛/30%涤纶
>
> 条形：60%涤纶/40%粘纤

> 红色：100%羊绒
>
> 黑色：100%羊毛

⑧含有2种及2种以上明显可分的纱线系统、图案或结构的产品，可分别标明各系统纱线或图案的纤维成分含量；也可作为一个整体，标明每一种纤维含量。对于纱线系统、图案或结构变化较多的产品，可仅标注较大面积部分的含量。

> 绒毛：90%棉/10%锦纶
>
> 地布：100%涤纶

> 63%棉
>
> 30%涤纶
>
> 7%锦纶

> 白色纱：100%涤纶
>
> 绿色纱：100%粘纤
>
> 灰色纱：100%棉

⑨由2层及2层以上材料构成的产品，可以分别标注各层的纤维含量，也可作为一个整体，标明每一种纤维含量。

| 外层　50%棉/50%粘纤 |
| 内层　100%棉 |
| 中间层100%涤纶 |

| 60%棉 |
| 20%涤纶 |
| 20%粘纤 |

⑩当产品的某个部位上添加起加固或其他作用的纤维但比例较小时，应标出纤维的名称及其含量，并说明包含添加纤维的部位以及添加的纤维名称。

| 55%棉/45%粘纤 |
| 脚趾和脚跟部位的锦纶除外 |

⑪产品中易于识别的花纹或图案的装饰纤维或装饰纱线，其含量小于等于5%时，表示"装饰部分除外"，也可单独将装饰线的纤维含量标出。

| 80%羊毛 |
| 20%涤纶 |
| 装饰线除外 |

| 羊毛80% |
| 涤纶20% |
| 装饰线100%涤纶 |

⑫在产品中起装饰作用的部分或不构成产品主体的部分，例如花边、褶边、腰带、衬布、衬垫、贴花等，其纤维含量可以不标。若某个部件的面积或同种织物多个部件的总面积超过产品表面积的15%，则应标注该部件的纤维含量。

| 烂花：涤纶/棉 |
| 底布：100%涤纶 |

| 里料：棉100% |
| 侧翼：锦纶/涤纶/氨纶 |

（2）服装的洗涤说明

服装洗涤说明的基本图形符号如表10-1、10-2、10-3、10-4、10-5、10-6所示。

表10-1　　　　　　　　　　　　　　服装洗涤说明的图形符号

编号	图形符号	说明
101	⊡95	最高水温：95℃ 机械运转：常规 甩干或拧干：常规
102	⊡95	最高水温：95℃ 机械运转：缓和 甩干或拧干：小心

196

（续表）

编号	图形符号	说明
103	⟋70⟍	最高水温：70℃ 机械运转：常规 甩干或拧干：常规
104	⟋60⟍	最高水温：60℃ 机械运转：常规 甩干或拧干：常规
105	⟋60⟍	最高水温：60℃ 机械运转：缓和 甩干或拧干：小心
106	⟋50⟍	最高水温：50℃ 机械运转：常规 甩干或拧干：常规
107	⟋50⟍	最高水温：50℃ 机械运转：缓和 甩干或拧干：小心
108	⟋40⟍	最高水温：40℃ 机械运转：常规 甩干或拧干：常规
109	⟋40⟍	最高水温：40℃ 机械运转：缓和 甩干或拧干：小心
110	⟋30⟍	最高水温：30℃ 机械运转：常规 甩干或拧干：常规
111	⟋30⟍	最高水温：30℃ 机械运转：缓和 甩干或拧干：小心
112		手洗，不可机洗 用手轻轻揉搓、冲洗 最高水温：40℃ 洗涤时间：短
113		不可拧干
114		不可水洗

表 10-2 干洗图形符号

编号	图形符号	说明
401	○ （干洗）	常规干洗
402	○ （干洗）	缓和干洗
403	⊗ （干洗）	不可干洗

表 10-3 熨烫图形符号

编号	图形符号	说明
301	⬛ ⬛（高）	熨斗底板最高温度：200℃
302	⬛ ⬛（中）	熨斗底板最高温度：150℃
303	⬛ ⬛（低）	熨斗底板最高温度：110℃
304	⬛	垫布熨烫
305	⬛	蒸汽熨烫
306	⬛	不可熨烫

表 10-4 氯漂图形符号

编号	图形符号	说明
201	△ △（CL）	可以氯漂
202	⊠ ⊠	不可氯漂

表 10-5　　　　　　　　　　　　　水洗后干燥图形符号

编号	图形符号	说明
501	○	可转筒翻转干燥
502	⊗	不可转筒翻转干燥
503		悬挂晾干
504		滴干
505		平摊干燥
506		阴干

表 10-6　　　　　　　　　　　　各种面料服装推荐洗涤标志与说明

1.棉织物服装	最高水温50℃常规洗涤	不可氯洗	底板最高温度150℃ 反面熨烫		
2.麻织物服装	最高水温50℃小心洗涤	不可氯洗	底板最高温度200℃ 反面熨烫	Ⓟ 四氯乙烯干洗剂干洗	不可拧干
3.丝绸服装	最高水温40℃小心洗涤	不可氯洗	底板最高温度150℃ 反面熨烫	Ⓟ 四氯乙烯干洗剂干洗	不可拧干　阴干
4.毛呢服装（非松软结构、可水洗型）	最高水温40℃小心洗涤	不可氯洗	蒸汽熨烫	Ⓟ 四氯乙烯干洗剂小心干洗	不可转筒翻转干燥　不可拧干
5.毛呢服装（西服、大衣、羊毛衫）	不可水洗	不可氯洗	蒸汽熨烫	Ⓟ 四氯乙烯干洗剂干洗	
6.粘胶织物服装	最高水温40℃小心洗涤	不可氯洗	垫布熨烫	不可拧干	

（四）服装基本安全标准

服装安全性能依据的是关于纺织品甲醛限量的国家标准。按照颁布实施的《国家纺织产品基本安全技术规范》（GB 18401—2013），纺织品要分为A、B、C三类，分别指婴幼儿用纺织品、直接接触皮肤纺织品和非直接接触皮肤纺织品。

A类：婴幼儿纺织产品应符合A类要求。根据国家规定，年龄在36个月及以下的婴幼儿穿着或使用的纺织产品，如尿布、内衣、围嘴儿、睡衣、手套、袜子、帽子、外衣、床上用品等，必须达到A类标准。婴幼儿纺织产品必须在使用说明上标注"婴幼儿用品"字样。

B类：直接接触皮肤的纺织产品至少应符合B类标准。这类纺织产品指的是在穿着和使用时，产品的大部分面积直接与人体皮肤接触，如内衣、衬衣、T恤、裙子、裤子、袜子等。

C类：非直接接触皮肤的纺织产品至少应符合C类标准，如冬天穿的大衣、羽绒服、厚裤子等。

国家标准主要从以下几方面对服装的安全标准进行了规定：

1.可分解芳香胺染料

这类染料在人体正常新陈代谢所发生的生化反应条件下，可能分解出致癌芳香胺。《国家纺织产品基本安全技术规范》中明确规定，任何纺织品都不得使用可分解芳香胺染料。

2.游离甲醛

含甲醛的织物在穿着时，部分水解产生的游离甲醛会释放出来危害人体，刺激皮肤，引发呼吸道炎症等。

3.pH

人体皮肤表面呈弱酸性以防病菌侵入。如纺织品的pH过高，不仅刺激皮肤，还会使病菌侵入皮肤。

4.色牢度

色牢度不佳时，染料会从纺织品转移到皮肤上，在细菌的生物催化作用下发生还原反应，诱发癌症或引起过敏。

5.异味

任何与产品无关的气味，或虽与产品有关，但气味过重，表明纺织品上有过量的化学品残留，可能危害健康。《国家纺织产品基本安全技术规范》列出的异味包括霉味、高沸程石油味（如汽油、煤油味）、鱼腥味、芳香精味、香味五种。

四、服装的质量标志

（一）商标

服装商标实际上就是服装的牌子，它是服装生产企业、经销企业专用于本企业生产的服装上的标记。其形式有文字商标、图形商标，以及文字和图形相结合的组合商标。商标又是服装质量的标志，服装作为一种商品，必须钉有标志该服装的相应商标。

（二）吊牌

吊牌是对服装进一步说明的标志。服装吊牌的国家标准规定：标签上必须有制造者的名称、地址，进口产品必须标明原产地以及代理商、进口商的中国注册名称和地址；标签上必须有产品名称，名称真实，符合国家标准；标签上必须有产品的型号和规格，标志必须符合国家标准；标签必须注明产品所采用的原材料的成分和含量；标签上必须标明产品的洗涤方法，有符号和简单明了的文字说明；标签必须注明产品的使用期限，以及使用和储藏的注意事项；标签必须注明产品执行的国家标准编号；标签必须注明产品的质量等级和产品质量检查合格证；所有的服装类商品必须有耐久性标签，牢固

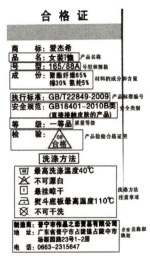

图10-15　服装吊牌

地缝制在商品上，色牢度好，不怕洗涤、热烫，文字清晰、醒目，位置在常规的地方，便于顾客寻找。

吊牌一般应包含的内容有：制造者的名称和地址、产品名称、号型、纤维成分和含量、洗涤方法、产品执行标准编号、产品质量等级、产品质量合格证。其中号型、纤维成分和含量、洗涤方法必须使用耐久性的环保吊牌标签。

（三）使用说明标志

使用说明标志是指在成品服装或服装包装上以不同方式标注的使用说明及图形符号，是服装质量标志的重要组成部分。服装成品的使用说明一般应包括品名、厂名厂址、号型，面、里、衬、填充料成分及含量百分比，洗涤方法（保管说明），产品的标准编号、质量等级、合格证等内容。其中，号型标志、成分及含量标志、洗涤方法标志应缝合在产品上。使用说明标志能指导消费者根据服装原料，采用正确的洗涤、熨烫、干燥、保管方法。

（四）质量认证标志

质量认证是指按照规定的程序，由具备资格的认证机构对企业的质量体系进行审

核，并对相关产品进行检验，以证明企业能够持续稳定地生产符合特定标准或技术条件的产品，并取得认证证书和认证标志使用权。凡是使用认证标志的产品，实际上是向消费者提供了一种明示担保，表明产品质量是符合规定标准的。但质量认证不是所有服装生产企业都能通过和履行的，因此，质量认证标志只是推荐性质量标志。服装的主要质量认证标志有纯羊毛标志、麻纺标志和高档丝绸标志等。

（五）安全要求标志

自2005年1月起实施的服装产品的强制性国家标准《国家纺织产品基本安全技术规范》（GB 18401—2013），使纺织产品有了更多的安全指标要求。生产企业符合该规范的服装，要标清"GB 18401—2003"的标志，没有取得相关安全标志的服装禁止销售。

········○ 课堂提升训练 ○········

在班级中选择几名同学，通过测量得知他们需要穿多大号的衣服，根据季节和实用性向他们推荐合适的服装，并向其说明相关洗涤注意事项。

［知识三］ 鞋 帽

鞋子有着悠久的发展历史。大约在5000多年前的仰韶文化时期，就出现了兽皮缝制的最原始的鞋。鞋子是人们保护脚不受伤的一种工具。最早人们为了不让脚难受或者受伤，就发明了毛皮鞋子。鞋子发展到现在，就形成了现在这个样子，各种样式、功能的鞋子已随处可见。

一、鞋

（一）鞋的分类

1.按用途分类

按用途的不同分类，鞋可分为生活用鞋、劳动保护用鞋、体育运动用鞋、舞台用鞋、军用鞋等。

生活用鞋

体育运动用鞋

军用鞋

图10-16　不同用途的鞋

2.按穿用季节分类

按穿用季节的不同分类，鞋可分为棉皮鞋、单皮鞋和皮凉鞋等。

棉皮鞋

单皮鞋

皮凉鞋

图10-17　不同季节穿用的鞋

3.按使用原材料分类

按使用原材料的不同分类，鞋可分为牛皮鞋、猪皮鞋、马皮鞋、羊皮鞋、合成革鞋、人造革鞋等，还有皮底皮鞋、橡胶底皮鞋、塑料底皮鞋、仿皮底皮鞋等。

牛皮鞋

羊皮鞋

人造革鞋

图10-18　不同原材料的鞋

4.按成型方法分类

按成型方法的不同分类，鞋可以分为线缝皮鞋、胶粘皮鞋、模压皮鞋、硫化皮鞋等。

线缝皮鞋

胶粘皮鞋

模压皮鞋

硫化皮鞋

图10-19　成型方法各异的鞋

（二）鞋的材料构成

1.面料

所有制作鞋面的材料统称为革，革分为天然皮革和人造革两大类。

（1）天然皮革的分类

①牛皮。分为黄牛皮、水牛皮等，一般黄牛皮的强度优于水牛皮。牛皮一般又可分为头层牛皮和二层牛皮，头层牛皮一般用于制作皮鞋鞋面，二层牛皮一般用于制作运动鞋、皮鞋的垫脚。头层牛皮的价格远远高于二层牛皮的价格。

②羊皮。分为绵羊皮、山羊皮两大类。一般山羊皮色牢度优于绵羊皮，而在柔软度及穿着舒适性上，绵羊皮优于山羊皮。

③猪皮。一般在成人鞋面中用得较少，在童鞋中用得相对较多。猪皮价格较低，一般在成人鞋当中用于制作里皮。猪皮一般有头层和二层之分，头层强度较好，二层强度较差，但头层的价格比二层贵大约五倍。

④其他动物皮。例如鳄鱼皮、袋鼠皮、鹿皮、蜥蜴皮、蛇皮、珍珠鱼皮、鸵鸟身皮、鸵鸟脚皮、青蛙皮，以上动物皮由于皮源稀少，所以制作的鞋往往价格较高，但不代表这些皮料在穿着的舒适性就很好。

（2）人造革的分类

一般由人工合成用于制作鞋面的面料，统称为人造革。可以大致地说，天然皮革之外的鞋面面料都为人造革面料。一般来讲，人造革的价格，穿着的舒适性、透气性差于天然皮革，但也有极少数人造革由于制作工艺复杂，价格高于天然皮革。

2.鞋底

（1）橡胶底

天然橡胶一般耐磨、耐寒、耐折，性能较好，用于制作鞋底的橡胶往往要加入其他低成本的材料，不过如果加入过量也会大大降低耐折、耐磨性能。橡胶底往往分量较重。

（2）真皮底

真皮大底往往前掌需加胶片，透气性、吸汗性较好，成本较高，耐寒、耐折性较好，耐磨性一般。真皮大底一般用牛皮来制作。

（3）EVA底（俗称发泡底）

分量较轻，但耐压性较差，受压后往往容易变形，不易回弹。耐寒性较好，耐磨、耐折性一般。

（4）复合底

由几种材料组合起来的底简称复合底，鞋底可分割成后跟及后跟掌面、底片及沿条以及前掌掌面等几部分,不同部位的功能要求不同,可结合以上材料的优点加以组合。一般复合底的成本高于以上大底。

3.内里

用于制作鞋里的部分称为内里。内里一般可分为两大类,即真皮内里和人造革内里。

(1)真皮内里

①猪皮。可分为头层猪皮和二层猪皮,按表面处理方法的不同又可分为水染猪皮、涂层猪皮。水染猪皮透气、吸汗性较好,但容易褪色,这是共性;涂层猪皮一般不会褪色,但透气、吸汗性很差。二层猪皮的强度远远低于头层猪皮。

②羊皮。一般用于制作高档鞋的内里,不易褪色,透气、吸汗性较好,价格一般为头层猪皮的三到四倍。

③牛皮。一般用于制作高档鞋的内里,透气、吸汗性较好,价格较高。

(2)人造革内里

人造革内里主要指PU、PVC革以及其他复合类的革料。人造革内里一般成本较低,但也有部分价格高于猪皮。没有经过特殊工艺处理的PU、PVC革透气、吸汗性很差,但也有部分PU革经过特殊工艺处理后透气、吸汗性得到改善,这种革俗称透气革。人造革一般不会褪色。

(三)鞋产品内外包装上应标注的内容

1.内包装上应标注的内容

鞋产品内包装上应标注制造厂名或注册商标、产品名称、鞋号、颜色、质量等级和相应的标准编号。

2.外包装上应标注的内容

鞋产品外包装上应标注制造厂名、产品名称、注册商标、鞋号、质量等级和相应的标准编号、颜色、数量、箱号、毛重、体积、装箱日期、储运标志等。

二、帽

(一)帽的分类

1.按用途分,有风雪帽、雨帽、太阳帽、安全帽、防尘帽、睡帽、工作帽、旅游帽、礼帽等;

2.按使用对象和式样分,有男帽、女帽、童帽、情侣帽、牛仔帽、水手帽、军帽、警帽、职业帽等;

3.按制作材料分,有皮帽、毡帽、毛呢帽、长毛绒帽、草帽、竹斗笠等;

4.按款式特点分，有贝雷帽、鸭舌帽、钟形帽、三角尖帽、前进帽、青年帽、披巾帽、无边女帽等。

（二）帽的选购

1.帽号的选择

帽子的大小以"号"来表示。帽子的标号部位在帽下口内圈，用皮尺测量帽下口内圈周长，所得数据即为帽号。"号"是以头围尺寸为基础制定的。帽的取号方法是用皮尺围量头部（过前额和头后部最突出部位）一周，皮尺稍能转动，此时的头部周长为头围尺寸，根据头围尺寸即可确定帽号。

中国帽子的规格从46号开始，46～55号为童帽，56～60号为成人帽，60号以上为特大号帽。号间等差为1厘米，组成系列。

2.帽子的质量

帽子的质量一般从规格、造型、用料、制作几方面来判断。具体地说，规格尺寸应符合标准要求；造型应美观大方，结构合理，各部位对称或协调；用料应符合要求。织帽表面不允许有凹凸不匀，松紧不均，花纹不齐；棉帽内的棉花应铺匀，纳线应疏密合适；帽上装饰件应端正、协调；绣花花型不走形、不起皱；整烫平整、美观，帽里无拧赶现象；帽子整体洁净，无污渍、折痕、破损等。

（三）帽的养护

帽子脱下后，不要随便乱放，应该挂放在衣帽架或者衣钩上，上面不要压重物，以免走样变形。要收藏起来的帽子必须干净、干燥，放置于通风、干燥处，上面不要压重物，以免走样变形，可分类摆放。

1.运动帽类

帽子戴久了，里外会沾上油垢、污物，要及时洗刷掉。帽衬可以拆下洗净再绷上，以免帽衬上的汗污受潮发霉，影响帽子寿命。

2.毡帽类

帽子上如有污迹，可用氨水加等量酒精的混合剂擦洗。先用一块绸布蘸取这种混合液，然后再擦洗。不能把帽子弄得太湿，否则容易走形。

3.纤维帽类

洗后最好往帽子里塞满揉皱的纸和布团，然后再晾干。

4.皮帽类

帽子如果沾到灰尘或是宠物毛屑等，可以将宽面胶带反折套在手指上去粘贴，除去表面灰尘或毛屑。

5.毛料帽类

不需每次清洗，若达到非清洗不可的程度，干洗是最恰当的方式。也可用葱头切片擦净，或以布蘸取汽油顺毛擦拭，可以达到良好的洗涤效果。

6.其他类

如针织帽，清洗较为特殊，有的能浸水，有的则不能浸水（如羽毛、亮片或有衬纸型的帽子等）。如棉做的帽子就可以洗，纸皮垫的帽子只能擦，不能洗。

·······○ **课 堂 提 升 训 练** ○·······

根据所学给自己设计一款鞋子，从面、底、里三大块选择材料，符合自己的要求，并向同学们说明这样选择的理由。

同步测试
TONG BU CE SHI

一、单项选择题

1.轻松保暖、柔和贴身，吸湿性、透气性、卫生性较好是（　　　　）的优点。

    A.棉织物   B.麻织物

    C.丝织物   D.毛织物

2.易缩、易皱，外观上不大挺括美观，在穿着时必须时常熨烫是（　　　　）的缺点。

    A.棉织物   B.麻织物

    C.丝织物   D.毛织物

3.强度极高、吸湿性、透气性甚佳指的是（　　　　）。

    A.棉织物   B.麻织物

    C.丝织物   D.毛织物

4.轻薄、合身、柔软、滑爽、透气、色彩绚丽指的是（　　　　）。

    A.棉织物   B.麻织物

    C.丝织物   D.毛织物

5.服装号型标准不包括(　　　)。

  A.男子标准   B.女子标准

  C.儿童标准   D.老年标准

6.服装体型中胸围和腰围的差数最大的是(　　　)。

  A.Y   B.A

  C.B   D.C

7.服装号型的表示方法为(　　　)。

  A.号与型之间用斜线分开,后接体型分类代号

  B.型与号之间用斜线分开,后接体型分类代号

  C.号加型加体型分类代号

  D.型加号加体型分类代号

二、简答题

1.简述服装面料的种类和特点。

2.服装吊牌必须包括哪些内容?

3.鞋子的材料构成有哪些?

4.不同帽子的保养方式有哪些?

5.不同面料服装的洗涤方式有哪些?

项目实战
XIANG MU SHI ZHAN >>>

实战目的

根据所学服装知识,掌握服装选购的技巧。

实战要求

1.去超市寻找棉布、亚麻、蚕丝、毛呢等不同面料的服装。

2.从商品标签中获取服装的原料信息和洗涤方法。

3.比较不同面料服装的异同。

项目十一
家用电器

学习目标 >>>

1.掌握家用电器的分类；

2.明确家用电器的安全标准及要求；

3.了解常用家用电器的种类与特点；

4.熟悉家用电器的选购、使用、保养与维修等相关知识。

项目导入 >>>
XIANG MU DAO RU

3大关键词成未来家电发展趋势

　　柏林国际电子消费品展览会（IFA）于2017年9月1～6日在德国柏林举行，众多消费电子品牌带着新产品、新技术亮相展台。IFA是目前德国最具规模的电子产品博览会之一，也是目前世界上关注度最高的消费电子展会之一。根据展会的展出情况，未来家电的发展趋势可以概括为3个关键词——智能、创新、另类。

　　关键词一：智能

　　时下，智能可以说是家电类产品发展的总趋势。由于智能手机的普及，人们对手机的依赖性越来越大，各大厂商纷纷为自家产品研发专属App，让产品功能具象化，以提升用户体验。飞利浦Sonicare钻石亮白智能系列声波震动牙刷设计有专属App，它将口腔分为12个区域，通过追踪每一个区域，对每次刷牙没刷到的盲区定制"提醒补刷"

方案；LIFAair空气质量监测仪可以自动监测空气质量，安装智能App后可以通过手机远程监控室内空气质量，并控制空气净化器。

其实，像这种类似于控制中心的产品未来会接入更多家电，从而成为智能家居的中枢神经。

关键词二：创新

创新是科技发展的不竭动力，创新无外乎两点：从无到有和从有到更好。如来自中国的机器人品牌科沃斯带着一系列新产品亮相今年的IFA，其中，规划式3D清洁机器人DR98独辟蹊径，将扫地机器人和无绳手持吸尘器合二为一，让家庭清洁更便捷；干发机除了能快速烘干头发，还能给头发做简单造型；玛纽尔擦地机器人在外形上做了新的尝试，大胆采用椭圆形设计，干擦湿拖均可。

关键词三：另类

在IFA展台，每年都会有一些打破常规的产品让人印象深刻。Bestron热辣红厨房三件套由咖啡机、面包机和电水壶组成，大胆奔放的红色鲜明醒目，让人眼前一亮；来自Prism的面包机和茶壶套装设计时尚现代，白色给人一种洁净的感觉，独特的花纹为产品增添了几分灵动。

思考：家用电器的使用改变了人们的生活，更多品种、更多品牌的诞生，为我们提供了更加广泛的选择余地。在生活中，你接触过哪些家用电器？你对这些家用电器了解吗？

项目知识
XIANG MU ZHI SHI >>>

［知识一］ 家用电器概述

家用电器简称家电，是指以电能（或以机械化动作）来进行驱动的用具。家用电器使人们从繁重、琐碎、费时的家务劳动中解放出来，为人类创造了更为舒适优美、更有利于身心健康的生活和工作环境，提供了丰富多彩的文化娱乐条件，已成为现代家庭生活的必需品。

一、家用电器的分类

家用电器的分类尚未形成统一的方法，在此介绍两种主要的分类。

（一）按照外形分类

按照外形的不同，家用电器可分为大家电和小家电，大家电又可分为白色家电和黑色家电。

1.大家电

大家电可分为白色家电和黑色家电。

（1）白色家电

白色家电是指早期外观以白色为主的家电，虽然现在家电颜色已丰富多彩，但人们还是习惯性地将其称为白色家电。白色家电的功能主要有两个，一个是减轻人们的劳动强度，另一个是改善生活环境，提高物质生活水平。主要产品有空调、冰箱、洗衣机、干衣机、热水器、酒柜、洗碗机等。

（2）黑色家电

黑色家电和白色家电一样，也是根据家电早期外观特征命名的，只不过颜色为黑色而已。目前的黑色电器大多用于娱乐，和白色家电的功能不同，很好辨认。主要产品有电视机、收音机、录像机、摄像机、音响、VCD、DVD等。

2.小家电

小家电，自然"小"就是它最大的特点，一般不是机身体积小，就是占用的电力资源小。小家电按功能可分为四类，分别为厨房小家电、家居小家电、生活小家电和数码产品。主要产品有豆浆机、电热水壶、微波炉、电压力煲、电磁炉、电风扇、吸尘器、加湿器、电吹风等。

（二）按照用途分类

按照用途的不同，家用电器主要划分为空调器具、制冷器具、清洁器具、熨烫器具、取暖器具、保健器具、整容器具、照明器具和家用电子器具。

1.空调器具

主要用于调节室内空气温度、湿度以及过滤空气，如电风扇、空调、空气净化器、加湿器等。

2.制冷器具

利用所属单位装置产生低温，以冷却和保存食物和饮料，如电冰箱、冷饮机、制冷机、冰淇淋机等。

3.清洁器具

用于个人衣物、室内环境的清理与清洗，如洗衣机、淋浴器、抽烟机、扫地机器人、吸尘器、地板打蜡机、擦窗机等。

4.熨烫器具

用于熨烫衣物，如电熨斗、熨衣机、熨压机等。

5.取暖器具

通过电热元件使电能转换为热能，供人们取暖，如空间加热器、电热毯等。

6.保健器具

用于身体保健的家用小型器具，如电动按摩器、按摩靠垫、空气负离子发生器、催眠器、脉冲治疗器等。

7.整容器具

用于修饰人的面容，如电吹风、电推剪、电动剃须刀、多用整发器、烘发机、修面器等。

8.照明器具

包括室内各类照明及艺术装饰用的灯具，如各种室内照明灯具、镇流器、启辉器等。

9.家用电子器具

是指家庭和个人用的电子产品，这类家电产品门类广、品种多，主要包括以下几类：

（1）音响产品，如收音机、录音机、组合音响、电唱机等；

（2）视频产品，如电视机、录像机等；

（3）计时产品，如电子手表、电子钟等；

（4）计算产品，如计算器、家用电子计算机、家用电脑学习机等；

（5）娱乐产品，如电子玩具、电子乐器、电子游戏机等；

（6）其他家用电子产品，如电子炊具、家用通信产品、医疗保健产品、监控器、指纹锁等。

二、家用电器的安全标准

家用电器安全标准，是为了保证人身安全和使用环境不受任何危害而制定的，家用电器在设计和制造过程中应遵照执行的标准文件。只有在使用家用电器时严格遵守标准中的相关规定，消费者的安全才能得到有效保障。家用电器安全标准涉及的安全方面，可以分为对使用者的安全和对环境的安全。

（一）对于使用者的安全

1.防止人体触电

众所周知，触电会严重危及人身安全。有关资料表明，人体对电流的反映是：电流为8～10毫安时，手摆脱电极已感到困难，有剧痛感；电流为20～25毫安时，手迅速麻痹，不能自动摆脱电极，呼吸困难；电流为50～80毫安时，呼吸困难，心房开始震颤；电流为90～100毫安时，呼吸麻痹，三秒钟后心脏开始麻痹，停止跳动。一个人如果身上较长时间流过大于自身的摆脱电流（IEC报告，60千克体重成年男子为10毫安，妇女为7毫安，儿童为4毫安），就会摔倒、昏迷和死亡。防触电是产品安全设计的重要内容，它要求产品在结构上应保证用户无论在正常工作条件下还是在故障条件下使用产品，均不会触及带有超过规定电压的元器件，以保证人体与大地或其他容易触及的导电部件之间形成回路时，流过人体的电流在规定限值以下。因此，符合防触电保护安全标准是产品设计、制造中首先应当考虑的问题。

2.防止过高的温度

高温不仅直接影响使用者的安全，而且还会影响产品的其他安全性能，如造成局部自燃，或释放可燃气体造成火灾；高温还可使绝缘材料性能下降，或使塑料软化，造成短路、电击；高温还可使带电元件、支承件或保护件变形，改变安全间隙，有引发短路或电击的危险。因此，产品在正常或故障条件下工作时，应当能够防止由于局部高温过热而造成的人体烫伤，并能防止起火和触电。例如，电饭煲温度过高会自动断电；电热水器有温控器，不会温度过高；电视机的后盖有很多孔，就是为了通风散热，使用时一定要把防尘的布罩拿开；电动机的外壳有很多翼状散热片，使用时与轴相连的扇叶向散热片吹风，也是为了降温；计算机内也装有散热风扇降温。

3.防止机械危害

家用电器中像电视机、电风扇等，儿童也可能会直接操作。因此，对整机的机械稳定性、操作结构件和易触及部件的结构要特殊处理，以防止台架不稳或运动部件倾倒。要防止外露结构部件边棱锋利，毛刺突出，直接伤人。还要能保证用户在正常使用中或作清洁维护时，不会受到刺伤和损害。例如，电视机、收录机的拉杆天线顶端要安装一定尺寸的圆球，用来保证既清楚可见，不易误刺伤人，又能传递不致压刺伤人的压力。

4.防止有毒有害气体的危害

家用电器中所装配的元器件和原材料很复杂，有些元器件和原材料中含有毒性物质，它们在产品发生故障、发生爆炸或燃烧时可能挥发出来。常见的有毒有害气体有一

氧化碳、二硫化碳及硫化氢等。因此，应该保证家用电器在正常工作和故障状态下，所释放出的有毒有害气体的剂量限定在危险值以下。

5.防止辐射引起的危害

人体如果长期暴露在超过安全的辐射剂量下，人体细胞就会被大面积杀伤或杀死。老人、儿童、孕妇属于电磁辐射的敏感人群，而心脏、眼睛和生殖系统则属于电磁辐射的敏感部位。任何电器只要通上电流就会有电磁辐射，大到空调、电视机、电脑、微波炉、加湿器，小到吹风机、手机、充电器甚至接线板，都会产生电磁辐射。电磁辐射对人体的影响是缓慢和无形的，对身体的损害因积累而产生，它的危害不容易被人们察觉。因此，为了消费者的安全，在设计家用电器时，应使其产生的各种辐射限制在规定数值以内。

（二）对于环境的安全

1.防止火灾

起火将严重危及人们的生命财产安全。每年的火灾数据统计中，电器原因引起的火灾已高居各类火灾之首，因此，家用电器的阻燃性防火设计十分重要。在产品正常或故障甚至短路时，要防止由于电弧或过热而使某些元器件或材料起火。如果某一元器件或材料起火，应该不使其支承件、邻近元器件起火或整个机器起火，不应放出可燃物质，防止火势蔓延到机外，危及消费者生命财产安全。

2.防止爆炸危险

家用电器有时在大的短路电流冲击下会发生爆炸。电视机显像管受冷热应力或机械冲击会发生爆炸，安全标准要求，电视机显像管万一发生爆炸，碎片不能伤害在安全区内的观众。安全区是指正常收看位置（最佳收看距离为屏幕高度的4～8倍），以及离电视接收机更远的地区。

家用电器的使用寿命是由其设计寿命决定的。各种家用电器的功能、使用环境和使用率不同，决定了它们的使用寿命各有差异。除设计、工艺和材料等因素外，使用寿命还受实际使用环境的影响。恶劣的使用环境和不正确操作会影响家用电器的局部甚至整机使用寿命，如受潮、经常骤冷骤热、强烈震动等都会对家用电器的使用寿命产生影响。

当一件家用电器接近使用寿命极限时，由于整体老化会不断出现故障，从安全和经济的角度考虑，应尽早弃旧换新。

三、家用电器的基本安全要求

为了保障家用电器使用者的人身安全，需要对家用电器的生产、选用、销售、安装、使用、维护和修理等一系列环节提出进一步的要求。国家标准《家用和类似用途电器的安全通用要求》（GB 4706.1－2005）明确规定，家用电器必须有良好的绝缘性和防护措施，以保护消费者使用的安全。各类家用电器均有安全标准，消费者应严格按照安全标准的要求操作，这样才可避免事故的发生。

家用电器安全防护一般分为两类：一是按防水程度分类，二是按防触电保护方式分类。

（一）按防水程度分类

按防水程度分类，其实就是按电器的外壳保护程度分类。根据保护等级，可标记为IPX0～IPX8。防水等级IPX0：没有保护；IPX1：水滴滴入到外壳无影响；IPX2：当外壳倾斜到15度时，水滴滴入到外壳无影响；IPX3：水或雨水从60度角落到外壳上无影响；IPX4：液体由任何方向泼到外壳没有伤害影响；IPX5：用水冲洗无任何伤害；IPX6：可用于船舱内的环境；IPX7：可于短时间（1分钟）内耐浸水；IPX8：于一定压力下长时间浸水。防水性能逐级提高，对应的电器可以分为普通型器具、防滴型器具、防溅型器具和潜水型器具。

（二）按防触电保护方式分类

按照防触电保护方式分类，国家对常用电器的安全要求共分0类、01类、Ⅰ类、Ⅱ类、Ⅲ类五个大类。

0类：这类电器只要求带电部分与外壳隔离，没有接地要求。这类电器主要用于人们接触不到的地方，如荧光灯的整流器等，所以安全要求不高。

01类：这类电器有工作绝缘，有接地端点，可以接地或不接地使用。如在干燥环境（木质地板的室内）使用，可以不接地；否则应予接地，如电烙铁等。

Ⅰ类：这类电器有工作绝缘，有接地端点和接地线，规定必须接地或接零。接地线必须使用外表为黄绿色的铜芯绝缘导线，在接地线引出处应有防止松动装置，接触电阻应不大于0.1欧姆。该类电器的防触电保护不仅依靠基本绝缘，而且还有一个附加预防措施。其方法是将易触及的导电部件与已安装在固定线路中的保护接地导线连接起来，使易触及的导电部件在基本绝缘损坏时不成为带电体，如电视、冰箱、洗衣机等。

Ⅱ类：这类电器采用双重绝缘或加强绝缘，没有接地要求。所谓双重绝缘，是指除有工作绝缘外，尚有独立的保护绝缘或有效的电器隔离。这类电器的安全程度高，可用于与人体皮肤相接触的器具，如电推剪、电热梳等。

Ⅲ类：使用安全电压（50伏以下）的各种电器，如剃须刀、电热毯等。在不能安全接地又不干燥的环境中，必须使用安全电压型产品。

········○ **课堂提升训练** ○········

想一想，生活中你接触过哪些家用电器，在使用时有哪些安全注意事项？

［知识二］ 家用电器种类及特点

一、空调器具

（一）家用空调

1.家用空调的种类

（1）按结构分类

按结构来分，空调可分为整体式空调和分体式空调。

整体式空调又称窗式空调，根据长宽比例不同又可分为卧式和竖式两种。分体式空调器由室内机和室外机两部分组成，根据室内机安装方式的不同又可分为壁挂式、落地式、柜式、吊顶式、嵌入式等。几种常见的空调类型如图11-1所示。

落地式空调　　　　　分体式空调　　　　　　　窗式空调　　　　　　嵌入式空调

图11-1　几种常见的空调类型

（2）按功能分类

按功能来分，空调可分为单冷式空调和冷热式空调两种。

单冷式空调又称冷风型空调，是只具备制冷功能而不具备制热功能的家用空调。带电脑控制的遥控式单冷型空调还具备除湿和通风功能。单冷型空调是房间空调的基本类型，其结构简单，功能单一，操作简便，运行可靠，价格便宜。

冷热式空调具有制冷、制热、除湿功能，夏季可用来降温，冬季可用来升温。冷热式空调有热泵型空调、电热型空调、热泵辅助电热型空调等几种类型。

（3）按空气处理方式分类

按空气处理方式来分，空调可分为集中式空调、半集中式空调、局部式空调。

集中式空调又称中央空调，是指空气处理设备集中在中央空调室里，处理过的空气通过风管送至各房间的空调系统。它适用于面积大、房间集中、各房间热湿负荷比较接近的场所选用，如宾馆、办公楼、船舶、工厂等，现在越来越多的家庭也开始选用中央空调。它比一般的空调节省空间，系统维修管理方便，设备的消声隔振比较容易解决。

半集中式空调是既有中央空调又有处理空气的末端装置的空调系统。这种系统比较复杂，可达到较高的调节精度，适用于对空气精度有较高要求的车间和实验室等。

局部式空调是指每个房间都有各自的设备处理空气的空调。它可以直接装在房间里面或装在临近的房间里，就地处理空气，适用于面积小、房间分散、热湿负荷相差大的场合。其设备可以是单台独立式空调相组，如窗式、分体式空调等，也可以是由管道集中给冷热水的风机盘管式空调组成的系统，各房间按需要调节本室的温度。

（4）按操作方式分类

按操作方式来分，空调可分为普通式、线控式与遥控式三种。普通式空调是通过直接操作面板上的旋钮或开关，实现对空调的控制。线控式是用遥控器对空调进行控制，遥控器用导线与空调连接。而遥控式则通过遥控器上发射的红外线对空调进行控制。分体式空调都为遥控式，一些新型窗式空调也采用了遥控式。

（5）其他分类方式

按室内机数量分类，可分为"一拖二""一拖三"空调，即一台室外机分别带二台、三台室内机。按固定方式分类，可分为固定安装式和可移动式两大类。按适用的气候环境分类，可分为"T1型""T2型""T3型"，我国一般采用"T1型"空调。按防触电保护方式分类，可分为01类、I类和II类，我国一般采用I类空调。

2.家用空调的工作原理

（1）制冷原理

空调制冷原理如图11-2所示。空调工作时，制冷系统内的低压、低温制冷剂蒸汽被压缩机吸入，在压缩为高压、高温的过热蒸汽后排至冷凝器；同时室外侧风扇吸入的室外空气流经冷凝器，带走制冷剂放出的热量，使高压、高温的制冷剂蒸汽凝结为高压液体。高压液体经过节流毛细管降压、降温后流入蒸发器，并在相应的低压下

蒸发，吸取周围热量；同时室内侧风扇使室内空气不断进入蒸发器的肋片间进行热交换，并将放热后变冷的气体送向室内。如此，室内外空气不断循环流动，即可达到降温的目的。

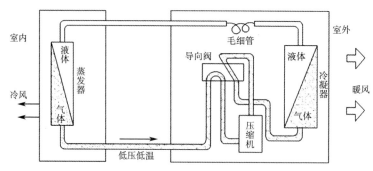

图11-2　空调制冷原理

（2）制热原理

空调热泵制热是利用制冷系统的压缩冷凝热来加热室内空气的，如图11-3所示。低压、低温制冷剂液体在蒸发器内蒸发吸热，而高温高压制冷剂气体在冷凝器内放热冷凝。热泵制热时通过四通阀来改变制冷剂的循环方向，使原来制冷工作时作为蒸发器的室内盘管变成制热时的蒸发器，这样制冷系统在室外吸热，在室内放热，即可实现制热的目的。

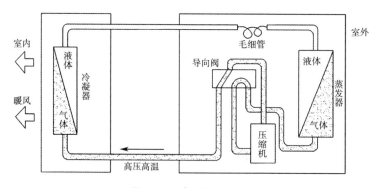

图11-3　空调制热原理

3.家用空调的选购

（1）制冷量

制冷量是指空调单位时间内所产生的冷量，单位为瓦，在空调型号中标出，比如型号为KFR-35GW的空调，其制冷量是3500瓦。如果所选择的空调制冷量不足，不仅不能获得预期的制冷效果，而且长时间不间断地运转，还会缩短空调的使用寿命，增加空调发生故障的概率。反之，如果空调的制冷量选择过大，就会使空调开关频繁，从而导致空调压缩机磨损加大。空调匹数与房间适用面积之间的关系如表11-1所示。

表11-1　　　　　　　　　　　**空调匹数与房间适用面积之间的关系**

型号	匹数	适用面积/m²
KFR-23	小1匹	9～12
KFR-25	1匹	10～14
KFR-28	大1匹	11～18
KFR-31（32）	小1.5匹	14～20
KFR-33	1.5匹	16～22
KFR-35	大1.5匹	18～26
KFR-45	小2匹	20～28
KFR-51	2匹	28～32
KFR-60	2.5匹	32～42
KFR-70	3匹	42～52
KFR-120	5匹	53～73

空调的制冷量，一定要根据房间面积大小来选择，才能保证效果。厂家的要求为平均200瓦/平方米，比如18平方米的房间，就需要制冷量3600瓦，可以买市场上标准的3500瓦的机器，简称35机，也就是大1.5匹机。

制冷量是消费者选购空调产品的重要依据，制冷量过小，达不到预期的降温效果；制冷量过大，会造成资源浪费。国家标准规定，制冷量的实测值应不小于额定值的95%。

（2）能效比

能效比指空调在制冷运行时，制冷量与有效输入功率之比（能效比＝制冷量/输入功率）。该数值的大小可以反映出空调产品的节能情况。能效比数值越大，表明所需要消耗的电功率越小，耗电量也就越少。

空调省不省电，能效比是一把标尺。例如一台空调的能效比为3，其含义形象一点讲，就是该空调每消耗一份电能可获得三份的制冷量。从中可以看出，空调的能效比越高越节能。

（3）噪音量

空调噪音是空调系统工作时发出的噪音，是叶片旋转时撞击周围空气而产生的有调噪音和由涡流引起的无规噪音。

国家规定，制冷量在2000瓦以下的空调，室内机噪声不应大于45分贝，室外机不应大于55分贝；2500~4500瓦的分体空调，室内机噪声不应大于48分贝，室外机不应大于58分贝。

顾客买的是空调，是用来制冷取暖的，不是买一台噪音制造器，所以噪音量是一个比较重要的参考指标，空调运转时产生的杂音、噪声过大，会严重影响生活幸福指数。在这一点上，变频机比定频机要好。

4.空调的使用与维护

（1）空调的开机、停机应通过机上的主控开关或遥控器上的电源开关进行，不能用插、拔空调电源线插头的方法来开停空调，否则可能影响空调的正常工作，且不安全。

（2）如果较长时间不用空调，可将电源线插头拔出。带有遥控器的空调，应将遥控器中的电池取出，以防电池内的电解液渗漏而腐蚀遥控器。

（3）不能随意堵住空调的进出风口，不要把湿衣服挂在空调的出风口，否则会严重影响空调的正常工作。

（4）空调制冷时温度不宜调得过低，制热时温度不宜调得过高，以防由于室内外温差过大，使人感到不舒服。

（5）空调在使用过程中，最好相隔一段时间后停机、打开门窗，让室内的空气彻底更换一下，同时打扫一下室内卫生，以保持空气清洁。

（6）线控器、遥控器应妥善保管，并注意防止着水、阳光直射，以防遥控器失灵。

（7）电热型或热泵辅助电热型空调制热后，不要立即停机，应让送风操作几分钟，使机内的余热散尽，电热元件冷却后再关机。

（8）空调房间严禁存放易挥发的可燃物品，如汽油、香蕉水等，否则易引起燃烧或爆炸。

5.空调的清洁与保养

（1）外壳清洁。空调的外壳、操作面板应定期用干净的软布进行揩擦。若外壳较脏，可用肥皂水或中性洗涤剂擦拭，然后再用清水擦净。线控器或遥控器也应定期用软布擦拭干净。

（2）滤网清洁。空调每工作100小时，或空调上滤网指示灯亮，则应取下滤网，用吸尘器吸除积尘，或用软毛刷刷除积尘，然后放到清水中清洗，洗后在阴凉处晾干。不可用火烘干或在太阳下晒干，否则会变形难以装复。

（3）空调使用3年应对其内部进行一次清洁。在灰尘较多情况下运作的空调，此期限可相应缩短。

（4）清洁并检查分体式空调室内外机组间的连接管，其隔热保温材料若有破裂、脱落或被老鼠咬坏，应及时修补或更换。连接管接头处可用洗涤剂或肥皂水检查是否有气泡冒出，若有，则说明制冷剂有泄露，应请维修人员处理。

（5）检查导线绝缘是否良好，芯线有无碰壳。接线端、接插件是否接触良好，插头、插座是否松动，接地线是否良好，如不正常应及时处理。

空调器在清洁保养之前一定要切断电源，以保证安全。

（二）电风扇

1.电风扇的分类

①按电动机型式的不同，电风扇可分为单相电容电风扇、单相罩极电风扇、三相电动机电风扇。

②按结构用途的不同，电风扇可分为吊扇、台扇、落地扇、壁扇、顶扇、换气扇、转页扇等。台扇有摇头和不摇头之分，也有转页扇；落地扇中有摇头、转页的。还有一种微风小电扇，适合吊在蚊帐里。几种主要的风扇结构及外形如图11-4所示。

图11-4　几种主要的风扇结构及外形

③按扇叶直径的不同，电风扇可分为100毫米、200毫米、230毫米、250毫米、300毫米、350毫米、400毫米、550毫米、800毫米等不同类型。

④按功能的不同，电风扇可分为普通电风扇、加温电风扇、模拟自然风电风扇、阵风电风扇、送风角度可以变化的电风扇、带灯电风扇和电子定时电风扇等。

2.电风扇的工作原理

尽管电风扇的外观不断变化，但它的工作原理基本是不变的。电风扇的主要部件是交流电动机，其工作原理是通电线圈在磁场中受力而转动。能量的转化形式是：电能主要转化为机械能，同时由于线圈有电阻，所以不可避免会有一部分电能转化为热能。电

风扇工作时（假设房间与外界没有热传递），室内的温度不仅不会降低，反而会升高。电风扇工作时，由于有电流通过电风扇的线圈，导线是有电阻的，所以会不可避免地产生热量向外放热，故温度会升高。但人们为什么会感到凉爽呢？因为人体的体表有大量的汗液，电风扇工作起来以后，室内的空气会流动起来，所以就能够促进汗液的急速蒸发，故人们会感到凉爽。

3.电风扇的选购

尽管电风扇一直以来在家电产品中都占有重要的市场地位，但与目前高端家电产品的发展速度相比，在空调产品大举挺进的背景下，昔日红火的电风扇行业已不如往昔。但从调查数据来看，使用方便、灵活、省电的电风扇产品仍有巨大的市场空间。

电风扇的选择主要集中在台式、落地式两类。这两类电风扇一般可分为标准普及型及电子豪华型两种。前者以结构简单、操作方便、售价低廉为特色，一般只具有调速与改变风向两种功能；后者则以复杂多变的功能、豪华精美的造型为特色。消费者可根据以实用性为前提还是以实用、装饰、豪华兼顾为宗旨而决定取舍。选购时应注意以下几点：

（1）选购电风扇时要进行试运转，接通电源，用试电笔检查金属部件，确认无漏电现象。

（2）工作30分钟内，电机无明显的烫手感（温度越低电机质量越好）。

（3）具有特殊功能的电风扇，其功能应效果良好。

（4）检查电风扇摇头、调速和定时开关是否与面板标记相符。开关装置有琴键式和触摸式等多种，要求安全性、灵活性良好，接通和断开电源时接触良好。如果是琴键开关，当按下某一键时不应当有两键相连的现象，各键按下，复位都要灵活自如。

（5）定时装置要求定时准确，旋转灵活，没有卡阻现象或摩擦面板现象，常开和常关位置应控制可靠。

（6）旋钮、开关操作时发音清脆、定位准确。轻触式开关指挥应正确可靠。各档位转速区别明显，慢档转速应小于快档的70%。沿轴向推拉扇叶时，晃动要小。观看电机中间的前后间隙，只要风扇转子转动灵活，间隙越小越好。检查时卸下风扇前网罩，用手握住扇叶中间的突出部分，推拉几次。

（7）用手缓缓转动扇叶，扇叶转动平稳轻松，不碰任何部位，停止时叶片渐慢自然停止。从侧面观看扇叶的运行轨迹，如果无明显偏差，那么风扇高速转动时相对较平稳。风扇的平稳性也很关键，在风扇最不利的位置与平面成10度倾角时风扇不应翻倒。

4.电风扇的使用与维护

电风扇在使用时应注意以下几点：

（1）电风扇在使用前，应首先核对供电电压，对于有接地线的电风扇，应按规定接好地线。

（2）电风扇在长时间运行时，应注意电动机升温不可太高。一般电动机铁壳表面温度不应高于75℃，即不能有烫手的感觉。

（3）每年储藏前，做一次比较彻底的清洁工作，在转轴外露部分和镀铬网罩表面涂上一层机油，在扇头加油孔内注入少许轻油（或缝纫机油），用干净布包好，放在干燥通风处。切勿放在床底易回潮的水泥地面上，更要避免叠压、碰撞。

二、制冷器具——电冰箱

（一）电冰箱的种类

1.按箱门的结构分类

按箱门结构的不同，电冰箱可分为单门式电冰箱、双门式电冰箱、对开双门壁柜式电冰箱、多门式电冰箱等。单门式电冰箱是指冰箱只有一扇门，它的冷却方式是靠箱内顶部蒸发器的低温，使箱内空气自然对流来传递热量。对开双门壁柜式电冰箱又可称为立式大型双门双温电冰箱，是指两扇门直立并排的电冰箱，容积较大，一般在500升左右。箱体一侧是冷冻室，温度为-6℃、-12℃、-18℃（三星级）三档；另一侧为冷藏室，温度为0℃～8℃。由于两侧温度不同，箱体中间用隔热层分隔开。温度调节与化霜均为自动控制，由于外形类似大衣柜，故也称作壁柜式电冰箱。多门冰箱代表一种冰箱流行趋势，它将冷藏和冷冻区分别分成多个门体、多个温度，方便储藏各种不同的食物，缺点是容积较大、价格昂贵。

2.按用途分类

按用途的不同，电冰箱可分为食品冷藏电冰箱、食品冷冻电冰箱和冷藏冷冻电冰箱。食品冷藏电冰箱贮存不需要冻结的食品，箱温在0℃～10℃。食品冷冻电冰箱适用于食品冷冻，箱温在-18℃以下，用于冷冻肉类及鱼类制冷等。冷藏冷冻电冰箱适用于冷冻食品和贮藏冷冻食品，箱温在-18℃或-18℃以下，它有冷冻室，箱外表面附有星形符号，用以表明冰箱的温度特性。

3.按制冷方式分类

按制冷方式的不同，电冰箱可分为风冷式电冰箱、直冷式电冰箱和风直冷式电冰箱。风冷式电冰箱：通常情况下把无霜的叫作风冷式（靠强制对流制冷）。直冷式电冰

箱：通常情况下把有霜的叫作直冷式（靠自然对流制冷）。风直冷式电冰箱：冷藏室是直冷式，冷冻室是风冷式。

4.按冷冻能力分类

按冷冻能力的不同，电冰箱可分为一星级、二星级、三星级、带冷冻能力的三星级。其制冷能力见表11-2。

表11-2　　　　　　　　　　不同星级的冰箱冷冻能力表

星级	星标	冷冻室温度/℃	食物大约储存期/月
一星级	★	≤-6℃	0.4
二星级	★★	≤-12℃	1
三星级	★★★	≤-18℃	1.8
带冷冻能力的三星级	★★★★	≤-18℃	3

（二）电冰箱的工作原理

电冰箱的工作原理有很多，这里介绍几种常见电冰箱的工作原理。

1.压缩式电冰箱的工作原理

压缩式电冰箱由电动机提供机械能，通过压缩机对制冷系统作功。制冷系统是利用低沸点的制冷剂蒸发汽化时吸收热量的原理制成的。其优点是寿命长、使用方便，世界上91%～95%的电冰箱属于这一类。

2.半导体电冰箱的工作原理

半导体电冰箱是通过对PN型半导体通以直流电，在结点上产生珀尔帖效应的原理来实现制冷的。

3.化学冰箱的工作原理

化学冰箱是利用某些化学物质溶解于水时强烈吸热的原理而获得制冷效果的。

4.电磁振动式冰箱的工作原理

电磁振动式冰箱是用电磁振动机作为动力来驱动压缩机的冰箱，其原理、结构与压缩式电冰箱基本相同。

（三）电冰箱的选购

1.尺寸和容积

我们可以根据居家生活的人数（如三口之家还是四口之家）估算一下冰箱的使用尺寸以及容积大小，比如60升以下的小冰箱、100升以上的对开门冰箱，以及200升以上的三门冰箱等。

2.外观与内饰检查

用手指轻扣冰箱体，听听是否有空洞的声音，如果有大面积凹瘪现象或空洞声，说明冰箱内胆隔热材料灌注发泡不良。

看有无脱漆、碰伤、划痕现象。一台合格的电冰箱应该表面光亮，箱内平整，各部件装配牢固，星级标志清晰，箱体后部的冷凝器、过滤器、毛细管路等没有破坏、压扁，管路接头无虚焊、油污等现象。要特别注意的是，压缩机的固定螺丝不应松动。

将冰箱门打开，箱门磁性门封拉力应大于1千克力。观察门缝四周平面是否平直，特别注意门的四角焊接是否平整，有无裂口、翘角、焊焦现象。关闭冰箱门时，当箱门开口距箱体3～5毫米时，箱门应能自动收合紧闭。箱门关闭后，可用0.08毫米厚纸片仔细检查吸附是否严密，冰箱门内衬是否与箱内附件相碰撞。要特别注意检查门封条下边两个拐角处和下横边，可以用手仔细触摸，无间隙最好。

打开冰箱门检查内衬是否有裂缝、裂口和较大面积的凹凸不平。检查绝热层发泡情况，正常的发泡层与内衬结合很紧，手压有紧实感，不应有空软的感觉。

3.冰箱的运行效果

将温度控制旋钮置于中间位置，关门通电开机运行15～20分钟，用手摸蒸发器表面，应该感觉冻手、黏手，甚至可以看到蒸发器上有一层均匀薄霜。冷凝器应温度均匀，没有明显温差的是优质品。

冰箱250升以下噪声应在52分贝以下，250升以上则不应大于55分贝，可用声压计检测。离冰箱1米以外，应听不到明显的噪声；用手触摸冰箱顶部，应只能感觉到轻微振动。冰箱噪声超过52分贝，压缩机启动时振动大，压缩机关闭时还伴有"乒乓"异声者，是不合格品。

（四）电冰箱的使用与维护

正确地使用和维护电冰箱可延长使用寿命，减小耗电量，且有利于食品的冷藏保鲜。使用前应仔细阅读使用说明书，还应注意以下几点：

1.冰箱应放在通风良好、干燥、远离热源、避免阳光直晒的地方。背部冷凝器与墙壁的距离应在10厘米以上，以保证良好的散热。放置的地面应平整坚实，冰箱不得晃动。

2.冰箱的温度应调节合理，正常情况下，冷冻室的温度应低于−18℃，冷藏室的温度在5℃～8℃比较合适。总之，在保证冰箱内食品保鲜和冷冻的前提下，冰箱内的温度设置得越高越省电。

3.冰箱内放置的食品占三分之二最佳，太多会影响温度传导，太少会加快冷气的流失。如果东西太少，可放置一些空的饮料瓶，避免冷气的流失。

4.定期除霜。霜层会降低蒸发器表面的热交换能力，进而影响制冷效果，因此，当箱内霜层达到一定厚度时，应及时除霜。

5.应定期对冰箱进行清洁（每年至少2次）。清洁冰箱时先切断电源，用软布蘸清水或食具洗洁精轻轻擦洗，然后蘸清水将洗洁精拭去。

三、清洁器具——洗衣机

（一）洗衣机的种类

1.按结构形式的不同，洗衣机可以分为单桶洗衣机、双桶洗衣机和多桶洗衣机。

2.按洗涤方式或结构的不同，洗衣机可以分为滚筒式洗衣机、波轮式（涡卷式）洗衣机、搅拌式或摆动（叶）式洗衣机。洗衣机外形如图11-5所示。

滚筒式洗衣机

波轮式洗衣机

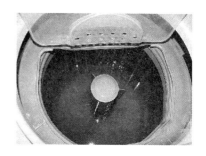
搅拌式洗衣机

图11-5　几种洗衣机的外形图

滚筒式洗衣机衣物半浸没于水中，滚筒作有规律的间歇性正反转动，滚筒内凸筋把衣物带至高处再跌下，起揉搓作用，进行洗涤。其又可分为前装式滚筒洗衣机和顶装式滚筒洗衣机。波轮式（涡卷式）洗衣机也称日本式洗衣机，其优点是结构简单、体积小、重量轻、操作方便、耗电量少，洗净率高；缺点是漂洗衣物不均匀，损衣率高。搅拌式或摆动（叶）式洗衣机有一根主柱，由电动机带动摆动叶绕定轴作周期往复运动，每次转动角度小于360度。其特点是洗净率高，衣物磨损率小，洗涤均匀性较好，但机体大而重，结构复杂、制造困难、噪音较大。

滚筒式、波轮式、搅拌式三种洗衣机的各项性能比较如表11-3所示。

表11-3 三种洗衣机的各项性能比较

项目	滚筒式洗衣机	搅拌式洗衣机	波轮式洗衣机
洗净度	低	中	高
洗净均匀率	高	中	低
洗涤时间长短	长	中	短
缠绕大小	小	中	大
损衣大小	小	中	大

3.按自动化程度的不同，洗衣机可以分为普通型洗衣机、半自动型洗衣机和全自动型洗衣机。

普通型洗衣机搅拌动作为电动机带动正转、反转，由定时器控制，而进水、排水、脱水等完全手动。半自动型洗衣机又分为半自动单筒型和半自动双筒型两种。半自动单筒型洗衣机的洗涤、漂洗、进出水均自动按设定程序与时间进行，没有脱水机；半自动双筒型洗衣机由洗涤、脱水两部分组成，先自动完成洗涤、漂洗，再由人工把洗净的衣物放入甩干桶中脱水。全自动型洗衣机可按选定的工作程序自动完成洗涤、漂洗、脱水、甩干、进水、排水等动作，无需看管。

（二）洗衣机的工作原理

洗衣机的去污原理是通过洗涤液（洗涤剂和水）对衣物上污垢的湿润、增溶、乳化、分散等作用，使污垢在运动部件（如波轮或搅拌叶或滚筒内的凸筋）的机械操作下脱离衣物纤维。由于洗涤剂的活性分子具有很强的表面作用力，它的疏水基一方面能吸附于污垢的表面，并渗透到内部衣物纤维上，将纤维中的空气顶出，使污垢和纤维都被洗涤液湿润、渗透而膨胀，削弱了污垢与衣物纤维之间的结合力；另一方面，当活性分子的亲水基朝向水、疏水基朝向污垢微粒形成单层分子时，疏水性的污垢开始带有亲水性质（即所谓的增溶），并在洗衣机的运动部件的机械作用下产生乳化、分散而脱离衣物纤维，进入到洗涤液中。

不同结构的洗衣机有不同的洗涤特点，但各种类型洗衣机的运动部件的运动都是为了增强洗涤剂的去污效果。以波轮式洗衣机为例，波轮的运动在增强洗涤剂的去污效果上的作用可以归纳为三个方面：抽吸作用和渗排循环，翻滚和冲涤作用，波轮的换向和暂停作用。

（三）洗衣机的选购

1.洗净度和磨损率

滚筒洗衣机模拟手搓，洗净度均匀、磨损率低，衣服不易缠绕；波轮洗衣机洗净

度比滚筒洗衣机高10%，自然其磨损率也比滚筒洗衣机高10%。就洗净度而言，波轮洗衣机和滚筒洗衣机的洗净比大于0.7，波轮洗衣机磨损率小于0.15%，滚筒洗衣机小于0.1%。

2.选3C认证名牌产品

选购洗衣机时，首先要看产品是否已通过3C认证，获得认证的产品机体或包装上应有3C认证字样。选购时应检查是否有国家颁发的生产许可证、厂名、厂址、出厂年月日、产品合格证、检验人员的号码，以及图纸说明书、售后信誉卡、维修站地址和电话等。

3.耗电量和耗水量

滚筒洗衣机洗涤功率一般在200瓦左右，如果水温加到60摄氏度，一般洗一次衣服都要100分钟以上，耗电在1.5度左右。相比之下，波轮洗衣机的功率一般在400瓦左右，洗一次衣服最多只需要40分钟。在用水量上，滚筒洗衣机是波轮洗衣机的40%～50%。

4.容量

目前波轮式洗衣机的容量为2～6千克，滚筒式为3～5千克，以5千克为主。

5.占地

一般来说，顶开式的滚筒洗衣机占地面积最小，约为0.24平方米，其他滚筒式与波轮式洗衣机占地相仿。近年来，相继推出的超薄型产品相应节省了空间。滚筒式一般都有上排水功能，对排水无地漏的用户比较适用。

（四）洗衣机的使用与维护

1.进水管要连接牢固，接头处不得漏水。排水管要摆放好，防止脚踏上去使排水管破裂。

2.洗衣物前，应清理衣物口袋内的硬物、杂物，有金属拉链或金属纽扣的衣物，应将拉链拉上，或扣上纽扣，并翻转或里朝外，以免损坏洗衣机栖壁或损坏衣物，毛物应装在网袋内再放入桶内洗涤，以防围绕波轮或互相缠绕。

3.漂白剂应与水充分稀释后，从漂白剂注入口慢慢倒入洗衣机桶内。未经稀释的漂白剂不可直接倒入桶内。漂白洗涤完毕，应立即排水，并用清水将桶冲干净，以防腐蚀洗衣机桶内壁。

4.衣物放入脱水桶时，衣物在桶内一定要放置均匀、紧实，不可偏向，衣物上一定要加安全压板。脱水过程中洗衣机若发出巨大的振动声，说明衣物未放好，应立即停机，把衣物重新放好后再脱水。脱水过程中不要打开脱水桶盖；脱水结束后，应等桶停转后，再打开盖子取衣物。这样既安全，又可避免脱水刹车机构因经常使用而失灵。

5.全自动洗衣机在脱水时，要先排完水再脱水，否则残余的水会使脱水桶转动阻力增大，电动机可能因超负荷运行而烧毁。

6.洗涤过程中，若发现漏水、漏电、异响或其他不正常现象，不可勉强使用，应立即停机检查，自己解决不了的应请维修人员处理。

7.洗衣机不用时，应将其放置于干燥、通风的地方，以免受潮生锈，降低电器元件的绝缘强度。

8.放置地点应远离火源，应无腐蚀性气体、强酸、强碱的侵蚀。洗衣桶在无水状态下不要通电开机运行，以免磨损密封圈。

9.洗衣机长期不用时，不要用塑料袋套装，以免影响通风和干燥。应定期（2~3个月）开机（短时间通电），以驱散潮气，防止受潮和生锈。

四、熨烫器具——电熨斗

（一）电熨斗的种类

市场上电熨斗品种很多，各有各的特点，一般按功能可划分为普通型电熨斗、调温型电熨斗、蒸汽型电熨斗和蒸汽喷雾型电熨斗四种类型。

1.普通型电熨斗

普通型电熨斗是最简单的一种电熨斗，它具有结构简单、价格便宜的优点，是各种电熨斗的基础。其最大的缺点是温度不易掌握，当达到使用温度时，只能拔下电源插头切断地源，使用者经验不足或稍有不慎，极易烫坏织物。另外，其热惯性较大，使用时必须经过较长时间才能热起来，而停止使用后，需较长时间才能冷却，热量损失较大。因此，在城市中，普通型电熨斗已逐渐被后继型号替代。普通型电熨斗的功率在300~1000瓦。

2.调温型电熨斗

调温型电熨斗的结构与普通型电熨斗相似，只是在普通型基础上增设了一对金属片调温器，从而使底板温度可依据质料与需要在60℃~250℃范围内随意调换，并保持在设定温度不变。所以，它既能熨烫耐温较低的化纤衣料，又能熨烫耐温较高、质地厚实的毛、棉、麻织物，使用简便，且安全省电。调温型电熨斗的功率通常在300~1000瓦。

3.蒸汽型电熨斗

蒸汽型电熨斗又称喷汽电熨斗，它在调温型电熨斗的基础上增设了喷汽装置。在使用过程中，它利用底板热量使水汽化，并通过底板小孔向下喷出，使熨烫织物充分湿

润。这样，既可免除熨烫前人工喷水或铺垫湿布等麻烦，又提高了熨烫质量。

蒸汽电熨斗采用金属管状电热元件，弯成"V"字形后直接铸在铝合金底板中。底板底面喷涂有一层耐热耐磨防粘涂层，使用中不粘织物，推动轻滑。底板上开有直径为2毫米的小孔5~35个，作为蒸汽喷口。

4.蒸汽喷雾型电熨斗

蒸汽喷雾电熨斗是在蒸汽电熨斗基础上，增设喷雾装置而成的。使用时，可向前方喷出雾状冷水，使厚衣料或熨烫时需要较高温度的织物得到充分的水分，提高熨烫效果。蒸汽喷雾型电熨斗是目前流行的，也是比较理想的电熨斗。

（二）电熨斗的工作原理

电熨斗是由电能转化为热能的工具，温度高低由其自身的功率和通电时间的长短来决定。瓦数大、通电时间长，升温快，温度就高；反之，升温慢，温度就低。

电熨斗的发热元件，有云母骨架发热元件和金属管发热元件两种。云母骨架发热元件制成的电熨斗，结构简单、制造容易，发热比较均匀，维修方便，缺点是电热丝暴露在空气中，在高温下氧化得快，寿命短，易受潮湿空气影响，绝缘性能较差。金属管电热元件制成的电熨斗机械强度好、寿命长、热效率高、防潮性能好、安全可靠，但制造工艺比较复杂。

电熨斗是怎样调温的呢？功劳还要归于用双金属片制成的自动开关。双金属片是把长和宽都相同的铜片和铁片紧紧地铆在一起做成的。受热时，由于铜片膨胀得比铁片大，双金属片便向铁片那边弯曲。温度越高，弯曲得越显著。常温时，双金属片端点的触点与弹性铜片上的触点相接触。当电熨斗与电源接通时，电流通过相接触的铜片、双金属片流过电热丝，电热丝发热并将热量传给电熨斗底部的金属底板，人们就可用发热的底板熨烫衣物了。随着通电时间的增加，底板的温度升高到设定温度时，与底板固定在一起的双金属片受热后向电熨斗下弯曲，双金属片顶端的触点与弹性铜片上的触点分离，于是电路断开。这时底板的温度不再升高，并随着底板的散热而降低；双金属片的形变也逐渐恢复。当温度降至某一值时，双金属片与弹性铜片又重新接触，电路再次接通，底板的温度又开始升高。这样，当温度高于所需温度时电路断开，当温度低于所需温度时电路接通，便可使温度保持在一定的范围内。

（三）电熨斗的选购

1.功能的选择

目前市场销售的电熨斗中，蒸汽喷雾型电熨斗最为先进，但其结构复杂，出故障的机率也大，价格较贵；普通型电熨斗虽工艺较成熟，价格较低，但不能控制温度，无法满足当前人们穿着织物种类繁多而需不同温度熨烫的要求，有被淘汰的可能；调温型电熨斗价格适中，使用省时省电，能满足不同织物熨烫的要求。所以，一般家庭购买调温型电熨斗比较经济实惠。

2. 功率的选择

从省电的角度考虑，应选功率大的电熨斗。考虑到家庭电表的负荷小，一般来说，选用功率在500瓦左右的调温型电熨斗较为合适。若每次熨烫衣料较多，使用功率为700瓦的较为理想。

3. 外观质量检查

电熨斗要求外形美观，操作方便，电镀光亮，无锈点、起皮、划痕、坑等缺陷，各部分应结合牢固，拿起用力摇动应无松动感，无响声。

4. 通电检查

通电后，可用试电笔接触外壳，判断是否漏电，合格产品用手轻轻触摸金属部分应无麻感。指示灯显示应正常。

（四）电熨斗的使用与维护

1. 电熨斗是功率较高的电器，最好不要和其他耗电量较大的用电器具如电饭锅、电烤箱、电暖器等同时使用。

2. 新买或久未使用的电熨斗，插上电源后应用试电笔试其外皮，检查是否漏电。若手头无试电笔，可用手背轻触其金属外壳，没有麻电感觉，方可正常使用。

3. 电熨斗通电后，使用者不得远离，以防忘记造成升温过高而发生火灾事故。使用普通电熨斗尤其要注意，应做到人走电断，确保安全。

4. 在熨烫间歇暂不使用时，应将电熨斗竖起放置，勿平放在工作台上。

5. 熨烫完毕，应断开电源，待底板自然冷却至室温后，再将导线绕好，将熨斗装盒存放于干燥通风处，不得使之受潮。

6. 用完调温型电熨斗后，要将调温旋钮转到"冷"或"关"的位置；蒸汽喷雾型电熨斗则要排净并烘干水箱内剩余的水分。

7. 使用蒸汽喷雾型电熨斗时，其水箱用水最好是蒸馏水。若没有，可使用白开水，不得用一般自来水，否则会因自来水结垢堵塞喷汽孔而影响正常使用。

8. 应及时清除电熨斗外表的污物。底板产生黑斑时，勿用利器刮，防止破坏电镀层，应用湿布沾上牙粉或牙膏，慢慢擦拭锈斑，待擦净后，再涂上一层蜡，通电，待蜡熔化后再擦，即可除去黑色锈斑。

五、取暖器具

家用取暖器具是通过电热元件使电能转换为热能，供人们取暖的器具。常见的有储能式电热取暖器、浴霸、充油式电暖器、暖风器、电热毯等。现介绍几种主要的家用取暖器具。

（一）暖风器

暖风器又称热风器、风扇加热器，是一种采取强制对流方式工作的空间加热器。它利用送风机从机后吸入冷空气，强迫它们向前流经电热元件，并推动加热后的空气从前部缓缓输出，以达到取暖的目的。

暖风器具有较强的方向性，使用方便，安全可靠。

1.暖风器的结构

暖风器主要由以下几部分构成：

（1）送风机。送风机是暖风器的核心部件，常装在电热元件的后面。它主要由风叶和电动机两部分构成。根据风叶结构的不同，送风机可分为轴流式和离心式两类。电动机大多采用交流220伏、单相罩极式，其额定功率在25～40瓦。罩极式电动机具有结构简单、成本低、噪声小等特点。

（2）电热元件。暖风器按使用电热元件的不同，可分为裸露电热丝型、电热管型、PTC型和带状电热膜型四类。

（3）外壳。它多用ABS工程塑料注塑成型，分前后壳。后壳留有进风口，前壳开有送风口。前后都装有防护栅，防止人或易燃物直接接触电热元件。防护栅为金属制或塑料网格结构，具有防护及装饰的双重作用。

（4）安全装置。暖风器装有控温器、倾倒保护开关、超温保险器等安全保护装置。

2.暖风器使用的注意事项

（1）要在密封性能好的房间内使用。

（2）使用时必须确保进排气口通畅。进、排气口不能覆盖异物，如湿衣服等，暖风器不得紧贴墙壁或其他物品放置。进风口装有滤网的机型，应定期清洁滤网。

（3）开机时应先闭合电源开关、风扇开关，然后再接通电热元件；开关机时应先断开电热器电路，然后再断开电源开关、电扇开关。

（4）由于暖风器功率较大，因此，使用前应考虑家中电度表、电源插座和电线的承受能力。

（5）使用期间，如感觉热风烫人，或有臭味、焦味等，应迅速关机检查原因，待排除故障后才能继续使用。

（二）浴霸

浴霸用于浴室取暖和照明，是一种新型多功能取暖器具。它一般安装在浴室顶部，即开即热，具有快热、省电、安全、使用简便、不占地面等优点。

1. 浴霸的种类

（1）标准型，又称二合一型，即具有取暖和照明两种功能。它是利用红外灯泡把电能转化为近、中红外光，通过直接辐射人体来取暖。

（2）排气型，又称三合一型，它是在标准型浴霸基础上再增加吸、排气功能，以净化室内空气。排气型浴霸面板示意图如图11-6所示。

图11-6　排气型浴霸面板

（3）热风型。热风型浴霸在标准型基础上增设了一台暖风机。暖风机由一台低噪音小型交流风扇和一块装在风扇前的蜂窝状PTC发热元件构成。这样，除了红外灯泡直接向下的红外辐射外，还增加了热空气对流供暖的功能，从而使人体上下受热均匀。

2. 浴霸使用的注意事项

（1）浴霸应安装在吊顶上，将其水平放置并用螺丝固定。浴霸应离地2.1～2.3米，其顶部应离天花板10厘米以上。浴霸不宜着地使用或侧装于墙上。

（2）应有可靠接地措施。

（3）电表容量须在5安培以上。

（4）盒式开关应装于侧面墙上避水及水蒸气处。

（5）拆装及揩抹浴霸时，务必先切断电源，待灯泡冷却后再进行。

（6）红外灯泡损坏更换时，必须采用硬质红外灯泡，不能采用普通红外灯泡顶替。

（三）充油式电暖器

1. 充油式电暖器的特点

充油式电暖器是以对流形式工作的一种十分安全的电热取暖器具。它无外露的电热元件，散热面积大，因此在使用过程中，其表面温度始终较低，不会造成烫伤事故。它不会产生有害气体，无任何噪声，特别适合于人体有可能直接触碰到的场所的取暖，如卧室、浴室、办公室等处。如装上配套的烘衣架，在潮湿多雨时节，还可兼做烘衣之用。

充油式电暖器按照其散热片数量的不同，一般有7片、9片、10片、11片、13片等几种。

2.充油式电暖器使用注意事项

（1）应在额定电压下使用，接地须可靠。须选用额定电流在10安以上的保险丝，室内布线应选用截面积在1.5平方毫米以上的铜芯线或护套线。

（2）使用时要保持直立状态，不能倾斜或放倒使用。

（3）不可将水泼入机内，以防因漏电而发生触电事故。

（4）使用时应距离家具等易燃物品30厘米以上，湿衣裤不可直接搭盖在机身上烘烤。若需烘烤衣服，应安装专用的烘烤衣架。

六、保健器具——电动按摩器

（一）电动按摩器的种类

按摩器种类繁多，按使用方式的不同可分为以下几种：

1.揉捏式按摩器

揉捏式按摩器有两个或四个搓揉头，可以模拟人工完成手指揉捏动作。有的还附有小功率加热器，通过热能振动促进血液循环，刺激穴位。这类产品适用于颈、肩、腰等部位按摩，市场上销售的产品如颈部揉捏机、捶振靠垫等即属此类。

2.手持式按摩器

其按摩方式有两种：电磁振动式和捶击式。该按摩器具有结构简单、重量轻、使用方便、价格低、便于携带（且有不少是交直流两用）等优点。这类产品适用于按摩身体各部位，使用较广泛，市场上销售的产品如手提式按摩棒、红外磁波强力按摩棒、按摩棒等即属此类。

3.增氧摇摆机

它是根据鱼类摆游获氧原理制造的，使用时带动人体双腿及腰部左右摆动，能轻易化解因不当姿势引起的腰、脊和肌肉疼痛。市场上销售的产品如摇摆机、气血循环机等即属此类。

4.旋转式按摩器

它是利用滚轮的正反向转动替代人工的按摩，拇指般大小的滚球可抵触到穴位深处，适用于腰背和足底按摩。

5.电子控制按摩垫

该产品由电脑芯片控制，组合了捶打、指压、振动等多种按摩方式，可使身体各部位处于按摩运动中，适合坐办公室的"白领"及汽车驾驶员使用。市场上销售的产品如按摩靠垫等即属此类。

6.湿式双足按摩器

这种按摩器的底部设计呈符合人体脚底造型的拱形搁位，在拱形搁位上有许多凸出的小圆点，可触及人脚底各个穴位，对治疗关节炎、风湿性神经痛有一定的效果。使用时加上热水边浸泡、边按摩，十分适合老年人及腿脚常感冰凉的人。市场上销售的产品有足浴按摩器等。

7.电动按摩躺椅

该产品的按摩程序由电脑芯片控制，模拟背部揉搓动作以达到按摩效果，消除工作中的疲劳。这种按摩躺椅功能齐全，按摩舒适，但价格昂贵。市场上销售的产品有电动按摩椅等。

（二）电动按摩器的选购

1.确定电动按摩器的用途

依照按摩的目的来分，按摩器可用于健身按摩、运动按摩、理疗按摩和美容按摩。如果用于健身按摩，宜选用功率较小、振动力较弱的电磁振动式按摩器。运动按摩是运动之前提高肌力或运动后消除疲劳的有效方法，宜选用功率稍大、振动力较强的电机振动式按摩器。理疗按摩是根据病情对病人进行的局部或全身性的按摩，要求所使用的电动按摩器能调节振动强度。美容按摩宜选购钢笔型的按摩器，因为这种电动按摩器小巧玲珑，携带和使用方便，安全可靠，效果显著。

2.看适用人群选择按摩器

选购按摩器的种类与规格，应视不同需要而定。电动机式按摩器由于振动频率较高、振动强度较弱而比较适合保健按摩及中老年人使用；振动式按摩器由于振动频率慢、振动强度较高而比较适合运动按摩及中青年人使用。另外，用于减肥的按摩器宜选用电动机式按摩器，因为高速振动能加速脂肪分解。

3.看外观整体感觉

选购按摩器时，应选外观光滑美观、无伤痕，握持时手感良好、不易滑脱的。另外还应选购配有各种不同按摩头的产品，以适应不同部位的按摩。如头部、胸部按摩可以选择喇叭形按摩头，肌肉及关节位置可以选用圆柱形按摩头，腹部按摩宜用蝶形按摩头。此外，应通电检查，看看有无不振动或不能调节强弱的情况，并听听噪音的高低，如果噪音太大，则质量欠佳。

（三）电动按摩器的使用与维护

1.使用前应仔细阅读使用说明书，按规定方法操作。应根据按摩的部位或目的，选用不同形状的按摩头。

2.一次连续使用时间一般不要超过30分钟，每次间隙时间应大于10分钟。使用时不要用力过大。用力过大和使用时间过长均会使按摩器过热。当遇到电动按摩器振动过强或过弱、其强弱调节失灵、有异常声音出现、开关失灵时，应立即停止使用。

3.使用时应注意安全。在洗浴时不得使用电动按摩器，因为潮湿的环境容易造成触电。应先插电源插头，而后启动电源开关。在电动按摩器使用完毕后，要先断开电源开关，而后拔下插头，最后取下按摩头放入盒内，并等电动按摩器完全冷却到室温后，再放置到干燥通风的地方收藏。

七、整容器具——电吹风

（一）电吹风的种类

1.按使用方式来分，有手持式和壁挂式电吹风。壁挂式电吹风可放在桌上或挂在墙上使用，可以自己给自己吹风。

2.按送风方式来分，有离心式电吹风和轴流式电吹风。离心式电吹风靠电动机带动风叶旋转，使进入电吹风的空气获得惯性离心力，不断向外排风。它的缺点是排出的风没有全部流经电动机，电动机升温较高；优点是噪音较小。轴流式电吹风靠电动机带动风叶旋转，推动进入电吹风的空气作轴向流动，不断向外排风。它的优点是排出的风全部流经电动机，电动机冷却条件好，绝缘，不容易老化；它的缺点是噪音较大。

3.按外壳所用材料来分，有金属型电吹风和塑料型电吹风。金属型电吹风坚固耐用，可以承受较高的温度。塑料型电吹风重量轻，绝缘性能好，但是容易老化，且耐高温性能差。

4.按电功率来分，常用的电吹风规格有250瓦、350瓦、450瓦、550瓦、850瓦、1000瓦、1200瓦等。

（二）电吹风的选购

1.根据吹风的形式来选择

如果消费者要求噪声低，应该选购感应式电吹风。经常出差在外使用，应选体积小、重量轻、使用安全的塑壳永磁式电吹风。电子控制调温调速电吹风适用于理发中要求高低温的吹干和定型。

2.根据电吹风的安全结构来选择

因为电吹风与人体直接接触，为了安全，应选购具有双重绝缘或加强绝缘结构的Ⅱ类器具，即有类似"回"字标志的电吹风。

3.根据电吹风的功能、功率来选择

这个方面可以关注以下三个问题，作为家用电吹风的选择标准：有"冷""热"两档即可；最好附有鸭嘴式风罩；功率在750瓦以内较为理想。

4.根据电吹风的质量来选择

电吹风应无异常声音和异味，噪声要低；全速运转时，手感应无明显振动；应有过热保护装置；对调速电吹风，各档的温度、风速应有明显变化。

5.注意产品铭牌或使用说明书上标明的电吹风使用的额定电压值

国产电吹风一般使用的是220伏电压，但进口的电吹风有的使用的是110伏电压，需格外注意。

（三）电吹风的使用与维护

1.吹风机必须在铭牌上规定的电源电压下使用。对电源线为三线的电吹风机，应该正确无误地接好接地线。

2.使用电吹风时，其进出风口必须保证畅通无阻，否则不但达不到使用效果，还会因温度过高而烧坏器具。

3.用于吹干湿发时，应使吹风机出风口距离头发一定距离（不小于5厘米），防止堵塞风口和烧焦头发，同时要避免吹干头发时产生的水蒸气影响绝缘强度造成漏电。保持一定距离对安全来讲是很重要的。

4.电吹风在使用结束前，要尽量做到将电吹风先从"热"档切换到"冷"档，以便先切断电热元件电源，再让电热元件的剩余热量由冷风帮助吹出，使电吹风内部温度降低，然后再将全部电源切断。这样可使电吹风内部绝缘老化减慢，延长使用寿命，同时放置在桌上时不易烫伤其他物件。

5.电吹风尽量不要连续使用时间太久，应间歇性使用，以免电热元件和电机过热而烧坏。电吹风平时不使用时应放在干燥处，切忌放在露天或潮湿场合。长期不用重新取出时，应该先检查绝缘电阻，在符合要求的情况下方能正常使用，以保证使用者的人身安全。由于空气中有灰尘，虽然很多电吹风在进风口处装置了过滤网，可以起到一定的保护作用，但不能防止颗粒很小的灰尘，而且并非所有电吹风都有过滤网布。为此，必须定期清理灰尘，防止堵塞风道和损害元件。

6.电吹风切勿随意掷甩，因为电热元件和电动机会因受到机械冲击而损坏；同时不要轻易随便拆卸，以免损坏部件。为了保证电吹风的正常使用，应定期对电动机的轴承部分以及其他旋转部位加注润滑油，但油量不宜太多，以免流到线圈而造成故障。

八、家用电子器具——电视机

（一）电视机的种类

1.按图像色彩分类

按图像色彩的不同，电视机可分为黑白电视机和彩色电视机两种。黑白电视机能显示黑白图像；彩色电视机能显示五光十色、富丽多彩的图像，给人以逼真生动之感。

2.按电视机屏幕对角线的长度分类

常见的电视机屏幕对角线长度有51厘米、60厘米、66厘米、69厘米、74厘米、95厘米、109厘米等不同规格。

3.按电视机功能分类

按电视机功能的不同，电视机可分为单功能电视机和多功能电视机。单功能电视机只能接收电视台播放的节目；多功能电视机除了能接收电视台播放的节目外，还具有其他功能。如双画面电视机，又称画中画电视机，可在一个屏幕上同时收看两个电视节目，两个画面一大一小。另外，还有带有多制式、双伴音、数字显示等功能的电视机。

4.按成像原理分类

按成像原理的不同，彩色电视机一般可分为普通电子管（CRT）彩电、液晶显示（LCD）彩电和等离子（PDP）彩电。

普通电子管彩电就是我们平时常见的传统彩电。它的阴极射线管采用逐行扫描技术，画面清晰，肉眼无法分辨闪烁，在保护眼睛方面较普通电视的隔行扫描要优越。不过随着液晶电视机和等离子电视机的出现，普通电子管彩电已经慢慢被淘汰。

液晶显示彩电，顾名思义，就是用液晶屏作显像器件的彩色电视机，目前，主流液晶电视的尺寸为32～52英寸。液晶电视机最大的优点是能够做得很薄，可以像画板一样挂在墙上使用。另外，液晶电视机还有耗电省、亮度高等优点。不过，液晶彩电目前的画质跟普通电子管彩电相比还有一定距离，主要是难以再现足够深沉的黑色，观看视角小，反应速度也稍慢，液晶电视机的价格还比较高。

等离子彩电是用等离子体激发的紫外线使荧光物质发光来工作，具有机身纤薄、重量轻、屏幕大、色彩鲜艳、画面清晰、对比度及亮度高、响应速度快、失真度小、节省空间、播放动态画面效果极佳等特点。等离子彩电的出现，使得中大型尺寸（40～70寸）显示器的发展应用发生了极大变化，它的体积超薄，重量远小于传统大尺寸的普通电子管彩电，具有高清晰度、不受磁场影响、视角广及主动发光的特点，完全符合多媒体产品轻、薄、短、小的需求。目前还存在耗电量较大、发热量大、不宜长时间播放、制造成本较高等缺点。适合在观看距离远的大房间如家庭的大客厅里使用。

5.新型电视机

（1）DLP微显电视，是将光通过过滤器投射到数码微芯片（DMD）表面，利用反射光产生图像的电视。DLP微显电视清晰度高，对比度、亮度、均匀性都非常出色，画面质量稳定，色彩锐利；且可随意变焦，调整十分方便。

（2）电影电视，即正投影电视，严格地说它不是一台单纯的电视机，而是一个先进的电视系统。其原理是将信号通过一个无线（或红外）宽频带信号转发器传输到投影机上，从投影机投射出来的光照射到屏幕，通过屏幕反射的光形成图像。它拥有高对比度和高分辨率，这从一定程度上弥补了亮度的不足；可以自由调节屏幕，耗电低、无辐射。电影电视技术是显示技术的有益补充。

（3）投影电视，即CRT背投电视，它把输入的信号源分解到R（红）、G（绿）、B（蓝）三个CRT管的荧光屏上，在高压作用下将发光信号放大、会聚，投射到大屏幕上，通过透射出来的光产生图像。投影电视具有清晰度高、色彩鲜艳、画质柔和、可持续使用时间长等优点，但很难提升亮度。

（4）IPTV，即交互式网络电视，它集互联网、多媒体、通信等多种技术于一体，可利用宽带有线电视网向家庭用户提供数字广播电视、VOD点播、视频录像等诸多宽带业务。用户在家中可以有两种方式享受IPTV服务：计算机、网络机顶盒＋普通电视机。

（二）电视机的选购

1.清晰度

电视机的清晰度是人们最为关注的一个问题。电视机的清晰度也就是电视机的分辨率，分辨率越高，电视机画面就会越清晰。液晶电视机的分辨率一般有800*600、1280*768、1366*768等规格。4K电视的分辨率比液晶电视高，是现在电视机分辨率较高的一种电视机。

2.屏幕画质

液晶电视机画面的清晰度高是它的优点，但某些时候在使用液晶电视观看影片时，我们能够发现在高速动态画面下，液晶电视机会出现拖尾的现象。等离子电视相较于液晶电视，更有优势一些。

3.响应速度

液晶电视的响应速度和等离子电视相比要慢，等离子电视的响应速度比液晶电视更快。响应速度越快，电视机出现的拖尾现象就会越少，液晶电视画面出现拖尾的现象，是液晶电视机响应速度比较慢导致的。

4.尺寸大小

电视屏幕越大，在观看电视的时候最佳观看距离就要更大一些。如果房间过小，电视机尺寸却非常大，用户在观看的过程中眼睛会受到压迫，所以电视尺寸的选择也需要根据房间的实际情况来确定。

5.亮度选择

电视机亮度过低，在观看一些比较昏暗的场景时就显示不出效果，同时电视机亮度过低，还会影响电视的清晰程度和画面的画质。但是这也并不是说电视的亮度越高越好，电视机亮度过高会灼伤人的眼睛，所以在购买电视机的时候，要注意观察电视机的亮度是否均匀。

6.色彩选择

选择电视机的色彩不是让大家选择电视机外观的色彩，而是指选择电视机画面的色彩。现在接近自然色的电视机是比较好的一种，这样的电视机色彩更逼真，人们也更加容易接受；真实的还原物体的本色，用户观看的体验也会更加真实。

（三）电视机的使用与维护

1.电视机的使用

电视机应放置在通风、少灰尘，并且阳光、灯光不能直接照射到荧光屏的地方；要避开潮湿或酸碱气体的腐蚀；避免小东西落入电视机内；电视机外壳或屏幕有灰尘，可用潮湿软布擦抹，不可用任何化学清洁剂；擦拭时要断开电源，以免触电；不要随意打开电视机后盖。

在电视机的正前面，要留有1～3米空间便于选择合适的观看距离。此外，还要有适当的环境亮度，可在电视机的侧前方开一盏带灯罩的低瓦数灯。

每台电视机都有许多旋钮、开关或遥控器，只有清楚地了解了这些旋钮、开关的功能、原理，才能用好电视机。

2.电视机的维护

（1）注意防潮。电视机应放在通风、干燥的地方，多雨季节最好每隔数日便开机一次，利用通电加热来驱散机内的潮气。

（2）注意防尘。电视机使用时，应注意保持清洁；使用完毕后，应加盖防尘布罩。

其表面灰尘较厚时，会使电视机散热性、绝缘性变差。

（3）注意搬运安全。电视机一般不宜经常搬运，需搬动时应轻搬轻放，运输途中，包装应采取防震措施。

（4）其他注意事项。注意防热，防雷电；观看电视时，发现不正常现象，应立即关机；不要频繁开关电视机。

○......○ **课 堂 提 升 训 练** ○......○

除了课本上介绍的，另选一种生活中常用的家用电器，研究其分类、工作原理、使用与维护等相关知识，并与同学们分享。

同步测试
TONG BU CE SHI

一、单项选择题

1.关于家用电器的安全，属于环境安全范畴的是（　　）。

　　A.防止过高的温度　　　　　　　　B.防止机械危害

　　C.防止有毒气体的危害　　　　　　D.防止爆炸危险

2.家用空调的购买需要考虑多种因素，下列与质量没有直接关系的是（　　）。

　　A.制冷量　　　　　　　　　　　　B.能效比

　　C.噪音量　　　　　　　　　　　　D.体积

3.按照（　　）分类，空调可以分为集中式空调、半集中式空调和局部式空调。

　　A.结构　　　　　　　　　　　　　B.功能

　　C.空气处理方式　　　　　　　　　D.操作方式

4.按（　　）分类，电冰箱可以分为风冷式电冰箱、直冷式电冰箱和风直冷式电冰箱。

　　A.结构　　　　　　　　　　　　　B.用途

　　C.冷冻能力　　　　　　　　　　　D.制冷方式

5.加湿器属于（　　）。

　　A.空调器具　　　　　　　　　　　B.制冷器具

C.清洁器具   D.保健器具

6.（　　）用于浴室取暖和照明，是一种新型多功能取暖器具。

A.暖风器   B.太阳能

C.电暖器   D.浴霸

二、简答题

1.试述家用电器的概念及分类。

2.电冰箱按制冷方式的不同分为哪几种类型？

3.空调器在使用过程中需要注意哪些事项？

4.洗衣机的洗涤方式或结构有哪些分类？性能特点各是什么？

5.常用的取暖器有哪几种？各有何特点？

项目实战
XIANG MU SHI ZHAN »

实战目的

掌握空调选购的方法，并熟练使用空调器。

实战要求

1.在商场挑选一款新式空调，熟悉该空调的型号及含义，并对相应的型号进行解释说明。

2.掌握遥控器或机体上各功能键的作用及操作方法。

3.打开开关，进行制冷或制热，并设置合适温度。

4.口述安装、使用注意事项。